中國學術思想 研究輯刊

十五編

林 慶 彰 主編

第 3 冊

西周用詩考（下）

林 志 明 著

花木蘭文化出版社

國家圖書館出版品預行編目資料

西周用詩考（下）／林志明 著 — 初版 — 新北市：花木蘭文化出版社，2013〔民 102〕
目 2+174 面；19×26 公分
（中國學術思想研究輯刊 十五編：第 3 冊）
ISBN：978-986-322-109-8（精裝）
1. 詩學　2. 西周
030.8　　　　　　　　　　　　　　　　102001941

ISBN-978-986-322-109-8

9 789863 221098

中國學術思想研究輯刊
十五編　第 三 冊　　　　　ISBN：978-986-322-109-8

西周用詩考（下）

作　　　者　林志明
主　　　編　林慶彰
總 編 輯　杜潔祥
出　　　版　花木蘭文化出版社
發 行 所　花木蘭文化出版社
發 行 人　高小娟
聯絡地址　235 新北市中和區中安街七二號十三樓
　　　　　電話：02-2923-1455／傳眞：02-2923-1452
網　　　址　http://www.huamulan.tw 信箱 sut81518@gmail.com
印　　　刷　普羅文化出版廣告事業
封面設計　劉開工作室
初　　　版　2013 年 3 月
定　　　價　十五編 18 冊（精裝）新台幣 30,000 元

西周用詩考（下）

林志明　著

目

次

上　冊

導　語 ……………………………………………………………… 1

第一章　西周用詩論 …………………………………………… 3

第一節　作爲禮儀文獻的周代詩篇 ……………………… 4

第二節　詩作爲禮儀文獻的制度基礎 …………………… 8

第三節　周代用詩的歷史演變 …………………………… 16

第四節　「西周用詩考」解題 …………………………… 21

第二章　祭祀禮儀用詩 ………………………………………… 25

第一節　祭天禮儀用詩 …………………………………… 26

第二節　祭祖樂歌之一：祭祀武王及《大武樂章》

………………………………………………………… 45

第三節　祭祖樂歌之二：祭文王 ………………………… 65

第四節　祭祖樂歌之三：祭先公先王 …………………… 77

第五節　祭祖樂歌之四：諸侯助祭樂歌 ………………… 103

第六節　祭祖樂歌之五：宋人入周助祭樂歌 …………… 124

第七節　祭祖樂歌之六：辟雍觀樂樂歌 ………………… 140

第三章　農事禮儀用詩 ································· 149
　第一節　籍禮樂歌 ································· 150
　第二節　報祭樂歌 ································· 160
　第三節　嘗新樂歌 ································· 180
第四章　政事禮儀用詩 ································· 185
　第一節　即位典禮用詩 ······························· 185
　第二節　冊命典禮用詩 ······························· 195
　第三節　朝覲禮儀用詩 ······························ 210

下　冊

第五章　燕饗禮儀用詩 ································· 223
　第一節　燕飲用詩 ································· 225
　第二節　饗禮用詩 ································· 256
　第三節　射禮用詩 ································· 259
第六章　軍事禮儀用詩 ································· 271
　第一節　狩獵用詩 ································· 272
　第二節　戰時軍事禮儀用詩 ····························· 281
　第三節　征役樂歌 ································· 298
第七章　禮儀用詩餘考 ································· 309
　第一節　婚禮用詩 ································· 309
　第二節　考室與考牧用詩 ····························· 315
　第三節　使臣行役的樂歌 ····························· 321
　第四節　邦族用詩 ································· 330
第八章　諷諫用詩 ································· 337
　第一節　周禮的變化與諷諫詩篇的興起 ················· 338
　第二節　「是用大諫」與歌詩諷諫制度 ················· 346
　第三節　諷諫用詩入於無算樂考 ···················· 359
　第四節　諷諫樂歌的禮儀來源推測 ··················· 371

附錄：西周用詩表 ································· 383

參考文獻 ································· 385

後　記 ································· 395

第五章　燕饗禮儀用詩

引　言

　　本章考察的是西周時期的燕饗用詩。這裡所謂的「燕饗」主要指燕禮與饗禮。周人的飲酒禮主要包括三種，即鄉飲酒禮、燕飲禮和饗禮。三者本質上是相同的，都是舉行於主人與賓客之間的飲酒禮，只不過在賓客的身份、行禮的規格等方面有所不同而已。根據禮書，鄉飲酒禮主要行於鄉大夫之間，燕禮主要針對卿大夫、聘問使臣以及諸侯而行，饗禮則往往是天子與諸侯之間在特別隆重的場合舉行。三者雖然有尊卑隆殺的差別，但是，它們的禮儀核心都是「獻」，即主人對賓客的獻酒，如鄉飲酒的「一獻」，燕禮的多「獻」，饗禮的「九獻」〔註1〕。可見，無論是鄉飲酒禮、燕飲禮，還是饗禮，都是以宴酒樂賓的禮儀，宴席與酒成為這些禮儀的核心。根據學者的研究，鄉飲酒禮是最古老的飲酒禮，其源於「氏族聚落的會食」，燕禮及其各種形式「都是從古老的鄉飲酒禮發展而來」，饗禮「實際上是一種高級的鄉飲酒禮」〔註2〕，可見，從起源來看，三者也是相同的。

　　正是基於二者相同的起源和禮儀核心，本文把燕饗二禮置於一起加以討論。其實，在周代文獻中，燕、饗（或作宴、享）二者就已常常並稱了。如

〔註1〕　鄉飲酒禮、燕禮儀節參見《儀禮‧鄉飲酒禮》、《燕禮》，饗禮「九獻」見於《左傳》僖公二十九年「楚子入饗於鄭，九獻。」按，饗禮雖不載於禮書，但根據金文以及史書的記載，學者已經將其大致勾勒出來，參楊寬《古史新探》，北京：中華書局，1965年，第294～306頁。

〔註2〕　楊寬《古史新探》，北京：中華書局，1965年，第291頁。李山《詩經的文化精神》，北京：東方出版社，1997年，第83頁。

《左傳》成公十二年載「諸侯間於天子之事，則相朝也，於是乎有享宴之禮，享以訓共儉，宴以示慈惠。」宣公十年又云「王享有體薦，宴有折俎，公當享，卿當宴，王室之禮也。」可見，燕、饗二禮必有緊密聯繫之處。其實，燕、饗儘管禮節不同，但它們都是以「酒會」的形式招待賓客的禮儀行爲；這種「禮賓」行爲在行於州鄉的鄉飲酒禮那裡，主要體現的是敬賢、尊長、養老的倫理意義，目的在於促進宗族的團結〔註3〕，而在行於天子、諸侯、卿大夫使臣之間的燕饗禮這裡，則體現的是穩固君臣關係的政治意義。《國語·周語上》「飫以顯物，宴以合好」，「飫」即饗〔註4〕，所謂「合好」即合君臣之好、合周王室與其臣下之好，即《禮記·燕義》所謂「明君臣之義」的內涵。爲何燕饗之禮具有使君臣「合好」的功能呢？這是因爲燕饗實際上是以美酒的馨香和筵席的歡樂來溝通具有等級壁壘的君臣。在宴席的歡樂氣氛中，行禮者之間的關係超越了儀式的規矩；在酒精的作用和音樂的感召下，上下之間暫時消除了等級的隔閡，各自都得到了對方的肯定與接納。朱熹云「蓋君臣之分，以嚴爲主；朝廷之禮，以敬爲主。然一於嚴敬，則情或不通，無以盡其忠告之益，故先王因其飲食聚會，而制爲燕饗之禮，以通上下之情。」〔註5〕可見，燕饗之禮通過一種體現「和」的精神的禮儀形式來實現人與人之間「合好」的效果〔註6〕。

「有宴必有樂」，燕、饗禮儀皆用樂，這已經爲傳世文獻所證明。根據《儀禮·燕禮》，燕禮有專門的作樂環節，包括工歌、笙奏、間歌、合樂四個儀節，均用詩樂；據史料記載，「金奏《肆夏》之三，天子所以饗元侯也」（《國語·魯語下》、《左傳》襄公四年）；據《禮記·仲尼燕居》，「大饗」的儀節包括「升歌清廟」、「下管《象》《武》，《夏籥》序興」，可見饗禮不僅迎賓、獻賓都用樂，而且還有樂舞。當然，這些文獻都是東周以降的記載，描述的是春秋時期的燕饗。其實，西周時期的燕饗禮儀同樣用樂，《雅頌》中就保留著燕饗禮

〔註3〕 《禮記·鄉飲酒義》「鄉飲酒之禮：六十者坐，五十者立侍，以聽政役，所以明尊長也。六十者三豆，七十者四豆，八十者五豆，九十者六豆，所以明養老也。民知尊長養老，而後乃能入孝弟。民入孝弟，出尊長養老，而後成教，成教而後國可安也。」

〔註4〕 楊寬先生說「『飫』即是饗禮，饗禮因爲立著舉行的，也或成爲立飫。」楊寬《古史新探》，北京：中華書局，1965年，第297頁。

〔註5〕 朱熹《詩集傳》，南京：鳳凰出版社，2007年，第115頁。

〔註6〕 李山先生指出，「和」是周代燕飲形式中所遵循的「最高精神原則」。參李山《詩經的文化精神》，北京：東方出版社，1997年，第92頁。

儀中所用的樂歌。

《雅頌》中有不少屬於宴飲題材的詩篇，是周代禮樂文明的典範文本。據本文考察，這些詩篇大都是燕禮和饗禮所用的禮儀樂歌。如《彤弓》就是大饗禮所用的樂歌，而宴飲禮儀所用的樂歌就更多了，有燕賓樂歌如《鹿鳴》、《魚麗》、《南有嘉魚》、《瓠葉》，有燕同姓宗族樂歌如《常棣》、《伐木》、《湛露》、《頍弁》，有祭禮結束之後的「燕私」、「燕尸」樂歌如《絲衣》、《鳧鷖》，以及一些在燕饗場合中所用的頌讚樂歌如《桑扈》、《魚藻》、《南山有臺》、《假樂》、《泂酌》、《卷阿》等。從禮儀的角度看，這些詩篇都是燕、饗二禮不同儀節所用的儀式樂歌。下文試分而證之。

第一節　燕飲用詩

引　言

根據《儀禮·燕禮》，燕禮是諸侯國君接待卿大夫所用的飲酒禮。鄭玄《三禮目錄》認為「燕有四等」「諸侯無事而燕，一也；卿大夫有王事之勞，二也；卿大夫有聘而來，還與之燕，三也；四方聘客與之燕，四也〔註7〕。」鄭玄所說是有道理的，但燕禮雖然包括這四種，但卻不僅限於這四種。考察史籍，燕禮廣泛行於天子、諸侯、卿大夫之間：如天子宴來朝諸侯，《左傳》文公二年「昔諸侯朝正於王，王宴樂之」；如諸侯相見，襄公九年晉侯宴魯侯於河上；等等。這一點也能從《詩三百》所保留的燕禮樂歌中得到證實。考察詩篇，燕禮的舉行相當廣泛，是天子與諸侯大夫之間的常禮；並且，除了單獨舉行之外，它還常常與祭祀禮儀、朝覲禮儀等結合在一起。看來，燕禮不僅是一個單獨的禮典，同時也可以是其他禮典的一個組成部分。就《雅頌》中的燕飲詩而言，它們所用的燕禮大致包括以下三種：一是招待賓客的燕禮；二是以同姓諸侯或宗族為賓客的燕禮；三是祭畢而舉行的燕禮。以下試分而論證。

一、燕賓樂歌

《周禮·大宗伯》曰「以饗燕之禮親四方賓客。」燕禮究其本質，其實

〔註7〕　阮元《十三經注疏·儀禮注疏》，上海：上海古籍出版社，1997年，第1120頁。

就是主人以飲酒的方式招待賓客。因而，燕賓是燕禮的首要內容。以《儀禮·燕禮》為參考，燕禮的諸多儀節都是為賓客展開的，從謀賓、戒賓、迎賓到獻賓、酬賓、樂賓（作樂），再到送賓，賓客顯然是整個儀式的焦點。而在燕賓的過程中，獻酒無疑又是儀式內容的重點，因為「酒」是樂賓之物，「獻」是敬賓之道，獻酒是燕禮實現「宴以合好」的禮儀目的的關鍵環節。考察《雅頌》中的燕飲詩篇，有四首詩是燕賓樂歌。它們沒有點明賓客的身份，只是針對「賓客」或作為賓客的「君子」而用的通用儀式樂歌。這些詩篇是《鹿鳴》、《魚麗》、《南有嘉魚》、《瓠葉》。

在考證此四詩所使用的具體儀節之前，有一個問題要加以說明。產生於東周時期的禮儀文本《儀禮·燕禮》所載的「正歌」儀節中包括了《鹿鳴》、《魚麗》、《南有嘉魚》三篇。其中，《鹿鳴》是「工歌」的歌詞，《魚麗》、《南有嘉魚》是「間歌」的歌詞。所以，朱熹據以斷定此三詩為「燕饗賓客，上下通用之樂」〔註8〕。即使這個結論無誤，但這種判斷思路是有問題的。原因在於它混淆了詩篇的本義與移用義，混淆了詩篇產生之時與結集之後的不同使用情況。也即，《鹿鳴》、《魚麗》、《南有嘉魚》作為「工歌」、「間歌」的詞章，顯然是《詩》文本結集以後的事。因為「工歌」的歌詞除了《鹿鳴》之外還有《四牡》、《皇皇者華》，「間歌」的歌詞除了上述二者之外還有《南山有臺》，這些篇章都與今本《詩》的編排順序相同。並且，考察詩篇的內容，《四牡》、《皇皇者華》主要是表現行役的詩篇，與燕賓無涉，《南有嘉魚》作為頌德樂歌也與《魚麗》、《南有嘉魚》有差別。可見，《儀禮·燕禮》所載的用詩，顯然是在《詩》文本結集之後的事。這一點有不少學者已經認識到了，如姚際恒云「不知《燕禮》、《鄉飲酒禮》作於《詩》後，正謂凡燕賓取此詩歌之」〔註9〕，陳啟源云「若夫升歌合樂之類，則就詩之用於樂而言，非作詩之本義也。」〔註10〕

不過，朱熹的思路雖然不正確，但是他的「燕賓客」的結論卻是可以保留的。歷來許多駁《朱傳》的人，轉而佞《序》（如陳啟源），非得將《鹿鳴》、《魚麗》等詩坐實為「美文王」、「刺幽王」之作，同樣也是不正確的。因為從詩本義的角度來考察，《鹿鳴》等四詩確為「燕賓客」所用的樂歌。其中，

〔註8〕 朱熹《詩集傳·魚麗篇》，南京：鳳凰出版社，2007年，第128頁。
〔註9〕 姚際恒《詩經通論》，北京：中華書局，1958年，第173頁。
〔註10〕 陳啟源《毛詩稽古編》，阮元《清經解》第1冊，上海：上海書店，1988年，第381頁。

《鹿鳴》、《南有嘉魚》是針對「賓客」所作的樂歌，《魚麗》、《瓠葉》則是針對「君子」即宴席主人所作的樂歌。以下試詳析之：

1、《鹿鳴》

《鹿鳴》是燕飲樂歌，歷來人們對這一點基本上達成共識。不過，漢代「魯詩」卻有一種獨樹一幟的說法，認爲《鹿鳴》是「刺詩」。如《史記·十二諸侯年表序》「仁義陵遲，《鹿鳴》刺焉」，《潛夫論·班祿篇》「忽養賢而鹿鳴怨」，尤其是蔡邕《琴操》，更是言之鑿鑿，認爲此詩是「王道衰」、周大臣「援琴以刺之」之作〔註11〕。顯然，「刺詩」說與《鹿鳴》文本中所表現的「和樂」的燕飲氣氛是不相符合的，我們無論如何也難以從詩中讀出諷刺的意味來。有人認爲此說的依據是《左傳》襄公二十九年記載季札評《小雅》爲「思而不貳，怨而不言，其周德之衰乎」，是根據詩的產生時代得出的結論〔註12〕。確實，《小雅》整體風格是「思而不貳，怨而不言」，表現「周德之衰」，《孔子詩論》也持這種看法〔註13〕。但是，這種整體風格並不能決定《小雅》每一篇的詩旨，更何況《小雅》可能還有錯簡而排入的詩篇。顯然，「魯詩」是把《小雅》的整體意旨置換爲《鹿鳴》的詩旨了。

其實，從詩篇本文看，全詩重在表現「我」燕賓客的和樂場景。朱熹云「我，主人也」，所謂「主人」即宴會的主人〔註14〕。詩分三章，均以鹿食草而鳴起興，描寫「我」與賓客在筵席上交接往來的情景「首章前六句言我之敬賓，後二句言賓之善我；二章前六句即承首章『人之好我』言，後二句乃言我之樂賓；三章前六句即接言賓之樂，後二句又申言我之樂賓」，「文法參差而義實相承」〔註15〕。可見，詩篇著重表現的無非兩點：一是主人敬賓、樂賓，二是賓客回敬主人。主人樂賓的方式是作樂（「鼓瑟吹笙」、「吹笙鼓簧」、「鼓瑟鼓琴」），酬幣（「承筐是將」），獻酒（「我有旨酒」）；賓客回敬的方式是顯示德行（「示我周行」、「視民不恌」、「德音孔昭」）。主賓在觥籌交錯、管弦合奏、笑語對答之中，展現了一派歡悅、和樂、愉快的氣氛。

〔註11〕 此數說均見王先謙《詩三家義集疏》，北京：中華書局，1987 年，第 551 頁。
〔註12〕 馬銀琴《兩周詩史》，北京：社會科學文獻出版社，2006 年，第 215 頁。
〔註13〕 《孔子詩論》對《小雅》的評價是「多言難而怨懟者也，衰也，小也。」李學勤《〈詩論〉的編聯和復原》，《中國哲學史》，2002 年第 1 期，第 5～8 頁。
〔註14〕 《禮記·燕義》「使宰夫爲主人，臣莫敢與君抗禮也。」可見《燕禮》的主人爲宰夫。但是，實際上宰夫是代「公」攝主位的，實際主人是「公」。
〔註15〕 馬瑞辰《毛詩傳箋通釋》，北京：中華書局，1989 年，第 493 頁。

　　因此，歷代大多數學者將此詩詩旨概括爲「燕賓客」，如朱熹「燕饗賓客之詩」，王宗石「高級貴族宴會賓客」等〔註16〕。也有的將其概括爲「燕群臣」之詩，如《詩序》「燕群臣嘉賓也」，其實「燕嘉賓」即可，「群臣」實無所依據。總之，不管燕的對象是群臣還是嘉賓，主人是文王還是貴族，在此詩中，都只是賓客而已，詩篇並沒有指明其身份。

　　因而，此詩只是針對「賓客」的燕飲樂歌。那麼，它用於燕禮的何種儀節呢？根據《儀禮》，「正歌」儀節用樂發生於主人「獻大夫」結束、「獻士」開始之前。從詩的內容來看，這一儀節是符合《鹿鳴》的特點的。也即，《鹿鳴》一篇原本與燕禮「獻」的儀節緊密相關，儘管它不一定用於「獻士」之前，因爲《儀禮・燕禮》所載是諸侯國君與大夫燕飲，而《鹿鳴》未必如此。

　　詩中的「鼓瑟吹笙」、「鼓瑟鼓琴」說的是作樂；「承筐是將」，《毛傳》云「筐，筐屬，所以行幣帛也」，《箋》云「飲之而有幣，酬幣也」〔註17〕，說的是酬幣〔註18〕。根據禮書，作樂可能在「正歌」儀節，也可能在無算樂儀節；酬幣則沒有記載，但根據侑賓之義，它只能行於「獻」的儀節中（獻賓或酬賓）。以此爲參照，既然《鹿鳴》提及酬幣、作樂，則當它被歌唱的時候，似乎禮儀正進行到「獻」的儀節。這一點可從詩中若干信息得到說明。詩中多次出現「我」的第一人稱，可見詩篇是以主人的口吻歌唱的，這與獻賓、酬賓爲主人所爲是一致的。再者，詩的第二章、第三章皆曰「我有旨酒」、嘉賓如何如何，這也暗示了歌唱此詩時是在行酒的儀節上，或者是在獻酒剛剛結束之時。綜上可見，《鹿鳴》當爲與燕禮主人「獻」賓儀節密切相關的儀式樂歌。

　　值得一提的是，有的學者認爲此詩涉及了獻賓結束以後的「旅酬」儀節，如鄭玄認爲詩的第二章表現的是「飲酒之禮，於旅也語」的情形，所謂「德音孔昭」、「君子是則是傚」是「嘉賓語先王道德之音」〔註19〕，這種觀點得到了一些學者的贊同〔註20〕。但是，所謂「旅酬」的根據無非是「德音孔昭」

〔註16〕朱熹《詩集傳》，南京：鳳凰出版社，2007 年，第 115 頁。王宗石《詩經分類詮釋》，長沙：湖南教育出版社，1993 年，第 605 頁。

〔註17〕阮元《十三經注疏・毛詩正義》，上海：上海古籍出版社，1997 年，第 405 頁。

〔註18〕燕禮亦有酬幣儀節，可從《國語》「唯是先王之宴禮，……於是乎有折俎加豆，酬幣宴貨，以示容合好」，得以證明。禮書則不載。

〔註19〕李學勤《十三經注疏・毛詩正義》，北京：北京大學出版社，1999 年，第 559 頁。

〔註20〕如何楷。參《詩經世本古義》，《影印文淵閣四庫全書》第 81 冊，臺北：臺灣商務印書館，1986 年，第 107～108 頁。

是「語先王道德之音」，而實際上「德音孔昭」只是對嘉賓德行的稱頌，「君子是則是傚」是指要學習嘉賓「視民不恌」即行禮的謹敬，並非「嘉賓語先王道德之音」。另外，「旅酬」乃立「司正」爲相、由賓客開始的儀節，而《鹿鳴》全詩均以「我」爲（主人）口吻歌唱，顯然不一致。總之，本文認爲歌唱《鹿鳴》的時候，燕禮尚未進行到「旅酬」儀節。

2、《南有嘉魚》

《鹿鳴》乃燕禮中主人「獻」賓儀節所用的樂歌，《小雅》中有一首詩與此類似，這就是《南有嘉魚》。它們的相似性有兩點：一是表現主人與賓客行宴飲之禮，二者都出現「嘉賓」、「君子」的稱呼，「嘉賓」是客，「君子」是主人〔註21〕；二是詩篇的重心是表現主人樂賓，《鹿鳴》第二、三章反覆詠唱「嘉賓式燕以敖」、「以燕樂嘉賓之心」，《南有嘉魚》則全詩四章都在詠唱「嘉賓式燕以樂」，二者不僅內容相同，就連語詞風格都非常相似。因而，《南有嘉魚》當亦爲主人「獻」賓的樂歌。

與《鹿鳴》不同的是，《南有嘉魚》是以第三人稱來讚述賓客的。因而，它不是以主人的視角來表現賓客，而是以參與燕禮的助禮人員的視角來歌唱的。所謂「君子有酒，嘉賓式燕……」，正是在場的旁觀者的姿態。因此，有人「疑爲當時樂工的作品」〔註22〕，認爲此篇由樂工歌唱，這當然是正確的，因爲即使是以主、賓口吻歌唱的樂章，恐怕也都由樂工代唱，這在《儀禮》以及史籍中均有記載。那麼，此篇是從誰的視角出發創作而由樂工歌唱呢？王宗石先生說「從口氣看，可能是司儀人代表主人侑酒的贊禮詞」，認爲此詩是以「司儀」的口吻誦唱的樂歌，是「勸酒的樂歌」〔註23〕。從詩篇內容看，詩反覆言及「君子有酒」，反覆歌頌「嘉賓式燕」，確實與「勸酒」的場景十分符合。因此，此篇樂歌是在主人對賓客勸酒時誦唱，參考禮書，主人勸酒於賓客即「獻」的儀節，包括「獻賓」和「酬賓」的兩個部分。

那麼，此詩是否是「司儀代表主人侑酒」呢？考察禮書，諸侯對大夫的燕禮的「司儀」即宰夫，代表主人，主人「公」（國君）因爲身份高於賓客，不在主人之位，在「獻」的儀節中不參與「獻賓」，而只參與「酬賓」。宰夫

〔註21〕此詩的「君子」即燕禮中的主人，僅此而已。《詩序》卻將「君子」指爲在位者，將「賓客」指爲賢者，別立「樂與先」之說，這是毫無根據的。阮元《十三經注疏·毛詩正義》，上海：上海古籍出版社，1997年，第419頁。
〔註22〕程俊英、蔣見元《詩經注析》，北京：中華書局，1991年，第481頁。
〔註23〕王宗石《詩經分類詮釋》，長沙：湖南教育出版社，1993年，第639頁。

攝「主人」之位，實即代替「公」行「獻賓」之禮。由此可見，「司儀」即「主人」，即詩中的「君子」，也即《鹿鳴》中的「我」，「司儀代表主人」的說法是有道理的。總之，綜合種種迹象來看，詩篇是主人侑酒即燕禮「獻」的儀節所用的樂歌。

3、《魚麗》

如果說《鹿鳴》、《南有嘉魚》是歌唱於「獻」的儀節、主要表現賓客的話，那麼《魚麗》、《瓠葉》則轉而以主人為表現重點。《魚麗》一篇極有特點，全篇呈現出一種「雙重三疊詠」的特殊結構：前三章疊詠「君子」有美酒，後三章疊詠宴席之「物」的豐盛，而這兩個部分（酒、物）實際上又構成疊詠關係，表現「君子」燕賓宴席的豐備。在這種多重詠唱中，「君子」燕賓的熱情與周道被表現得淋漓盡致。可見，同樣是燕賓樂歌，《魚麗》與作為侑賓樂歌的《鹿鳴》、《南有嘉魚》不同，它是對主人及其所設筵席的頌讚。朱熹云「即燕饗所薦之羞，而極道其美且多，見主人禮意之勤」，正是對詩篇內容的準確概括〔註24〕。

詩篇既然是歌唱主人筵席之豐備，那麼它用於燕禮的何種禮節中呢？考察禮書，諸侯國君燕大夫時，一開始有「陳饌」的儀節，即「膳宰」陳膳篚、「司宮」設酒尊，可見「酒」、「物」（即「膳」）是燕禮宴席上擺設的主要物品；其中，酒是核心的「饌」，脯醢、折俎等都是用來侑酒的。而《魚麗》一詩的內容正與此合，前三章表現酒之多且美，後三章表現「物」美且鮮（應時），所謂「物」看來就是牲俎、脯醢等侑酒之物了。由此可見，儘管《魚麗》所表現的燕禮不一定是諸侯國君燕大夫之禮，但是它源於燕禮的「陳饌」卻是可以肯定的。

詩篇既然極力稱頌宴席酒物的豐美，則不能由主人自己歌唱，否則禮儀之「敬」就無從體現了。除了主人之外，宴席中就只有助禮人員和賓客了。從賓客的角度看，說「您的物品非常應時而且可口」是可以的，但說「您的酒又多有好喝」就不妥當了。燕禮作為飲酒禮，其根本目的就是通過周旋進退、禮樂相須來節制飲酒，因而賓客無論是「酢」還是「酬」，都無由稱頌美酒之多。因而，此詩應該是助禮人員所唱，以一種旁觀者的視角稱頌酒「多且旨」，其禮儀目的是侑酒，即在主人獻賓、酬賓時起促進作用，為主、賓飲酒營造和樂的氛圍。

〔註24〕朱熹《詩集傳》，南京：鳳凰出版社，2007年，第128頁。

那麼，詩篇唱於何時呢？參考禮書所提供的儀節，賓客在接受主人獻酒時，要先祭脯醢、嚌肺、祭酒〔註25〕，飲酒之後還要「告旨」，所謂「旨」，當然是指主人所獻之酒的和美。賓客「告旨」、興而拜，主人答拜，此時正是獻酒完成之時。在這一儀節中，既以「酒」為主，又涉及了侑酒的物品，正與《魚麗》一篇的內容非常符合。因此，本文認為《魚麗》表現的不管是天子與諸侯卿大夫之間的燕禮，還是諸侯與大夫士之間的燕禮，都是主人獻賓之時、助禮人員歌唱的詩篇。

4、《瓠葉》

如上所述，《鹿鳴》、《南有嘉魚》、《魚麗》都是燕禮中「獻」的儀節所用的樂歌。考察詩文本，三者有一個共同點，就是都出現了「君子有酒」或「我有旨酒」之類的關鍵句子。《鹿鳴》後兩章「我有旨酒」，正是全篇獻賓主旨的明顯標誌；《魚麗》前三章，《南有嘉魚》全篇，都是以「君子有酒」作為結構核心。因為「君子」即主人，「君子有酒」即主人有酒，是主人將以酒獻賓的潛臺詞，對「君子有酒」的反覆誦唱表明了禮儀儀節的重複進行及其和樂的氛圍。

《雅頌》中還有一首詩同樣是以「君子有酒」來架構詩篇，同樣是表現主人燕賓，這就是《瓠葉》。此詩結構極為簡單，分四章，以瓠葉起興，然後言君子烹製兔首以燕賓；首章言君子嘗酒，當是禮儀的準備階段；第二、三、四章，言君子與賓客之間分別行獻、酢、酬之禮，合「一獻」之禮。可見，全詩表現燕賓獻酒，朱熹謂「此亦燕飲之詩」，抓住了詩旨〔註26〕。同時，詩篇既然言及「酬」的儀節，可知當此篇被誦唱的時候，「獻」的儀節已經結束；詩持第三人稱的旁觀者口吻，可見它也是助禮人員所唱。所以，此篇當為燕賓禮儀中「獻」的儀節結束時所用的樂歌。

並且，我們認為此詩之「君子」當亦《鹿鳴》、《魚麗》、《南有嘉魚》之「君子」，實即燕禮的主人，是詩篇的誦唱者對主人的尊稱。換言之，《瓠葉》與《鹿鳴》、《魚麗》、《南有嘉魚》都是「君子」燕賓的樂歌，它們具有相同的禮儀性質。但是，由於《瓠葉》被編排在《小雅》之末，所以就被《詩序》定為「大夫刺幽王」的「思古」之作，這種根據編排次序所確定的詩旨顯然

〔註25〕根據禮書，這裡的「祭」是象徵性的獻神活動，「嚌」是嘗而不吃。參李學勤《十三經注疏‧儀禮注疏》，北京：北京大學出版社，1999 年，第 258 頁。

〔註26〕朱熹《詩集傳》，南京：鳳凰出版社，2007 年，第 201 頁。

是錯誤的。另外，由於詩中以「瓠葉」爲榮菹，以「兔首」作爲飲酒之物，顯得十分微薄，很多學者據此以爲此詩表現的是「庶人」之飲酒禮。如毛、鄭，《毛傳》云「幡幡，瓠葉貌，庶人之菜也」，《箋》云「此君子謂庶人之有賢行者也，其農功畢，乃爲酒漿，以合朋友，習禮講道藝也」，認爲此詩表現的是庶人宴飲朋友；如楊寬以其爲「敘述低級貴族舉行飲酒禮的情況」，程俊英認爲其表現的是「下層貴族宴會賓客」〔註27〕。

本文認爲，這些看法都是有問題的。試問，「瓠葉」、「兔首」一定是「微薄」之物嗎？他們之所以將其視爲微薄之物，是因爲參照了禮書所載的「牲牢饔餼」。當然，與牛羊豕相比，兔是小多了；與脯醢相比，瓠葉是微薄的。但是，根據《禮記‧內則》，兔明明是貴族膳食的一類；據《南有嘉魚》，君子飲酒就以「甘瓠」起興。可見，「兔首」、「瓠葉」可能原本即爲古人燕禮中的一部分，不同等級的人均可用之。更何況，詩言「瓠葉」、「兔首」在於誦唱，是起興而非備言，筵席之上容有他物，只是不入歌詞而已。因此，以「瓠葉」、「兔首」爲寒磣是沒有根據的，上述學者的看法都是固守《詩序》的結果。姚際恒云「但必以『瓠葉』、『兔首』爲薄物，未免執泥古人之意。」〔註28〕

其實，此詩反覆歌唱「君子有酒」，既以「君子」稱之，則其必非庶人；不僅不是庶人，而且還可能不是一般的士人。雖然詩後三章言「一獻」之禮，但眾所周知，燕禮、饗禮都包括「一獻」之禮，《左傳》昭公元年記載鄭伯享趙孟就用了「一獻」之禮，可見「一獻」具有廣泛的適用性。因爲它可以重複，以多「獻」表現禮儀的高等級，如饗禮最高可「九獻」。由此可見，《瓠葉》所表現並非庶人之禮，它與《鹿鳴》、《魚麗》、《南有嘉魚》一樣都是天子、諸侯、卿大夫燕禮所能用的樂歌。

綜上所述，《鹿鳴》、《魚麗》、《南有嘉魚》、《瓠葉》都是燕賓所用的儀式樂歌。它們都與燕禮中「獻」的儀節有關，都是配合主人獻酒侑賓所奏。其中，《鹿鳴》和《南有嘉魚》都是針對賓客的頌歌，《魚麗》和《瓠葉》則是針對主人及其筵席的頌歌。另外，四詩中「君子」以及「嘉賓」的身份尚未明朗，「君子」可能是天子，也可能是諸侯、卿大夫。在這一意義上，此四詩

〔註27〕 楊寬《古史新探》，北京：中華書局，1965年，第283頁。程俊英、蔣見元《詩經注析》，北京：中華書局，1991年，第736頁。

〔註28〕 姚際恒《詩經通論》，北京：中華書局，1958年，第254頁。

若視爲天子、諸侯、卿大夫之間的通用燕賓樂歌，是沒有問題的〔註29〕。當然，如果推測「君子」的身份的話，本文認爲是周天子，「嘉賓」則爲諸侯或公卿大夫。

二、燕同姓宗族的樂歌

上文指出，《鹿鳴》、《魚麗》、《南有嘉魚》、《瓠葉》四詩是燕賓的儀式樂歌，這些詩重在表現燕禮禮儀本身，表現行禮雙方和禮儀活動進行的效果，如主人的盛情、賓客的歡樂、和樂的氣氛等等；它們重在表現歡宴本身，對主賓的身份則並不重視，從詩句中我們絲毫看不出是天子諸侯的燕禮還是卿大夫的燕禮。但是，並非所有燕飲詩都這樣，《小雅》中就有這樣的一組詩篇，它們所表現的燕飲活動是針對特定身份的賓客而舉行的，是爲了取悅於某些特殊的客人。這些詩篇是《常棣》、《伐木》、《湛露》、《頍弁》〔註30〕。據本文考察，這四篇都是表現燕飲禮儀的樂歌，並且其中的賓客都特指同姓宗族；也即，它們都是主人燕飲宗族兄弟的禮儀樂章，展現了周人燕飲詩的突出特點。

1、《常棣》、《伐木》、《湛露》、《頍弁》是燕飲樂歌

所謂「燕飲樂歌」，是根據詩篇的禮儀性質（即詩篇作爲樂歌所產生的禮儀）所作的命名。從這個意義上看，《鹿鳴》、《魚麗》、《南有嘉魚》、《瓠葉》四詩作爲燕賓樂歌，使用於宴飲禮儀中，當然都是燕飲樂歌。而《常棣》、《伐木》、《湛露》、《頍弁》四篇雖然不是側重於表現禮儀本身，但是考察其內容，可以判斷它們同樣是燕飲樂歌。

先看《常棣》。從全篇的內容看，它主要表現兄弟之間要和睦相處。前五章通過對比「兄弟」與「朋友」在不同處境的表現，指出了凡是急難時刻，只有兄弟才能幫忙。但是，這種歌唱並非憑空而起，而是在某種場合中發生

〔註29〕據《左傳》襄公四年、《國語‧魯語下》，《鹿鳴》爲國君饗使臣所用的樂歌。但前文已經指出，這是《詩》文本結集之後的移用之義，與其本義沒有必然聯繫。

〔註30〕關於《小雅》中的燕同姓宗族樂歌，王宗石認爲是《常棣》、《伐木》、《頍弁》、《行葦》四詩。他說「《伐木》《常棣》《行葦》《頍弁》四篇是一類，都是周王朝的兄弟宗族宴會之詩。」我們認爲，《行葦》雖然有燕同姓的內容，但是它不僅僅燕同姓，還包括射禮、養老等內容，全篇屬於大饗的範疇。王宗石《詩經分類詮釋》，長沙：湖南教育出版社，1993年，第604頁。

的。後三章指出了這一場合，即燕飲活動。詩第五章曰「儐爾籩豆，飲酒之飫。兄弟既具，和樂且孺。」《毛傳》「儐，陳」〔註31〕，所謂「籩豆」實即飲酒之菹，可見此章是說擺上宴席，請來兄弟，舉行飲酒活動。所謂「和樂且孺」，「孺」即愉〔註32〕，實即第六章的「和樂且湛」，也即《鹿鳴》「和樂且湛」，都是表現燕飲氛圍的用語；另外，第六章的「如鼓琴瑟」，也與《鹿鳴》「鼓琴鼓瑟」同，是「我有嘉賓」的燕樂用語。由此可見，《常棣》後三章以較爲簡練的用語描寫了《鹿鳴》全篇所展現的燕賓活動，只不過《鹿鳴》只是泛言燕賓，而《常棣》則強調了兄弟、妻子等賓客在宴席上的表現。至此，可以看出《常棣》前五章對兄弟之情的歌頌絕非只是抽象說理，而在燕飲這樣具體的禮儀場景中表現的。

次看《伐木》。全詩分三章（從《詩集傳》），且結構與《常棣》相似，都是先說理而後敘事。首章以鳥鳴求友作比喻，說明人亦當求友；後兩章則敘述主人舉行燕飲活動，如所陳設的「八簋」、「籩豆」是脯醢，「肥羜」、「肥牡」是牲體，「釃酒」、「湑我」、「酤我」則是釀酒、濾酒，「以速諸父」、「以速諸舅」則是速賓，「坎坎鼓」、「蹲蹲舞」則是樂舞樂賓。籩豆、牲體、美酒、樂舞，一幅燕飲場景被勾勒出來了。結合這個場景來看，可知首章「求友生」的歌唱乃是在燕飲中發生的。實際上，最後二章對行禮過程的歌唱，也是在燕飲活動中歌唱的。詩曰「寧適不來，微我弗顧」，「寧適不來，微我有咎」，顯然，這裡的「我」就是指備下酒席的主人；又曰「有酒湑我，無酒酤我。坎坎鼓我，蹲蹲舞我」，可見主人「我」正在享受樂舞的歡樂。由此看來，歌唱此詩之時燕樂正在進行。

再看《湛露》。此詩結構較爲明晰，分四章，前兩章敘事，後兩章頌德。前兩章中「厭厭夜飲」一句道出了詩篇所描述活動的時間，即夜晚。顧名思義，「夜飲」首先是飲酒行爲，所以首章曰「不醉無歸」；同時又是禮儀活動，所以第四章曰「豈弟君子，莫不令儀」。其次，「夜飲」發生於夜晚，時間上具有特殊性。考察禮書，《儀禮·燕禮》云「宵則庶子執燭於阼階上，司宮執燭於西階上，甸人執大燭於庭，閽人爲大燭於門外」，可見諸侯燕大夫之禮可

〔註31〕 阮元《十三經注疏·毛詩正義》，上海：上海古籍出版社，1997 年，第 408 頁。

〔註32〕 「孺」，《毛傳》「屬也」，《正義》引李巡曰「骨肉相親屬也」，《集傳》「小兒之慕父母也」，歷來訓詁家莫不出於此。然以《鹿鳴》「和樂且湛」參照，似「孺」當爲形容詞爲順，因而取朱駿聲之說，即「愉」之假。參朱駿聲《説文通訓定聲》，北京：中華書局，1984 年，第 369 頁。

能進行至夜晚；並且，設燭儀節是在燕禮的無算爵階段。所以，王宗石認爲《湛露》一詩「記的是夜宴到『無算爵』的階段」，這是符合詩篇內容的。結合詩篇後二章，曰「顯允君子，莫不令德」，曰「豈弟君子，莫不令儀」，都是歌頌參與燕禮的主賓雖然飲酒無算，但卻行禮有度。總之，《湛露》是燕禮進行到無算爵儀節時所用的樂歌。

最後再看《頍弁》。《詩序》將其定爲「大夫刺幽王」之作，其誤無庸贅辨〔註33〕。此詩的結構很清晰，三章疊詠，雖然都是表現「既見君子」時內心的愉悅，但是，其中「見面」不是泛論，而是有著具體的場景。詩曰「爾酒既旨，爾肴既嘉」，「爾酒既旨，爾肴既時」，「爾酒既旨，爾肴既阜」，「既」是已然狀態，表明美酒佳肴都已經備好了；尤其是末章末句「樂酒今夕，君子維宴」，非常明確地指出君子處於「宴席」之中。由此可見，此詩是以「見君子」者的口吻在燕飲中歌唱的樂歌。

2、《常棣》、《伐木》、《湛露》、《頍弁》都是燕飲同姓宗族的樂歌

如上所述，《常棣》、《伐木》、《湛露》、《頍弁》四詩儘管詩旨不盡相同，但都是燕飲禮儀所用的樂歌。不僅如此，它們具有一個更深刻的相似之處，即都是燕同姓宗族的樂歌。賓客身份（即同姓）的特殊性是這些詩篇著力表現的地方。

先看《常棣》。此詩爲「燕兄弟」樂歌，歷來沒有疑義。首先，詩第六章曰「儐爾籩豆，飲酒之飫。兄弟既具，和樂且孺」，可見宴席是爲「兄弟」而設的，全詩是在燕兄弟的禮儀中歌唱的，所以前五章反覆歌唱「凡今之人，莫如兄弟」的主題。其次，從「飲酒之飫」的「飫」字亦可看出其爲燕同姓兄弟之禮。《毛傳》「飫，私也，不脫屨而陞堂謂之飫」，《箋》「若議大疑於堂，則有飫禮焉」〔註34〕，若訓「飫」爲「私」是可以的，但毛、鄭把這裡的「飫」釋爲《周語》「王公立飫」之「立飫」則是錯誤的；「立飫」實即饗禮，而這裡的「飫」實乃燕私之禮。《爾雅》「飫，私也」，郭注「宴飲之私」；《說文》「飫」作「䬼」，云「䬼，燕食也」，引《詩》曰「飲酒之䬼」；《韓詩》「飫」

〔註33〕《續序》曰「暴戾無親，不能宴樂同姓，親睦九族，孤危將亡，故作是詩也」，其實「宴樂同姓，親睦九族」，道出了本篇的詩旨，但是它卻被蒙上了「刺詩」的面紗。阮元《十三經注疏・毛詩正義》，上海：上海古籍出版社，1997年，第481頁。

〔註34〕阮元《十三經注疏・毛詩正義》，上海：上海古籍出版社，1997年，第408頁。

作「醧」,《說文》云「醧,私宴飲也」〔註35〕。所以,馬瑞辰據此云「飫私之飫,與立飫之飫,當是二義,⋯⋯此飫私之飫,與燕異名而同實者也。」〔註36〕簡言之,「飲酒之飫」實即《小雅・楚茨》所謂「諸父兄弟,備言燕私」的「燕私」,是針對同姓兄弟而舉行的燕禮。最後,此詩作爲「燕兄弟」樂歌還有外證。《左傳》僖公二十四年曰「召穆公思周德之不類,故糾合宗族於成周,而作詩曰:『常棣之華,鄂不韡韡。凡今之人,莫如兄弟。』」《國語・周語中》云「周文公之詩曰:『兄弟鬩於牆,外禦其侮。』若是則鬩乃內侮,而雖鬩不敗親也。」可見,根據史書,史官們一致認爲此詩係「糾合宗族」而作,表現的是「兄弟和睦」的主題,這有力地旁證了其爲「燕同姓」樂歌的結論。

次看《伐木》。對此詩,有一個誤解需要加以澄清,即認爲此詩的燕飲對象是「朋友故舊」。此說源自於《詩序》「燕朋友故舊也,自天子至於庶人,未有不須友以成者,親親以睦,友賢不棄,不遺故舊,則民德歸厚矣。」其根據無非是詩篇首章「相彼鳥矣,猶求友聲。矧伊人矣,不求友生」,認爲這些詩句是強調「求友」,進而把下文的「諸父」、「諸舅」、「兄弟」都歸入「友生」的行列。其實,這種觀點似是而非。詩首章以飛鳥合群起興,所謂「求友生」切不可理解爲「求朋友」。首先,古人所言之「友」,內涵要比朋友廣得多,《小雅・六月》曰「張仲孝友」,《毛傳》「善父母爲孝,善兄弟爲友」〔註37〕,《爾雅・釋訓》同此,《儀禮・士冠禮》醮詞曰「孝友時格」,鄭玄亦以此釋之,可見「友」有善待兄弟之義。其次,從詩篇文理來看,「求友生」的內涵要從下二章得出。詩第二章曰「以速諸父」,《毛傳》云「天子謂同姓諸侯,諸侯謂同姓大夫,皆曰父」〔註38〕(與《儀禮・覲禮》合),第三章又曰「兄弟無遠」,都說明所宴請的客人是同姓兄弟,由此可證首章「友」指的是「兄弟」。不過,此詩中燕飲的對象還包括異姓客人,第二章曰「以速諸舅」,《毛傳》「異姓則稱舅」,第三章曰「兄弟無遠」,鄭玄認爲這裡的「兄弟」既包括「父之黨」,又包括「母之黨」,可見當有異姓賓客參加了燕禮;但是,儘管

〔註35〕〔漢〕許慎、〔宋〕徐金鉉《說文解字》,北京:中華書局,1963年,第108、319頁。阮元《十三經注疏・爾雅注疏》,上海:上海古籍出版社,1997年,第2853頁。

〔註36〕馬瑞辰《毛詩傳箋通釋》,北京:中華書局,1989年,第505頁。

〔註37〕阮元《十三經注疏・毛詩正義》,上海:上海古籍出版社,1997年,第424頁。

〔註38〕李學勤《十三經注疏・毛詩正義》,北京:北京大學出版社,1999年,第578頁。

有異姓賓客在場，同姓賓客才是燕飲的主賓。《禮記・文王世子》云「若公與族燕，則異姓爲賓」，可見儘管異姓賓客在場，但是「族燕」是整個宴飲活動的核心主題，「同姓賓客」是燕飲的主角。基於此，本文將《常棣》定爲「燕宗族」樂歌。

再看《湛露》。漢人認爲此詩是天子燕諸侯之詩，《詩序》曰「天子燕諸侯也」，鄭玄云「諸侯朝覲會同，天子與之燕，所以示慈惠」〔註39〕，這種觀點得到許多學者的贊同。但是，所謂「燕諸侯」其實並無根據，鄭玄認爲「豐草喻同姓諸侯」、「杞棘喻異姓諸侯」，實在是荒謬至極。這種觀點，來自於《左傳》的記載，文公四年曰「昔諸侯朝正於天子，天子宴樂之，於是乎賦《湛露》。」但是，人們忽略了這裡是「賦《湛露》」而不是「作」或者「歌」《湛露》〔註40〕，是賦詩之義而非詩之本義。詩篇本義，應根據詩的內容來確定。從這個意義上看，《湛露》當爲燕同姓宗族的樂歌。上文指出，詩表現的是「夜飲」活動。《毛傳》曰「夜飲，私燕也，宗子將有事，則族人皆侍。不醉而出，是不親也；醉而不出，是渫宗也。」認爲「夜飲」就是宗族私宴。此說實出自《尚書大傳》「既侍其宗，然後得燕。燕私者何？已而與族人飲，飲而不醉是不親，醉而不出是不敬。」綜合可見，《尚書大傳》《毛傳》的結論是根據詩中「不醉無歸」一句得出來的。不過，這種推論顯然證據不足，因爲凡是燕飲進行到無算爵階段，均可曰「不醉無歸」，不一定是同姓私宴。

此詩表現的燕飲爲燕同姓，根據在於燕飲所行的地點。詩曰「厭厭夜飲，在宗載考。」《毛傳》「夜飲必於宗室」，《箋》云「夜飲之禮，在宗室同姓諸侯則成之，於庶姓其讓之則止」，均以爲「宗」指宗室，即宗廟的寢室，也即《儀禮・燕禮》所謂「膳宰具官饌於寢」的「寢」。我們認爲，毛、鄭的訓釋是符合詩篇內容的，因爲詩言「厭厭夜飲，不醉無歸」，燕飲的歡洽、飲酒的盡興，都表明賓主關係不一般，行於「宗室」正合理地解釋了這些特點；另外，「宗」釋爲表地點的名詞，也符合詩句的文理〔註41〕。由此可見，所謂「夜

〔註39〕 阮元《十三經注疏・毛詩正義》，上海：上海古籍出版社，1997 年，第 420頁。

〔註40〕 鄭玄曾提出，「賦詩」有二義「凡賦詩者，或造篇，或誦古。」二者在《左傳》中均有其例，但大多數例子是「誦古」。鄭玄的話參阮元《十三經注疏・春秋左傳正義》，上海：上海古籍出版社，1997 年，第 1723 頁。

〔註41〕 但我們不同意鄭玄將「考」解釋爲「成」，認爲「考」與「宗」一樣也表地點。眾所周知，父廟曰「考」，宮室落成亦曰「考」，因而，以「考」代表宗廟並非毫無根據。宗福邦、陳世鐃、蕭海波《故訓彙纂》，北京：商務印書館，2003

飲」確實是行於宗廟路寢的燕禮，實即《楚茨》篇所謂「諸父兄弟，備言燕私」的「燕私」，因而，此詩為「燕宗族」的樂歌無疑。

最後看《頍弁》。此詩所宴對象，詩中有明言，三章反覆唱道「爾酒既旨，爾肴既嘉。豈伊異人，兄弟……」，尤其第二章曰「兄弟具來」，可見「兄弟」就是詩中宴席所請的客人。同時，頭兩章的一個比喻也很能說明問題，即「蔦與女蘿，施于松柏」，《毛傳》「蔦，寄生也；女蘿，菟絲、松蘿也」，用寄生纏絲植物「施于松柏」為喻，顯然是「以比兄弟親戚纏綿親附之意」，即比喻宗族的小宗依附於大宗。這個比喻與前文「豈伊異人，兄弟匪他」正相承。由此也可以推斷，詩中的燕飲是專門為同宗兄弟而舉行的。也許有人說詩中還出現了「甥舅」一詞，表明燕飲對象還有異姓賓客。的確，詩第三章曰「豈伊異人，兄弟甥舅」，所謂「甥舅」，朱熹以為是「母姑姊妹妻族」是對的；但是，不要忽略了這裡「甥舅」是放在「兄弟」後面的，顯然妻族也是宗族的一個附屬部分，因而，詩將「甥舅」妻族包括進來並沒有改變燕禮的性質，「兄弟」仍然是宴席的主要賓客，兄弟同宗之誼仍是全詩的主題。因此，本文認為《頍弁》乃「燕兄弟」的樂歌。

3、周人燕同姓宗族詩篇的歷史內涵

如上所述，可知《常棣》、《伐木》、《湛露》、《頍弁》四詩著重表現的是燕飲同姓賓客。儘管詩中賓客也包括「諸舅」、「諸舅」等母族、妻族，但無疑同宗的「兄弟」才是宴飲的主要對象，在燕同姓的詩篇中佔據核心地位。結合《詩》中的燕飲詩來看，或者是祭祀燕飲，或者是宴樂賓客，都重在表現燕飲禮儀本身；燕同姓則強調賓客的血緣性身份，這是一個非常特出的現象。《國語·周語上》記載周定王談到燕禮時說「於是乎有折俎加豆，酬幣宴貨，以示容合好」，指出了燕禮的主要目的是「合好」。所謂「宴以合好」，即以宴飲的禮儀方式促進主人與賓客之間的關係。因而，「燕同姓」也就是為了合好兄弟宗族。周人特重合好兄弟宗族，這正是周代宗法社會與禮樂文明的產物，是周代社會結構的精神原則的體現。

王國維在《殷周制度論》中指出「周人制度之大異於商者，一曰立子立嫡之制，由是而生宗法及喪服之制，並由是而有封建子弟之制，君天下臣諸侯之制。」〔註42〕的確，雖然嫡長子繼承制、分封制未必始於周代，但周

年，第 1825 頁。

〔註42〕王國維《觀堂集林·殷周制度論》，北京：中華書局，1959 年，第 453 頁。

人首先將其確立為權力分配的主要原則。嫡長子繼承制確立了周王室的大宗地位，也確立了所有族群裏大宗的權力地位；分封制則在一定程度上從周王室分權，根據血緣關係，首先向姬姓分權，然後再向周族的盟友如姜姓、姞姓等分權。《大雅·板》曰「大邦維屏，大宗維翰。懷德維寧，宗子維城」，《文王》又曰「文王孫子，本支百世」，所謂「本、支」共用權力、共存共榮，正是對周人權力結構的集中概括。可見，嫡長子繼承制、分封制雖然只是一個人為的法則，但它卻將「血緣的親疏遠近，化為等級的高低貴賤」〔註43〕，這不僅使原本平等的族群具有權力上的不平等，而且使同宗之內血緣上的平等具有權力上的不平等。這些不平等也就成為周王朝政治權力結構的張力。

「由是制度，乃生典禮」，與立嫡立長、分封制相適應，有了封建、冊命、朝覲、巡狩、燕饗等禮儀制度，從而「使天子諸侯卿大夫士，有恩以相洽、有義以相分」。也即，這些制度雖然首先是將上述的權力分配原則現實化的方式，但是其作用遠非如此，還是消除上述權力結構張力的最好手段。除了通過行禮的周旋揖讓分清權力等級的高低（即「有義以相分」）之外，這些禮儀還有一個重要作用，就是通過禮儀的飲食和樂來合好不同權力等級之間的關係（即「有恩以相洽」）。其表現如祭禮中的「歸胙」，冊命中的錫賞，以及朝覲中的錫命等。但是，最能體現「有恩以相洽」的無疑是燕飲禮。所謂「宴以合好」，燕禮本身的「折俎加豆」、獻酢往來、「酬幣宴貨」，都是主人和樂賓客的方式；因而，與祭禮的嚴肅、朝覲禮的莊重相比，燕禮更強調「和」而不是「分」，強調合好而不是等級的差異。「和」是燕禮的主要原則。

而在「和合」的關係上，與「兄弟」、「同姓宗族」的關係無疑是首要的。對於各級的「大宗」而言，同宗的「支子」要善待；對於「支子」，合好大宗也同樣重要。只有「本支」共存共榮，才能維持和保障各自的地位。這就是「同姓」常常成為最重要的燕饗賓客，「燕同姓」成為燕禮中最重要的內容的原因。「燕同姓」，究其本質，就是大宗與支子之間積極的交際方式，是「大宗」與「宗子」促進「合好」的禮儀形式。所以，在「燕同姓」的樂歌中，充滿了對兄弟之情的歌頌，如「凡今之人，莫如兄弟」（《常棣》），充滿了對兄弟之間宴樂情景的讚頌，如「籩豆有踐，兄弟無遠」、「爾酒既旨，爾肴既時。豈伊異人，兄弟具來」。因而，「燕同姓」不僅具有宗法倫理意義，還具

〔註43〕李山《詩經的文化精神》，北京：東方出版社，1997年，第79頁。

有重大的政治意義。這可能是《小雅》保留「燕同姓」樂歌的原因。

三、祭畢之後的燕飲樂歌

上文指出，燕飲禮不僅可以是一個獨立的禮典，還可以是一個巨典中的一個組成部分，比如饗禮之燕，《左傳》昭公元年鄭伯享趙孟，「禮終乃宴」。祭畢而燕，也是燕禮與其他禮儀結合的一個重要形式。祭禮的儀節繁瑣，持續時間長，參與人員眾多，是一個耗神耗力的事神行為。為了體恤和犒勞所有與禮的人員，祭畢要舉行燕禮。《小雅・楚茨》「諸宰君婦，廢徹不遲。諸父兄弟，備言燕私。」所謂「燕私」，就是針對參與祭祀的同姓燕飲，它行於撤俎之後，是祭畢之後的行為。除了《楚茨》之外，本文認為《雅頌》中至少有三篇詩涉及祭畢之燕。這就是《絲衣》、《既醉》和《鳧鷖》，前二者是祭畢而燕所用的樂歌，後者是繹祭燕尸所用的樂歌。以下試分而證之：

1、《絲衣》為祭畢「燕私」祝頌樂歌

對於此詩詩旨，歷來有很大的分歧。概括起來，人們的見解主要有四種：一是「繹祭燕尸」，此說來自於《小序》「繹賓尸也」，得到了許多學者的遵從；二是「祭靈星或農祥星」，此說本於《續序》「高子曰：『靈星之尸』」〔註44〕，明代陳祥道、何楷、今人陳子展均從之〔註45〕；三是「養老禮所用的樂歌」，今人高亨、王宗石主之〔註46〕；四是「祭禮詩」，李山先生主之〔註47〕。本文認為，以詩篇的內容來考察，此四說都有不合理或不完善的地方。

先來看「繹祭燕尸」說。《小序》以「繹祭賓尸」來概括詩旨，所謂「賓尸」即以尸為賓，實即燕賓之意。《小序》以《絲衣》為燕尸樂歌，不知依據為何。詩首句曰「絲衣其紑，載弁俅俅」，鄭玄認為「弁」為爵弁，絲衣爵弁為士服，遂以為是士助祭，表明禮輕，所以是輕於正祭的繹祭。這種邏輯十分荒謬，無需辯駁。從詩篇內容來看，我們找不到表現神尸的痕迹。姚際恒駁之曰「即以

〔註44〕《小序》、《續序》之說均見阮元《十三經注疏・毛詩正義》，上海：上海古籍出版社，1997 年，第 603 頁。

〔註45〕何楷《詩經世本古義》，《影印文淵閣四庫全書》第 81 冊，臺北：臺灣商務印書館，1986 年，第 292 頁。陳祥道的觀點轉引自姚際恒《詩經通論》，北京：中華書局，1958 年，第 348 頁。陳子展《詩經直解》，上海：復旦大學出版社，1983 年，第 290 頁。

〔註46〕高亨《詩經今注》，上海：上海古籍出版社，1980 年，第 504 頁。王宗石《詩經分類詮釋》，長沙：湖南教育出版社，1993 年，第 951 頁。

〔註47〕李山《詩經析讀》，海口：南海出版社公司，2003 年，第 454 頁。

《有司徹》證之，其云：『掃堂，斂尸俎』，非別殺牲先夕省視也，今何以告濯、告充、告潔一如正祭乎？」這一駁論正擊中「燕尸」說的要害，雖然其依據的是晚出的《儀禮》，但從《小雅・楚茨》所提供的祭禮儀節來看，姚氏所論是基本合理的，詩中所言之省牲、設饌等事不能為繹祭所有。

再看「祭靈星或農祥」。高子所謂「靈星之尸」，亦不知何所據。而何楷等人遂將此詩定為年終蠟祭而祀農祥星的樂歌，依據的是「絲衣」、「弁」為《禮記・郊特牲》所載蠟祭之「皮弁素服」，「靈星」為《月令》所謂的「天宗」之一。但是，「絲衣」並不一定為「素服」，即使「絲衣」為素服，此詩表現的是蠟祭，也與「靈星」沒有任何聯繫。因而，將此詩定為「祭農星、靈星」也是沒有根據的。

接著看「養老樂歌」說。高亨、王宗石認為此詩為表現養老禮的樂歌，其根據在於詩中「胡考之休」一句。「胡考」，「胡」是壽考，「考」也是長壽，「休」為善，可見，此句有祈求長壽之意。但是，這裡的祈求長壽是否為養老禮上的祝壽呢？據段玉裁考證，養老禮實即鄉飲酒禮，詩中確有飲酒之事，如「兕觥其觩，旨酒思柔」。但是，詩中除了飲酒祝福之外，還有祭祀之事，所謂「自堂徂基，自羊徂牛，鼐鼎及鼒」是說省牲、告濯、告潔。未聞養老禮還與祭禮相連，因而如將此詩釋為養老樂歌，則表現祭禮部分的內容將無法處理。

最後再看「祭禮詩」說。如上所述，此詩包含了祭禮的內容，將其視為祭禮詩是說得過去的。但是，詩中表現的不只有祭禮，其曰「兕觥其觩，旨酒思柔」，顯然是觥籌交錯的宴飲情景；又曰「不吳不敖，胡考之休」，是對行禮者謹其威儀的稱道，以及祝福壽考之意，更像是燕飲中的頌語。我們認為，詩中的飲酒、祝壽顯然不是祭禮所能涵蓋的，因而僅僅以「祭禮詩」不能契合詩篇內容。朱熹云「此亦祭而飲酒之詩。」這個概括雖然簡略，但祭祀、飲酒兩項卻準確無誤地道出了詩篇的內容〔註48〕。

本文認為，此詩乃祭畢而宴時所用的樂歌。考察《小雅・楚茨》，祭祀正禮包括省牲、告潔的內容；而且，正禮至「諸宰君婦，廢徹不遲」即撤俎之後，還有「諸父兄弟，備言燕私」的儀節。在此儀節中，詩中有「爾肴既將，莫怨具慶。既醉既飽，小大稽首」之語，可見有燕飲的內容。據此，我們認為《絲衣》是「燕私」儀節所用的樂歌。「絲衣其紑，載弁俅俅。自堂徂基，

〔註48〕朱熹《詩集傳》，南京：鳳凰出版社，2007年，第274頁。

自羊徂牛，鼐鼎及鼒」，是對剛剛結束的祭禮的回顧，此時，雖然已經撤俎，但是祭禮的儀節歷歷在目，所以略舉與祭者的服飾以及省牲、視濯以該之；「兕觥其觩，旨酒思柔。不吳不敖，胡考之休」，則描述了祭畢諸父兄弟「燕私」的情景，其詞句與《楚茨》描述「燕私」極為接近「兕觥其觩，旨酒思柔」即《楚茨》之「爾肴既將，莫怨具慶」，描述燕飲的歡洽；「不吳不敖，胡考之休」即《楚茨》之「神嗜飲食，使君壽考」，指燕飲中的祝福。以經證經，可以推斷《絲衣》即祭畢「燕私」所用的樂歌。

那麼，此詩用於「燕私」的何種儀節呢？詩末句的「不吳不敖，胡考之休」是祝福用語，參照《楚茨》，此發生於「樂具入奏，以綏後祿」、「既醉既飽，小大稽首」之時，孔穎達《正義》曰「於是之時，既醉於酒矣，既飽於食矣，其同姓小大長幼皆再拜稽首，而共慶君曰……」，是說此時乃祝頌主祭者的儀節〔註49〕。本文認為，所謂「不吳不敖」顯然指行禮的主祭者，「胡考之休」是對主祭者的祝頌。因而，全詩當為祭畢燕私中祝頌主祭者儀節所用的樂歌。

2、《既醉》

如上所述，《絲衣》是祭畢「燕私」所用的樂歌。「雅頌」中還有一首詩與《絲衣》類似，這就是《既醉》。對此詩題旨，歷來有一個嚴重的誤解，就是認為此詩乃祭祀正禮的嘏辭樂歌。所謂「嘏辭」，何楷云「祝為尸致告於主之辭」〔註50〕，是神靈給主祭者的讚詞，一般由祝來傳達。據《小雅·楚茨》所載，它用於神尸受享之後、將要離開之前的「工祝致告」的儀節；其具體形式，《儀禮·少牢饋食禮》有所記載「祝受以東北面於戶西，以嘏於主人曰：『皇尸命工祝，承致多福無疆。于女孝孫，來女孝孫。使女受祿于天，宜稼於田。眉壽萬年，勿替引之。」

據此觀察，則《大雅·既醉》篇顯然涉及了「嘏辭」的內容，詩第三章曰「公尸嘉告」，《箋》云「公尸以善言告之，謂嘏辭也」，而第四章又承接曰「其告維何，……」，可見，第四、五、六、七、八均為「公尸嘉告」的內容。從所「告」的內容看，賜予子孫眾多、賜予福祿等也與《少牢饋食禮》所載

〔註49〕阮元《十三經注疏·毛詩正義》，上海：上海古籍出版社，1997年，第467頁。

〔註50〕何楷《詩經世本古義》，《影印文淵閣四庫全書》第81冊，臺北：臺灣商務印書館，1986年，第191頁。

相似。可見，《既醉》的歌唱內容包括了嘏辭。所以，自明代何楷開始，許多學者認爲此詩即嘏辭樂歌。何氏云「《既醉》，神嘏也」，清代的姚際恒、方玉潤，近代的林義光，現代的高亨、程俊英、王宗石等均從之。

但是，此說實似是而非。雖然後五章確爲歌唱「嘏辭」的內容，但是，詩篇不只有後五章，還有前三章，「嘏辭」是不能涵蓋全篇內容的。這是其一。其二，詩中出現了「致告」「嘏辭」的行爲本身，詩第三章曰「令終有俶，公尸嘉告」；既曰「公尸嘉告」，則此句不能是「嘉告」的內容。既稱「公尸」，則全詩是以第三人稱的口吻來描述「公尸嘉告」的行爲的，這與「嘏辭」中神賜福於主祭者常用第二人稱是不合的。僅據這兩點，就足以駁斥「嘏辭」說。清代陳啓源認爲「古嘏詞當有成文著於禮經，非臨時臆撰也」，是說「嘏辭」有成文，不能以樂歌爲之〔註51〕，這是以《儀禮》例《詩》的結果，未必確實。其實，依據詩篇本身的內容，即足以證明其非「嘏辭」樂歌。那麼，既然此詩非「嘏辭」樂歌，後五章作爲「公尸嘉告」的內容作何解釋呢？顯然，這一內容不過是某種禮儀歌唱的一部分而已，是被引述而非獨立存在的。李山先生說「對嘏詞『致告』一項的特提，只是以此來表達對祭祀者即周天子的祝福之意」〔註52〕，指出「公尸嘉告」並非「致嘏」儀節，而是出於其他目的而引述「嘏辭」，這是正確的。

那麼，此詩當爲何種典禮儀節所用的樂歌呢？詩既提及「公尸嘉告」，又涉及了大篇的「嘏辭」，則它必然與祭禮有關。考察全詩，可以發現首三章提供了這方面的線索。首章曰「既醉以酒，既飽以德」，《毛傳》云「既者，盡其禮，終其事」，所謂的「禮」、「事」指什麼呢？《箋》云「禮謂旅酬之屬，事謂惠施先後及歸俎」，可見，毛、鄭認爲「既」是指祭祖禮儀〔註53〕。據此，鄭玄認爲《既醉》是「成王祭宗廟，旅酬下遍群臣至於無算爵」時所用的樂歌，清代胡承珙、魏源均從之。「成王」云云，未必確實；「祭宗廟、旅酬」，實際上指的是祭畢燕飲之事。本文認爲，《既醉》確實是祭畢燕飲所用的樂歌。

其實，最能說明此詩禮儀背景的是《小雅·楚茨》篇。其末二章曰：

> 禮儀既備，鍾鼓既戒。孝孫徂位，工祝致告。神具醉止，皇尸載起。
>
> 鼓鐘送尸，神保聿歸。諸宰君婦，廢徹不遲。諸父兄弟，備言燕私。

〔註51〕陳啓源《毛詩稽古編》，阮元《清經解》第 1 冊，上海：上海書店，1988 年，第 425 頁。

〔註52〕李山《詩經析讀》，海口：南海出版社公司，2003 年，第 377 頁。

〔註53〕阮元《十三經注疏·毛詩正義》，上海：上海古籍出版社，1997 年，第 535 頁。

　　樂具入奏，以綏後祿。爾殽既將，莫怨具慶。既醉既飽，小大稽首。

　　神嗜飲食，使君壽考。孔惠孔時，維其盡之。子子孫孫，勿替引之！

由此可見，祭祖禮在「神尸」離開、撤俎之後，還進行了「燕私」的禮儀。
而《既醉》首三章的詩句正與《楚茨》描述「燕私」的詩句極爲相似「既醉
以酒，既飽以德」對應於「既醉既飽」，「爾殽既將」是相同的，「君子萬年」
對應於「使君壽考」，「昭明有融，高朗令終」對應於「孔惠孔時」，「孝子不
匱」、「永錫祚胤」、「從以孫子」對應於「子子孫孫，勿替引之」。可見，二者
對酒肴和祝福的描述是如出一轍的。據此可以推斷，《既醉》實亦祭畢「燕私」
所用的樂歌，鄭玄所謂「旅酬」、無算爵實即祭畢「燕私」的儀節。實際上，
《楚茨》表現「燕私」的部分也提及了「嘏辭」，其曰「神嗜飲食，使君壽考」，
「神嗜飲食」即指神尸，「使君壽考」的「使」字道出了神尸致嘏之事，而下
文的「孔惠孔時，維其盡之。子子孫孫，勿替引之」實即「嘏辭」的內容，
而《既醉》後五章的「嘏辭」也可以看作是這兩句的具體化。

　　看來，「燕私」儀節中提及「嘏辭」並非個別現象。結合《楚茨》來看，
祭畢「燕私」，是主祭者與「諸父兄弟」進行燕飲的禮儀場合，其目的是犒勞
主祭者及其助祭的同姓人員。而《既醉》中的「君子」是剛剛結束的祭禮的
主祭者，實即《楚茨》篇中「使君壽考」的「君」；詩中的第二人稱「爾」，
就是主祭者。因而，《既醉》全篇對「君子」的歌頌實際上是引述代表神意的
「嘏辭」。據此可知此詩是祭畢「燕私」中祝頌主祭者儀節所用的樂歌。

3、《鳧鷖》：祭畢燕飲「公尸」時的祝頌樂歌

　　古人以《絲衣》爲「繹賓尸」的樂歌，是毫無根據的。但是，「雅頌」中
確有「繹祭賓尸」的樂歌，這就是《鳧鷖》。《鳧鷖》表現的是燕飲公尸的內
容〔註54〕，這在詩中有著明顯的證據：詩分五章，章章疊詠「公尸來燕」，又詠
「公尸燕飲」，顯然是針對燕公尸之事；同時，詩又反覆誦唱「爾酒××，爾殽
××」，且曰「旨酒欣欣，燔炙芬芬」，有酒有肴，顯然是宴飲無疑。既然此詩
是表現「燕公尸」，那麼，它不會用於一般的燕飲場合，而是繹禮中所用。

　　何爲「繹祭」？《春秋》宣公八年記載「辛巳，有事於大廟，仲遂卒於
垂，壬午，猶繹。」這裡的「有事」是祭祖之事〔註55〕，由此可知，所謂「繹」

〔註54〕對《鳧鷖》的詩旨，歷來沒有什麼爭議。只有《詩序》云「守成也，大平之
　　　　君子，能持盈守成，神祇祖考安樂之也」，不知何據。
〔註55〕杜預注「有事，祭也。」參阮元《十三經注疏・春秋左傳正義》，上海：上海

實即在祭祖之次日舉行的禮儀。《公羊傳》云「繹者何？祭之明日也。」何休注云「天子諸侯曰繹，大夫曰賓尸，士曰宴尸，去事之殺也。必繹者，尸屬昨日配先祖食，不忍輒忘，故因以復祭，禮則無有誤，敬慎之至。」〔註56〕可見，「繹」的主要目的是犒勞與祭的神尸。因而，「繹」雖名爲祭，但是其禮的主要內容卻是燕，這首先從「大夫曰賓尸，士曰燕尸」可見一斑。另外，今本《儀禮》有《有司徹》一篇，所載實即大夫「又祭」之事；從其儀節來看，有迎尸、獻尸、尸酢、酬尸、獻眾賓、旅酬、無算爵等等，都是燕禮的儀節。據此可推斷，所謂「賓尸」更能準確概括「繹」的內容，它不過是以「神尸」爲賓的燕禮而已。

當然，由於「繹」與「祭」聯繫緊密，「繹」之燕禮比一般的燕禮有更多的特殊性：以神尸爲賓，以祭祀的俎爲肴〔註57〕，等等。其實，「繹」實即祭畢燕飲，與《小雅‧楚茨》中的「燕私」有些相似，只不過它以神尸爲賓罷了。

由上可知，《鳧鷖》是祭畢燕「公尸」所用的樂歌。「尸」何以名爲「公尸」？《毛傳》云「公尸，天子以卿爲尸，言諸侯也」，《正義》曰「卿而謂之公者，言此卿之尊，比下土諸侯也」，是說「公」是指爲尸者的身份等級相當於諸侯。但是，此說沒有有力的佐證。實際上，「公，君也」，這在《詩》中很常見，而「尸」稱「君尸」，可能源於「尸」是作爲祭祀對象（神靈）的代表，而這祭祀對象可能是諸侯國君或周王。「尸」既爲「君尸」，則主祭者及「繹」的主人亦爲周王或諸侯國君。由此可推知，《鳧鷖》是表現天子或諸侯等祭畢燕「公尸」的樂歌〔註58〕。

那麼，《鳧鷖》用於祭畢燕「公尸」的何種儀節呢？詩每章都是三句，第一句以「鳧鷖」起興，點明「公尸來燕」的事件；第二句則是主要稱道酒肴的嘉美；第三句歌頌「公尸燕飲」，福祿就隨之而降。由此可見，全詩是以旁觀者的口吻歌頌「公尸」燕飲之事。但是，詩中又多次出現「爾酒既清，爾

古籍出版社，1997年，第1774頁。

〔註56〕參阮元《十三經注疏‧春秋公羊傳注疏》，上海：上海古籍出版社，1997年，第2114頁。

〔註57〕據《儀禮‧燕禮》，大夫「賓尸」之前，有「乃燅尸俎」的動作，鄭玄注云「燅，溫也」，可見，「賓尸」所用之俎有前日祭祀所用的俎。參阮元《十三經注疏‧春秋公羊傳注疏》，上海：上海古籍出版社，1997年，第1206頁。

〔註58〕鄭玄以爲五章以鳧鷖在不同地點起興，是比喻五種不同身份的神尸，即天地、四方、社稷、宗廟、七祀。這種看法是因爲《詩序》以訛致訛的結果。參李學勤《十三經注疏‧毛詩正義》，北京：北京大學出版社，1999年，第1097頁。

殷既馨」的第二人稱口吻，又如何解釋呢？其實，「爾」是詩篇歌唱者對宴席的主人而言，朱熹云「爾，自歌工而指主人也」，準確地指出了這一點〔註59〕。另外，詩篇反覆歌唱「福祿來成」、「福祿來爲」、「福祿來下」、「福祿來崇」，是對燕禮的「賓客」即（「公尸」）的頌禱和祝福。綜合可見，《鳧鷖》是祭畢燕飲「公尸」時的祝頌樂歌。

綜上所述，《絲衣》、《既醉》、《鳧鷖》三者都是與祭禮有關的燕飲樂歌。在這些詩篇中，燕飲的舉行，表面上或者是爲了燕勞祭祀者，或者是爲了燕勞神尸，本質上看則是祭祖禮儀的延伸，可以視爲祭禮的一個組成部分。這一點在《楚茨》篇中有明顯的體現。正因爲如此，這一類燕禮中包含著諸多祭祖禮儀的因素，如「嘏辭」、「公尸」等，這也是這一類燕飲樂歌的獨特之處。

四、燕飲中的歌頌周王的樂歌

上文已經論述了三類燕飲樂歌，分別是一般的燕賓樂歌、專門燕同姓的樂歌以及祭畢而燕的樂歌。從某種意義上看，這三類樂歌也是燕飲頌歌，或者泛頌嘉賓，或者專頌同姓賓客，或者專頌主祭者；但是，從整體上看，它們更著重表現的是燕飲的行爲本身，至少是對「燕」本身與燕飲對象同等重視。因爲它們力圖表現的主題是「宴以合好」，所以「宴」本身與「宴」的對象就顯得同樣重要；又因爲既然是爲了「合好」，就不能強調賓主的身份差異，所以詩中的主人、賓客都是模糊的，都是抽象性的，如「同姓賓客」、「主祭者」等。這三類樂歌可以說是周代燕飲樂歌的典型代表。

除此之外，「雅頌」中還有另外一些詩篇，它們也是燕飲中所用的樂歌，但卻不關注燕飲本身，而是集中於歌頌參加燕飲的周天子。在這類詩篇中，表現對象不再模糊，而是集中在周王一人身上；燕飲不再是詩篇的表現對象，而僅僅是詩篇產生的禮儀場景。「宴以頌德」取代「宴以合好」，成爲這些詩篇的主題。這些詩篇是《小雅·桑扈》、《魚藻》、《南山有臺》、《天保》以及《大雅·假樂》、《泂酌》、《卷阿》。本文將這些詩篇歸爲兩類：一是歌頌周王飲酒的詩篇，包括《桑扈》、《魚藻》兩篇；二是專注於歌頌周王之德，不言燕飲而實於宴飲場合使用的樂歌，包括《天保》、《南山有臺》、《假樂》、《泂酌》、《卷阿》。以下分而證之：

〔註59〕朱熹《詩集傳》，南京：鳳凰出版社，2007年，第227頁。

1、周王燕飲的頌歌：《魚藻》、《桑扈》

明顯表現周王燕飲的詩篇是《魚藻》。此詩結構非常簡單，全詩是三章疊詠，每章內容大體相同：第一句以藻中之魚起興，第二句指明周王在鎬京飲酒。首章曰「豈樂飲酒」，二章曰「飲酒豈樂」，第三章曰「有那其居」，可見詩篇著意刻畫周王在鎬飲酒時的快樂、安逸的氣氛。據此，可以判斷此詩是周王在鎬京的某次宴飲時臣工所奏的樂歌。鄭玄云「武王何所在乎？處於鎬京，樂此八音之樂，與群臣飲酒而已。」「武王」云云無據，但「處於鎬京」、「與群臣飲酒而已」足以概括本篇題旨〔註60〕。

歷來人們對此詩表現周王宴樂於鎬京並無爭議，問題是，這一宴樂是在什麼背景中進行的呢？人們對此看法差異很大。概括起來，主要有這幾種：一是「思古」的刺詩，認為此詩是刺幽王不能像武王那樣在鎬京宴樂。此說本於《詩序》，許多學者從之。但是，此說同樣是《詩序》按詩篇次序解說詩旨的結果，從詩篇中找不到任何「刺詩」的痕跡。二是「天子燕諸侯，諸侯美之」之說，此說出自朱熹。雖然「諸侯美之」契合了詩中歌頌周王的內容，但是詩中沒有有關「諸侯」的信息，所謂「天子燕諸侯」只是想當然〔註61〕。三是「武王飲至」說，此說出自明代鄒肇敏、何楷，認為此詩是周武王出師歸來、「飲至」於宗廟的樂歌，其根據是《大雅・文王有聲》關於鎬京建成於武王時期的記載〔註62〕。此說在邏輯上是漏洞百出的，鎬京雖然成於武王之手，但居鎬京之周王不一定只有武王；「飲至」有飲酒，但飲酒未必是「飲至」，雖然「王在在鎬」強調周王在鎬京，可能暗示周王曾經離開過，但是並無證據顯示是「飲至」，也許是由於動亂而被迫離開，也許是遷都之後回歸，都有可能。

三是讚美周王建都鎬京，此說本於方玉潤「鎬民私幸周王都鎬，而祝其永遠在茲之詞也」，今人程俊英亦從之〔註63〕。詩中確實表現了周王安居於鎬京的情景，第三章「有那其居」（那即安）就是如此。但周王安居於鎬，並不一定意味著是剛剛定都。所謂「定都頌王」不過是對「王在在鎬」一句

〔註60〕阮元《十三經注疏・毛詩正義》，上海：上海古籍出版社，1997年，第488頁。
〔註61〕朱熹《詩集傳》，南京：鳳凰出版社，2007年，第192頁。
〔註62〕何楷《詩經世本古義》，《影印文淵閣四庫全書》第81冊，臺北：臺灣商務印書館，1986年，第244頁。
〔註63〕方玉潤《詩經原始》，北京：中華書局，2006年，第454頁。程俊英、蔣見元《詩經注析》，北京：中華書局，1991年，第702頁。

的過渡推論。四是刺周王後宮佚樂，出自王宗石，認爲詩中的「魚」是后妃宮人的隱晦象徵，全詩表現的是周王花天酒地的佚樂生活〔註 64〕。《詩》的「魚」意象有的象徵性事，但並非所有「魚」意象都是如此，比如燕賓樂歌（如《南有嘉魚》）的「魚」就不是。從全詩語境看，此詩之「魚」只是起興之象而非隱喻之象。何楷認爲此詩「有盛世發揚之象，非衰世愁歎之音」，是正確的〔註 65〕。詩篇是讚美周王，而非諷刺周王。

由此可見，學者們雖然提出種種假說，但都證據不足。其實，此詩只是表現周王在鎬京宴樂的樂歌，僅此而已。詩句傳達了一些信息，如反覆歌唱「王在在鎬」，可能暗示了周王剛剛回到鎬京，因而表明周王曾因故離開鎬京。此詩表達了對周王歸來的喜悅，字裏行間充滿了對周王的擁戴之情。這種情感似乎暗示了周王遭遇了一些變故，歷盡艱辛方才回到鎬京。據此，則可能出現的背景似乎只有遭遇「國人之亂」的周宣王或遭遇「西周滅亡」的周平王較爲接近。李山先生說「周平王從申國返回宗周後，在鎬京曾舉行過隆重的酒會」，即認爲此詩產生於周平王宴樂鎬京之時，可備一說〔註 66〕。

除了《魚藻》之外，表現周王宴樂的還有《桑扈》。詩曰「兕觥其觩，旨酒思柔」，此句又見於《絲衣》，歌唱美酒與酒爵，點明了宴飲的場合。可見，詩篇頭兩章反覆歌唱的「君子樂胥」，「樂」即宴樂，而對「君子」所歌頌的「受天之祜」、「萬邦之屛」、「百辟爲憲」、「受福不那」、「彼交匪敖，萬福來求」等朱熹所謂的「頌禱之辭」，都是針對燕飲中的「君子」而發的〔註 67〕。由此可見，此詩當爲燕飲中對「君子」的頌贊樂歌。

因而，《詩序》所謂「刺幽王」之說顯然是錯誤的。此外，還有一種看法也是不正確的，即認爲此詩是「饗禮」所用的樂歌。何楷云「《桑扈》，饗諸侯之禮也。諸侯春見曰朝，天子饗之」，姚際恒、方玉潤亦云「天子饗諸侯之詩」〔註 68〕。此說實本於《左傳》，成公十四年記載衛侯饗苦成叔時，寧惠子引《桑扈》論「饗食」之義。但《左傳》引詩實取此詩末句「彼交匪敖，萬

〔註 64〕 王宗石《詩經分類詮釋》，長沙：湖南教育出版社，1993 年，第 597 頁。

〔註 65〕 何楷《詩經世本古義》，《影印文淵閣四庫全書》第 81 冊，臺北：臺灣商務印書館，1986 年，第 244 頁。

〔註 66〕 李山《詩經析讀》，海口：南海出版社公司，2003 年，第 329 頁。

〔註 67〕 朱熹《詩集傳》，南京：鳳凰出版社，2007 年，第 187 頁。

〔註 68〕 何楷《詩經世本古義》，《影印文淵閣四庫全書》第 81 冊，臺北：臺灣商務印書館，1986 年，第 312 頁。姚際恒《詩經通論》，北京：中華書局，1958 年，第 238 頁。方玉潤《詩經原始》，北京：中華書局，2006 年，第 443 頁。

福來求」，意在說明行禮不能「敖」，顯然是斷章取義之例，並不能以此爲據論定詩篇題旨。從禮儀看，饗禮乃是最高級的飲酒禮，重「醴」而不重酒，往往在特別重要的場合舉行，但詩中卻沒有任何這樣的信息。所謂「兕觥其觓，旨酒思柔」，顯然是飲酒而不是饗醴。所以，「饗禮」說不確。

《桑扈》作爲宴樂頌歌，歷來沒有太多爭議，有爭議的是詩中「君子」的身份。對此，主要有兩種意見：一種認爲「君子」是諸侯，此詩爲周天子宴諸侯時唱給諸侯的樂歌，此說本於朱熹，歷來從者甚眾；一種認爲「君子」是周天子，此詩爲諸侯朝見周王而頌美周王的樂歌，如孫作雲、王宗石等〔註69〕。以「君子」爲諸侯，其根據是「萬邦之屏」，朱熹云「言其能爲小國之藩衛，蓋任方伯連帥之職者也。」〔註70〕以「屏」形容諸侯，確有其例，《大雅・板》「大邦爲屏」，《左傳》僖公二十四年又云「故封建親戚以蕃屏周」。但問題是此詩是「君子」作爲「萬邦之屏」，並且又是「百辟爲憲」，「萬邦」、「百辟」在「雅頌」中多見，都是統稱諸侯之義〔註71〕。可見，「君子」不是諸侯，而是作爲萬邦之主、百辟之君的周天子。《大雅・假樂》曰「百辟卿士，媚于天子」，《文王》曰「儀型文王，萬邦作孚」，《緜》曰「萬邦之方，下民之王」，都表明作爲「萬邦之屏」的是周王。由此可見，詩中的「君子」當爲周王，第二種的看法是正確的。但也不能不指出，「君子」雖然是周王，此詩卻不是諸侯朝見天子、歌頌天子的詩篇，詩中雖有「諸侯」、「萬邦」之名，但那是用來表示天子的身份，全詩沒有任何「諸侯朝見」的信息，「諸侯朝見」說同樣沒有根據。總之，從詩篇內容出發來看，《桑扈》只是燕飲中對周天子的頌歌而已。

2、燕飲中對周王的頌歌

如上所述，《桑扈》中的「君子樂胥」是對周王的歌頌，「君子」即周王。「雅頌」中以「君子」之名歌頌周王的詩篇絕非個例，而是一個很突出的現象〔註72〕。除了《桑扈》之外，還有《小雅・南山有臺》、《大雅・假樂》、《泂

〔註69〕 孫氏云「《桑扈》，我以爲也是周宣王會諸侯於東都，諸侯美之之辭。」王宗石亦云「諸侯來朝，在宴會上歌頌天子。」孫作雲《孫作雲文集・〈詩經〉研究》，開封：河南大學出版社，2003年，第384頁。王宗石《詩經分類詮釋》，長沙：湖南教育出版社，1993年，第594頁。

〔註70〕 朱熹《詩集傳》，南京：鳳凰出版社，2007年，第187頁。

〔註71〕 典型的例子，「萬邦」如《大雅・崧高》「揉此萬邦，聞于四國」，「百辟」如《周頌・烈文》「不顯維德，百辟其刑之。」

〔註72〕 上章已經指出，一組表現諸侯朝見周王的詩篇如《蓼蕭》、《菁菁者莪》、《裳裳者華》等，其中的「君子」都是指周王，就是明證。

酌》、《卷阿》四篇。這些詩篇有一個共同點,即雖然沒有直接言及燕飲行為,但無一例外都是歌頌「君子之樂」的,如《南山有臺》的「樂只君子」,《假樂》的「假樂君子」,《泂酌》、《卷阿》的「豈弟君子」;而且,其中的「君子」亦指周王。本文認為,這些詩篇與《魚藻》、《桑扈》類似,也是燕飲中獻給周王的頌歌。

首先看《南山有臺》。詩雖然分五章,但除了每章首句以南山、北山的植物起興之外,其餘的十句實際上形成並列結構,一一祝頌「君子」。並且,其祝頌內容具有重複性,概括起來無非三方面:一是稱頌「君子」身份之尊,如「邦家之基」、「邦家之光」、「民之父母」;二是祝頌「君子」長壽及福蔭後代,如「萬壽無期」、「萬壽無疆」、「遐不眉壽」、「遐不黃耇」、「保艾爾後」;三是歌頌「君子」的德行,如「德音不已」、「德音是茂」。由此可見,全詩實即祝頌「君子」的樂歌。

不過,「君子」是誰,篇中沒有提及,但我們以為周王最有可能。何以見得?詩首章曰「樂只君子,邦家之基」,次章又曰「樂只君子,邦家之光」,第三章又曰「樂只君子,民之父母」,以「邦家之基」、「民之父母」來稱頌「君子」之尊,顯然只有周王方能當之。「邦家之光」亦見於《周頌·載芟》,據考察,此詩乃周王報祭祖先所用的樂歌,因而其曰「為酒為醴,烝畀祖妣,以洽百禮。有飶其香,邦家之光」,其中的「邦家」乃指王國而非諸侯國無疑。如此,則作為「邦家之基」的,自然是周王。由此可知,《南山有臺》實為祝頌周王的樂歌。姚際恒云「此臣工頌天子之詩」,非常準確地指出了此詩大旨〔註73〕。

由於詩篇對「君子」身份言之不明,歷代學者遂產生許多臆測。一是「賢者」說,如《詩序》以此詩為「樂得賢」之樂歌,認為「君子」是在位者所招徠的賢者。詩中確實稱頌「君子」之賢德,但除此之外,還祝頌其長壽,稱頌其重要作用,這就與「納賢」不合了。二是「老者」說,認為此詩乃表現養老的詩篇,如何楷以其為「文王養老之詩」,魏源以其「專言養老之事」〔註74〕。以「君子」為老者,其依據是詩中反覆祝頌長壽的詩句,如「萬壽無期」、「萬壽無疆」、「遐不眉壽」、「遐不黃耇」,但這些詩句可以稱頌老者,

〔註73〕姚際恒《詩經通論》,北京:中華書局,1958年,第185頁。
〔註74〕何楷《詩經世本古義》,《影印文淵閣四庫全書》第81冊,臺北:臺灣商務印書館,1986年,第110頁。魏源《魏源全集·詩古微》,長沙:嶽麓書社,1989年,第309頁。

也可以稱頌其他人，如《楚茨》、《信南山》、《甫田》的「萬壽無疆」稱頌主祭者，如《大雅・江漢》「天子萬壽」明言稱頌周王。因此，僅憑祝壽之語，是無法得出其爲養老樂歌的。三是「賓客」說，認爲此詩是燕飲中「祝賓」的樂歌，如朱熹以此詩爲「燕饗通用之樂」，「所以道達尊賓之意」，方玉潤以爲此詩爲「祝賓也」〔註75〕。朱子「燕饗通用」之說本於《儀禮》，上文已經指出其誤，而所謂「尊賓」、「祝賓」，指的是詩中祝頌「君子」的內容，但是，以「君子」爲宴席之賓並沒有確鑿的證據。

　　「君子」雖然不是賓客，但是此詩卻與宴飲場合有關。詩中十次提及「樂只君子」，這一個「樂」字可能不僅僅指歌唱者對「君子」的景慕之情，還暗示了此詩所用的場合，這個場合可能就是宴樂。據《穆天子傳》記載，周穆王西遊至於「祭」地時，「乃歌《虖天》之詩，天子命歌《南山有臺》」，此處《南山有臺》雖然不一定是首次使用，但至少旁證了它是用於燕飲場合。總之，本文推測《南山有臺》是燕飲場合中獻給周天子的祝頌樂歌。

　　其次看《假樂》。《南山有臺》以「樂只君子」結構詩篇，《假樂》則以「假樂君子」開篇。前者是五章疊詠的結構，此詩則是連綿而下、一氣呵成的結構。儘管結篇有異，但二者在內容上是極爲相似的，都是對「君子」的祝頌歌詞。與《南山有臺》主要祝頌「君子」長壽不同，此詩著重於歌頌「君子」的德行，歌頌君子因「德行」而受祿受福。詩中所強調的「君子」的德行是多方面的：如「顯顯令德，宜民宜人」，「穆穆皇皇，宜君宜王」，是說「君子」適合做君王；如「不愆不忘，率由舊章」，是說「君子」能夠遵循王朝的典章制度，不恣意妄爲；如「威儀抑抑，德音秩秩。無怨無惡，率由群匹」，是說「君子」有威儀德音，能夠平和眾人，任用群賢；如「之綱之紀，燕及朋友。百辟卿士，媚于天子。不解于位，民之攸墍」，是說「君子」能夠得到朋友、諸侯卿士以及天下庶民的擁戴。正因爲「君子」有這些「德」，所以才「受祿于天」、「受福無疆」，所以才「千祿百福，子孫千億」〔註76〕。由此可見，此詩其實是「讚頌」而非「祝頌」，稱頌之語都是從對德行的讚述中引申出來的。因此，全篇是讚頌「君子」德行的樂歌。

〔註75〕朱熹《詩集傳》，南京：鳳凰出版社，2007 年，第 129 頁。方玉潤《詩經原始》，北京：中華書局，2006 年，第 351 頁。

〔註76〕今本《詩》「千祿百福」爲「干祿百福」，俞樾以爲「干」爲「千」之誤，從之。參俞樾《群經平議・毛詩》，王先謙《清經解續編》第 5 冊，上海：上海書店，1988 年，第 1088 頁。

　　而且，「君子」不是別人，正是周王。這是非常明顯的，既能「宜民宜人」，又能「宜君宜王」，同時又爲「四方之綱」，非周天子莫屬。只有周天子，才能「受祿于天」、「自天申之」，才能受到「百辟卿士」的擁戴。顯然，「君子」就是詩中的「媚于天子」的「天子」，因而，此詩是讚頌周天子德行的樂歌。高亨說「這是一首爲周王頌德祝福的詩」，王宗石說「此爲周天子頌德祝福的詩篇」，他們的觀點都是非常正確的〔註77〕。

　　對《假樂》是歌頌周天子德行的樂歌，人們並無爭議。人們爭論的焦點是「君子」爲哪一個周王。歸納起來，有三種意見：一是成王，《詩序》曰「嘉成王也」；二是武王，何楷云「讚美武王之德，祭武王之詩」；三是宣王，王充《論衡·藝增篇》曰「美周宣之德也」〔註78〕。其實，三說都沒有確鑿證據。但從詩篇的時代看，「不愆不忘，率由舊章」表明其不宜產生於武、成時期，並且「千祿百福，子孫千億」的祝頌用語當爲西周後期所有。看來，「宣王」說比較接近事實〔註79〕。

　　此詩不僅是讚頌周宣王德行的樂歌，而且是宴飲中所用的頌歌。如上所述，「假樂君子」實即「樂只君子」，暗示了對「君子」的讚頌可能是在宴樂場合中進行的。在祝頌語上，詩中既有「受祿于天」、「受福無疆」，又有「千祿百福，子孫千億」，可見福祿自天、子孫眾多是其著眼點。遍檢經文，「福祿」一般受於祖神，稱「受祿于天」的除了本篇之外，還有《既醉》。從祝頌語看，此詩與《假樂》極爲相似，如「天被爾祿」、「從以孫子」、「永錫祚胤」等，而《既醉》正是祭畢宴飲、歌頌主祭者的樂歌。這可以作爲《假樂》頌於宴飲場合的一個旁證。李山先生說「此詩是宣王宴飲群臣時群臣奉獻的頌歌」，儘管只是推測，但可能正得詩之本旨〔註80〕。

　　最後是《泂酌》與《卷阿》〔註81〕。這裡之所以把二詩放在一起討論，

〔註77〕高亨《詩經今注》，上海：上海古籍出版社，1980年，第412頁。王宗石《詩經分類詮釋》，長沙：湖南教育出版社，1993年，第570頁。

〔註78〕阮元《十三經注疏·毛詩正義》，上海：上海古籍出版社，1997年，第540頁。何楷《詩經世本古義》，《影印文淵閣四庫全書》第81冊，臺北：臺灣商務印書館，1986年，第232頁。

〔註79〕對此詩年代的考正，可參馬銀琴《兩周詩史》，北京：社會科學文獻出版社，2006年，第219頁。

〔註80〕李山《詩經析讀》，海口：南海出版社公司，2003年，第379頁。

〔註81〕我們採取孫作雲的看法，即認爲《卷阿》是兩首詩《卷阿》、《鳳凰》錯簡在一起。這裡所論的《卷阿》，是指今本《卷阿》前六章。孫氏見解參孫作雲《詩

是因爲從整體上看，它們都是以「豈弟君子」爲表現對象，內容上都是歌頌「豈弟君子」的歌詞。「豈弟君子」一語出現於「雅頌」的五首詩中，共 16 次，構成了一道獨特的風景線。而其中有三篇即以此句結構詩篇，這三篇都在《大雅》中，爲《旱麓》、《泂酌》、《卷阿》。前文已經考證，《旱麓》是群臣對行祭天禮的周王的讚頌樂歌。儘管所行場景不同，但《泂酌》、《卷阿》其實與《旱麓》一樣，都是讚頌周王的樂歌。這一點可以從以下兩個層次得到說明：

首先，此二詩都是讚頌「君子」的樂歌。《泂酌》篇三章疊詠，其內容十分簡單，即以遠地汲水起興，歌頌「君子」與「民」的良好關係「君子」是「民」的父母，爲「民」所擁戴和歸依〔註 82〕。可見，詩篇其實是歌頌「君子」得民心。《左傳》隱公三年載「《雅》有《行葦》、《泂酌》，昭忠信也」，《泂酌》之所以能「昭忠信」，就是因爲它所歌唱的「君子」能得民心。《卷阿》篇的結構略爲複雜，首章則是引起部分，後五章由一個三疊詠的結構和一個二疊詠的結構組成；這三部分實則構成引子、一曲調、二曲調的關係〔註 83〕。雖然歌唱方式不同，但全詩三個部分的表現對象卻是一致的，都是「豈弟君子」：首章引起，以「有卷者阿」起興，「豈弟君子，來遊來歌，以矢其音」，點明歌樂的緣起是「君子」「來遊來歌」，即遊樂；次三章祝頌「君子」要「俾爾彌爾性」，即要健康長壽，這樣才能「似先公酋」、「百神爾主」、「茀祿爾康」、「純嘏爾常」，也就是繼承先公、主祭百神、受福受祿；後兩章則歌頌「君子」的威儀聲望，可爲四方典範。可見，此詩其實就是因「君子」來遊樂而頌其威儀聲譽、祝其長命百歲的歌詞。

其次，此二詩所歌頌的「君子」，都是周王。《泂酌》曰「民之父母」、「民之攸歸」，「君子」被形容爲民眾的父母，爲民眾所歸依，當爲周王無疑。「民之父母」與《小雅·南山有臺》如出一轍，「民之攸墍」與《假樂》完全一樣，後二者歌頌的「君子」是周王，則《泂酌》之「君子」亦當爲周王。高亨云

經與周代社會研究》，北京：中華書局，1966 年，第 416 頁。

〔註82〕「民之所墍」又見於《假樂》，鄭玄云「墍，息也」，《方言》云「息，歸也」，可見「墍」亦歸依之義，「民之所墍」即「民之攸歸」。參馬瑞辰《毛詩傳箋通釋·假樂》，北京：中華書局，1989 年，第 903 頁。

〔註83〕首章、次三章、後兩章的不同歌唱方式，可參考王昆吾《中國早期藝術與宗教·詩六義原始》，上海：東方出版中心，1998 年，第 229 頁；楊蔭瀏《中國古代音樂史稿上》，北京：人民音樂出版社，1981 年，第 81 頁。

「這是一篇歌頌周王的詩」，是非常準確的〔註84〕。《卷阿》中的「君子」為周王，有更確鑿的證據。詩曰「百神爾主矣」，「主百神」即祭百神，《禮記‧祭法》云「有天下者祭百神」，可見「君子」即有天下之周王，《周頌‧時邁》曰「懷柔百神，及河喬嶽，允王維后」，證明了這一點。可見，所謂「似先公酋」，是指天子繼承先公先王，「土宇昄章」是指天子的王國。而後兩章所謂「四方為則」、「四方為綱」，亦見於他篇，如《棫樸》「勉勉我王，綱紀四方」，《假樂》曰「受福無疆，四方之綱」，可見能作為四方之綱紀的就是周王。何楷云「首章至六章皆祝勸王之辭」，是正確的〔註85〕。

綜上所論，可知《泂酌》、《卷阿》都是針對周王所作的頌歌。不僅如此，我們認為此二詩同樣也產生於宴飲的場合中。首先，作為詩篇的結構核心，「豈弟君子」透露了某些信息。何謂「豈弟」？《毛傳》釋《小雅‧湛露》「孔燕豈弟」云「豈，樂也。弟，易也」，釋此詩「豈弟君子」又云「樂以強教之，易以說安之」，此說本於《禮記‧孔子閒居》，認為「豈」即歡樂之義，「弟」為取悅、安樂之義〔註86〕。那麼，用和樂、安樂來形容「君子」，不會憑空而起。檢查《詩》中「豈弟」的用法，較為明確的有兩個地方，一是《小雅‧蓼蕭》的「既見君子，孔燕豈弟」，一是《湛露》的「豈弟君子，莫不令儀」，前者表現諸侯朝見天子的宴飲，後者表現天子夜宴同姓，可見二者的「豈弟」所表現的君子之樂是宴樂。據此，我們推測《泂酌》、《卷阿》中的「豈弟」實際上也是指宴樂，此二詩是宴飲中對周王的頌歌。

不過，二者所用的燕飲場合略有不同。《泂酌》三章均以「泂酌彼行潦，挹彼注茲，可以××」起句，描述的是遠地汲水以「餴饎」、「濯罍」、「濯溉」，即蒸飯、備酒食、洗祭器，這些事項都是祭禮開始之前的準備工作。而根據《左傳》隱公三年的記載「潢污行潦之水，可薦於鬼神」，可知遠汲「行潦」之水也與祭祀有關。可見，此詩可能與祭禮有關，而「君子」可能是祭禮的主祭者。而全詩又是頌贊宴飲中的「君子」，由此可以推斷此詩當為祭畢宴飲中對周王的頌贊。

〔註84〕 高亨《詩經今注》，上海：上海古籍出版社，1980年，第590頁。

〔註85〕 何楷《詩經世本古義》，《影印文淵閣四庫全書》第81冊，臺北：臺灣商務印書館，1986年，第292頁。

〔註86〕 弟，易也。而「易」即和悅之義。《小雅‧何人斯》「我心易也」，《毛傳》「易，說。」參阮元《十三經注疏‧毛詩正義》，上海：上海古籍出版社，1997年，第455頁。

　　《卷阿》則與此不同，詩曰「豈弟君子，來遊來歌，以矢其音」，已經指明了樂歌是由於「君子」來遊樂而奏唱的。第二章又曰「伴奐爾遊矣，優遊爾休矣」，鄭玄訓「伴奐」為「自縱馳之意」，朱熹訓「優遊」為「閒暇之意」，可見此句正是形容「君子」出遊時放鬆愜意的情態。當然，詩篇不是在野外而是在燕饗的場合中歌唱的，第三章曰「有馮有翼，有孝有德，以引以翼」，鄭玄以為這是描寫祭祀設尸之事，是錯誤的。其實，這是描寫「君子」在燕禮中的行禮儀態，《行葦》篇云「酌以大斗，以祈黃耇。黃耇臺背，以引以翼」，可見「以引以翼」形容的是老者在燕禮中的形態，可見此章表現的是老者行燕饗之禮。由此可以推測，詩中的「君子」當為一位長壽的周王，他在出遊中與臣下行燕饗之禮，臣工奏唱了這篇樂歌。今本《竹書紀年》有「成王三十三年，遊於卷阿，召康公從」的記載，這顯然是後世比附《詩序》的產物。「成王出遊」雖然無據，但周王確有出遊之事，《穆天子傳》記載穆王西遊之事，雖是小說家言，但今人已證其可信〔註87〕；在西周的銅器銘文中，常常記載「王在×应」，如《長由盉》「穆王在下减应」，學者就指出昭穆時期周王常出遊〔註88〕。由此可見，《卷阿》寫周王出遊燕饗並非不可能。

　　綜上所述，我們認為《南山有臺》、《假樂》、《泂酌》、《卷阿》是宴飲中專門歌頌周王的樂歌，四詩具有相同的禮儀性質和表現目的。其實，這四首詩在用語上有許多相似之處。首先，作為中心句，《南山有臺》的「樂只君子」相當於《假樂》中的「假樂君子」，也相當於《泂酌》、《卷子》的「豈弟君子」，這三個句子都是「宴樂天子」的意思。其次，對天子身份之尊的描述很相近，有的甚至完全一樣，如《南山有臺》的「民之父母」亦出現於《泂酌》中，《假樂》的「民之攸墍」、「四方之綱」分別即《泂酌》的「民之攸墍」、《卷阿》的「四方為綱」。再次，對「君子」的祝頌語也有相似之處，都涉及到了「君子」的「德」，如《南山有臺》之「德音不已」、《假樂》之「德音秩秩」、《卷阿》之「有孝有德」等。據以上考察可知，這些相似之處就是來自它們相同的禮儀用途。

〔註87〕 楊寬先生有《〈穆天子傳〉真實來歷的探討》一文討論此問題，參《西周史》，上海：上海人民出版社，2003年，第603～622頁。

〔註88〕 唐蘭《西周青銅器銘文斷代史徵》，北京：文物出版社，1988年，第280、377頁。

結　語

　　綜上可知，「雅頌」中保留了不少燕禮用詩，它們可以分爲以下幾類：一是用於燕賓的樂歌，如《鹿鳴》、《魚麗》、《南有嘉魚》、《瓠葉》；一是用於燕飲同姓宗族的樂歌，如《常棣》、《伐木》、《湛露》、《頍弁》；一是祭畢「燕私」或燕尸的樂歌，如《絲衣》、《鳧鷖》；一是燕飲場合中的頌贊詩，如《桑扈》、《魚藻》、《天保》、《南山有臺》、《假樂》、《泂酌》、《卷阿》等。

第二節　饗禮用詩

引　言

　　上文已經指出，「雅頌」中不僅有燕飲樂歌，而且有饗禮樂歌，這就是《彤弓》。相比之下，饗禮樂歌的數量要比燕飲樂歌少得多了，這可能是因爲饗禮是最高規格的飲酒禮，只有在少數極爲莊重的場合才舉行。《周禮·秋官·大行人》「饗禮九獻」，鄭玄注云「饗，設盛禮以飲賓也」，以「盛禮」稱饗，可見其隆重至極〔註 89〕。正因爲如此，饗禮用樂重於「金奏」和大型樂舞，強調禮儀的最高規格，所以可能誦古多於造篇〔註 90〕。

　　雖然饗禮儀節禮書失載，但文獻中卻留下了饗禮舉行的許多信息。沈文倬云「它是一個獨立的禮典，也是某一個巨典的一個組成部分。」〔註 91〕的確，考察周代文獻，發現饗禮有獨立舉行的情況，如被認爲周恭王時期的《師遽方彝》銘文曰「正月既生霸丁酉，王在周康寢饗醴」，《效卣》曰「公和東宮納饗於王」，此二「饗」就是獨立舉行的典禮〔註 92〕。但是，在更多的情況下，饗禮往往不是單獨舉行，而是與其他禮儀結合起來。最常見的有如下幾種情形：一是饗禮與射禮同時進行，如穆王時期銅器《長由盉》云「穆王饗醴，即井伯大祝射」，先饗後射，屬王時期的《𤔲侯馭方鼎》也是如此；二是饗禮與朝見、冊命等典禮結合在一起，如《左傳》莊公十八年、僖公二十五

〔註 89〕阮元《十三經注疏·周禮注疏》，上海：上海古籍出版社，1997 年，第 891 頁。

〔註 90〕饗禮用樂，迎賓、送賓皆有金奏，這見於《國語·魯語下》、《左傳》成公十二年、襄公四年：正禮儀節中，有升歌，有管，有樂舞，見於《禮記·仲尼燕居》篇。

〔註 91〕沈文倬《宗周禮樂文明考論》，杭州：浙江大學出版社，1999 年，第 18 頁。

〔註 92〕此處所引銘文依據馬承源本，本段同。馬承源《商周青銅器銘文選三》，北京：文物出版社，1988 年，第 130、152、105、280、308 頁。

年兩次記載「晉侯朝王，王饗醴」，周厲王時期的《虢季子白盤》記載「獻虢於王」、「王格周廟宣榭、爰饗」，就是其例。三是饗禮與食禮、燕禮結合在一起，如《禮記・王制》記載周人養老兼用饗食燕三禮。可見，正因為饗禮常常與其他巨典結合舉行，所以禮書中常常將食饗、食饗燕、射饗等並稱，如《禮記・曲禮》「食饗不為概」，《樂記》「射鄉食饗，所以正交接也」，《聘義》「饗食燕，所以明賓客君臣之義也」。

　　除了這些文獻之外，《雅頌》中保留的一篇饗禮樂歌也反映了饗禮舉行的情況。這就是《彤弓》。本文認為，它是與冊命典禮結合在一起的饗禮樂歌。下文試證之：

　　詩曰：

　　　　彤弓弨兮，受言藏之。我有嘉賓，中心貺之。鍾鼓既設，一朝饗之。

　　　　彤弓弨兮，受言載之。我有嘉賓，中心喜之。鍾鼓既設，一朝右之。

　　　　彤弓弨兮，受言櫜之。我有嘉賓，中心好之。鍾鼓既設，一朝醻之。

從結構上看，此詩是簡單的三疊詠結構：詩分三章，每章均以受賜彤弓起句，然後表現了「我」以鍾鼓之樂樂賓。詩曰「一朝饗之」、「一朝右之」、「一朝醻之」，「饗」是飲酒之義（實即獻酒），「右」是勸酒之義，「醻」是再次獻酒〔註93〕，可見，饗、右、醻實際上是飲酒禮中主人所行的儀節，詩篇表現的是飲酒之禮。但是，此處的飲酒禮不是一般的燕飲，而是隆重的饗禮。詩中有明顯的證據：首先，詩中明言「鍾鼓既設」，而設鍾鼓者非燕飲所能有，乃饗禮所用的儀節。《國語・魯語下》「夫金奏《肆夏》、《樊》、《遏》、《渠》，天子所以饗元侯也。」《左傳》成公十二年記載楚子享晉卿郤至「金奏於下」，可見饗禮有「金奏」的儀節，而燕禮則未聞〔註94〕。因而，飲酒禮中既設鍾鼓，則其必為饗禮無疑。

　　其次，詩中提及「彤弓」，歌唱了受賜彤弓而藏之、載之、櫜之的情形，

〔註93〕「饗」，鄭玄以「大飲賓」即饗禮釋之，這是錯誤的，實際上，「饗」、「右」、「醻」相對應而言，「饗」必非禮儀總名，而是一個儀節而已。《豳風・七月》「朋酒斯饗」，可見「饗」有飲酒之義，《說文》「饗，鄉人飲酒也」，「饗」為飲酒，正合此篇語境。「右」，《毛傳》云「勸也。」「醻」，《毛傳》云「報也」，鄭玄云「主人又飲而酌賓，謂之醻。」阮元《十三經注疏・毛詩正義》，上海：上海古籍出版社，1997年，第422頁。

〔註94〕關於饗禮用樂的考證，可參楊寬《古史新探》，北京：中華書局，1965年，第302頁。

這說明此處的飲酒之禮是天子賜有功諸侯後舉行的「饗禮」。「彤弓」之賜，只有天子錫命有功諸侯的場合方能有。康王時期的《俎侯矢簋》（即《宜侯矢簋》）記載周王移封虞侯矢於俎時賜「易鬯一卣，賞瓚一□，彤弓一，彤矢百，旅弓十，旅矢千」〔註95〕；《尙書・文侯之命》記載周平王冊命勤王有功的晉文侯，其命詞就有「彤弓一、彤矢百、盧弓一、盧矢百」之語；《左傳》僖公二十八年記載晉文公獻俘於周襄王，襄王冊命晉侯，賜之「彤弓一，彤矢百，玈弓矢千」。由此可見，「彤弓」之賜發生於天子賜命諸侯之時。而本詩中「彤弓召兮，受言藏之」，表明天子賜命諸侯典禮剛剛結束。《左傳》襄公八年記載韓宣子語曰「我先君文公獻功於衡雍，受彤弓於襄王，以爲子孫藏」，其用語口吻正與《彤弓》同。由此可見，此詩所表現的飲酒禮乃是天子錫命有功諸侯之後進行。

天子錫命有功諸侯，是高級別的冊命禮，所以以「饗禮」配合行之，非一般燕飲所能替代。周宣王時期銅器《虢季子白盤》記載虢季子獻俘於王，周王則「爰饗」於周廟，然後冊命；上文提到的周襄王冊命晉文公之前，亦行「饗禮」。綜上所述，可知《彤弓》所表現的天子冊命、賜予彤弓之後舉行的飲酒禮，當爲「饗禮」，而非「燕飲」。《左傳》文公四年記載魯公宴來聘的寧武子，賦《彤弓》，結果寧武子不答賦，回覆說此詩乃「諸侯敵王所愾而獻其功，王於是乎賜之彤弓一，彤矢百，玈弓矢千」，是表現天子冊命有功諸侯之詩，非燕禮所能用。可見，以此詩爲天子饗有功諸侯的樂歌由來已久。何楷云「諸侯敵王所愾而獻其功，王賜之彤弓，而歌此詩以饗之」，正是依此得出的結論〔註96〕。

綜上可見，無論是從內證還是從外證都可以證明《彤弓》爲饗禮樂歌。從詩篇內容來看，詩篇使用的時候，冊命典禮剛剛結束，饗禮正進行到獻醴的階段。所謂「鍾鼓既設」，是指以金奏飲賓的儀節已經完畢；所謂「嘉賓」，指有功的諸侯，所謂「饗之」、「右之」、「酬之」，則是表現天子與諸侯行「獻醴」。此詩以「我」爲歌唱的口吻，言稱「嘉賓」，因而是以天子的口吻所奏唱的樂歌。

需要澄清的是，歷代許多學者對此詩詩旨有一個誤解，就是將此詩視爲

〔註95〕唐蘭《西周青銅器銘文斷代史徵》，北京：文物出版社，1988 年，第 153 頁。
〔註96〕何楷《詩經世本古義》，《影印文淵閣四庫全書》第 81 冊，臺北：臺灣商務印書館，1986 年，第 318 頁。

天子錫命有功諸侯的樂歌。《詩序》云「《彤弓》，天子錫有功諸侯也」，其說得到了許多人的贊同〔註97〕。顯然，此說的根據是詩中提到了受賜「彤弓」，而「彤弓」之賜只能發生於錫命典禮中。我們認為，詩篇確實表現了天子冊命諸侯、賜予「彤弓」之事，但是，同樣不可否認的是，詩中也表現了天子饗諸侯，所謂「嘉賓」、「鍾鼓」、「饗」、「右」、「醻」皆是明證。而且，饗賓顯然是詩篇的主要內容，「彤弓」實際上被視為饗賓的緣起。其實，正如上文所指出的，饗禮常常與其他禮儀結合在一起，此詩之饗亦是如此，所以詩篇三章每章均以收藏受賜的「彤弓」起句。注意，詩句著重表現的是「藏」、「載」、「櫜」，是收藏彤弓，而非接受彤弓，可知是在冊命之後。總之，此詩所用之饗與冊命有關，但不是冊命之樂歌。

第三節　射禮用詩

引　言

　　除了燕飲樂歌、饗禮樂歌之外，我們將表現射禮的樂歌放在這裡討論。這是因為，射禮的舉行往往與燕禮難以分離。《禮記‧射義》曰「古者諸侯之射也，必先行燕禮；卿、大夫、士之射也，必先行鄉飲酒之禮。」可見，諸侯、卿大夫等舉行射禮之前必有飲酒禮。其實，根據《儀禮‧鄉射禮》、《大射禮》可知，射禮不僅在行禮之前有燕禮，禮畢之後還有無算爵、無算樂，亦與飲酒有關。因而，可以說射禮是與燕禮交錯進行的，從整體上甚至可以將射禮視為燕禮的一個部分。這一點在表現射禮的西周詩篇中得到了說明。

一、射禮與射禮用樂

　　顧名思義，射禮是以程序化的比賽射箭為內容的禮儀，其核心是「三射」：一是「獲而未釋獲」，即不計結果的、教練性的射；二是「不貫不釋」，即分出勝負結果、比賽性的射；三是「不鼓不釋」，即合樂而射、禮樂性的射。《儀禮‧鄉射記》「始射，獲而未釋獲；復，釋獲；復，用樂行之」，是對「三射」的高度概括。從這三個儀節，我們可以看出射禮具有明顯的軍事訓練的性質。據學者考察，射禮起源於「籍田獵來進行的軍事訓練」，具有訓練兵士和選拔

〔註97〕阮元《十三經注疏‧毛詩正義》，上海：上海古籍出版社，1997年，第421頁。

人才的目的〔註98〕。從這個意義上看，射禮似乎應該歸入軍禮的範疇。

但是，周人的射禮顯然已經弱化了軍事性質，而體現了明顯的禮儀化的特點。在「三射」中，「不鼓不釋」的合樂之射被擺在了最重要的位置。射禮對行禮者的要求是不僅要射中，而且還要合乎行射的禮儀要求，而這正是「不鼓不釋」的合樂之射最能體現的。《禮記‧射義》云「故射者，進退周還必中禮。」所謂「中禮」就是指行禮者的合禮程度；又曰「是以諸侯君臣盡志於射，以習禮樂」，可見行射更多是出於禮樂的目的。

射禮用樂，這在禮書中有明確記載。《禮記‧射義》云「天子以《騶虞》為節，諸侯以《狸首》為節，卿大夫以《采蘋》為節，士以《采蘩》為節」，指出了天子、諸侯、卿大夫、士等各級貴族行合樂之射時所用的樂章。除了《狸首》之外，其他三篇均保留在今本《詩‧國風》之中，此處暫不論及。「雅頌」還有兩首詩表現了射禮，這就是《大雅‧行葦》和《小雅‧賓之初筵》。本文認為，它們是不同射禮所用的樂歌：一是燕射，一是大射。

周代貴族所行的射禮主要有四種，即大射、賓射、燕射和鄉射。從行禮者的身份看，楊寬先生說「『鄉射』是鄉大夫和士在鄉學中行鄉飲酒禮之後舉行的，『大射』是天子諸侯會集臣下在大學中舉行，『燕射』是大夫以上貴族在行燕禮之後舉行，『賓射』是特為招待貴賓舉行的。」〔註99〕由此可見，鄉射是較為低級的射禮，天子、諸侯、卿大夫所行的射禮是大射、燕射、賓射三種。鄭玄云「射禮有三：有大射，有賓射，有燕射」，孔穎達云「大射者，將祭而行射於射宮；賓射者，諸侯來朝，與之射於朝；燕射者，因燕而射，即與射於寢」。〔註100〕可見，這三者的區別主要是行禮的原因不同：大射是為祭而射，燕射是因燕而射，賓射則是為來賓而射。

《詩》中與射禮有關的詩篇有不少，上述《騶虞》、《采蘩》、《采蘋》就是例子，但是這些詩篇是否為射禮用詩還有待考證；另外，《國風》中還有《齊風‧猗嗟》一篇與射禮有關，留待他日考述。就「雅頌」部分而言，表現射禮的詩篇只有兩首，即《小雅‧賓之初筵》和《大雅‧行葦》。據筆者考察，此二詩分別是大射和燕射禮儀行至無算爵儀節時所用的樂歌。具體考證如下：

〔註98〕楊寬《古史新探》，北京：中華書局，1965 年，第 314 頁。
〔註99〕楊寬《古史新探》，北京：中華書局，1965 年，第 310 頁。
〔註100〕阮元《十三經注疏‧毛詩正義》，上海：上海古籍出版社，1997 年，第 484 頁。

二、《行葦》：燕射養老的樂歌

詩曰：

> 敦彼行葦，牛羊勿踐履。方苞方體，維葉泥泥。戚戚兄弟，莫遠具爾。或肆之筵，或授之几。

> 肆筵設席，授几有緝御。或獻或酢，洗爵奠斝。醓醢以薦，或燔或炙。嘉殽脾臄，或歌或咢。

> 敦弓既堅，四鍭既鈞。舍矢既均，序賓以賢。敦弓既句，既挾四鍭。四鍭如樹，序賓以不侮。

> 曾孫維主，酒醴維醹。酌以大斗，以祈黃耇。黃耇台背，以引以翼。壽考維祺，以介景福。

對此詩題旨，歷來學者們的分歧很大。概括起來主要有以下幾種觀點：一是表現公劉仁厚之詩。《吳越春秋》曰「公劉慈仁，行不履生草，運車以避葭葦。」類似說法見於《列女傳》、《潛夫論》、《後漢書》等文獻，「三家同以此為公劉之詩」〔註101〕，明代何楷從之。二是表現「周家忠厚」之說，《詩序》云「《行葦》，忠厚也，周家忠厚，仁及草木，故能內睦九族，外尊事黃耇，養老乞言，以成其福祿焉。」〔註102〕三是祭畢燕同姓之詩。朱熹云「疑此祭畢而燕父兄耆老之詩。」〔註103〕四是燕射之詩，林義光云「此為君與族人燕射之詩」，今人王宗石從之〔註104〕。五是大饗之詩，李山先生云「實際上，詩中宴享和射箭都是大饗禮的內容。」〔註105〕

檢查以上諸說，必須從詩篇的內容談起。此詩分四章，但從內容上看，其實表現了三個內容：一是燕飲之事，頭兩章一則曰「戚戚兄弟，莫遠具爾。或肆之筵，或授之几」，再則曰「或獻或酢，洗爵奠斝」，皆是設筵飲酒之事；二是行射之事，第三章曰「敦弓既堅，四鍭既鈞。舍矢既均，序賓以賢」，顯然是較射序賓之事；三是養老之事，第四章曰「酌以大斗，以祈黃耇。黃耇台背。以引以翼」，是向長壽老者敬酒祈福，因而是養老之事。由此可知，全

〔註101〕王先謙《詩三家義集疏》，北京：中華書局，1987年，第334頁。
〔註102〕阮元《十三經注疏・毛詩正義》，上海：上海古籍出版社，1997年，第421頁。
〔註103〕朱熹《詩集傳》，南京：鳳凰出版社，2007年，第225頁。
〔註104〕林義光《詩經通解》，北京師範大學圖書館藏衣好軒刻本，第四冊，第26頁。
　　　王宗石《詩經分類詮釋》，長沙：湖南教育出版社，1993年，第616頁。
〔註105〕李山《詩經析讀》，海口：南海出版社公司，2003年，第375頁。

詩其實並陳燕飲、射禮、養老三事。問題是，這三者是在什麼禮儀場景中發生的，它們爲何能被放在一起歌唱？姚際恒曰「然則是詩者，固燕同姓、異姓父兄、賓客之詩，而酬酢、射禮並行之，終之以尊優耆老焉，古禮不可考，不得以後世禮文執而求之也。」他對詩篇內容的概括基本上是準確的，但是對此詩的禮儀場景卻表示疑惑〔註 106〕。

從這一點來看，三家「公劉仁厚」之說是毫無根據的，詩中沒有提及「公劉」，也沒有表現「仁厚」的內容，明人何楷將全詩燕、射、養老的內容作爲公劉「篤同姓」的表現，更是牽強附會。其次，《小序》「忠厚」之說其實本於三家，《續序》所謂「周家忠厚，仁及草木」更是對「公劉仁厚」的演繹，詩中燕飲、行射、養老的和樂並不能簡單等同於「周家忠厚」，因而，《詩序》之說是「隨文生義」的結果，朱熹駁之甚詳〔註 107〕。

再次，朱熹所謂「燕兄弟耆老」之說的「燕兄弟」顯然是根據首章「戚戚兄弟，莫遠具爾」（即以兄弟爲賓）得出的，「耆老」是根據末章爲「黃耇」酌酒祈福而得出的，這兩點是符合詩篇內容的。而所謂「祭畢」則是根據末章的「曾孫」得出來的。其云「曾孫，主祭者之稱，今祭畢而燕，故因而稱之也。」〔註 108〕考之經文，《詩》中「曾孫」一詞出現 11 次，皆爲主祭者之自稱，如《周頌·維天之命》「駿惠我文王，曾孫篤之」，《小雅·信南山》「曾孫之穡，以爲酒食。畀我尸賓，壽考萬年」等。可見，朱子之說是有道理的，詩中的燕飲不是普通的宴飲，而是祭畢主祭者爲兄弟同姓而舉行的燕飲。首章「敦彼行葦」、「方苞方體」描寫蘆葦因叢聚而避開牛羊的踐履，正是比喻兄弟同姓要團結起來，由此可證燕飲是爲兄弟同姓而舉行的。但是，不能僅僅以「祭畢燕兄弟耆老」來概括詩篇，因爲詩中還有射禮的內容，看來，詩中的燕飲並非一般的祭畢燕飲。

再來看林義光、王宗石等的「燕射之詩」之說。此說將詩篇作爲「君與族人燕射」所用的樂歌，是分析詩中所寫的行射之事與燕飲之事的關係得出的。射禮有大射、賓射、燕射、鄉射四種，其中，「燕射」是指因燕賓、樂賓而舉行的射禮。《儀禮·燕禮》曰「若射，則大射正爲司射，如鄉射之禮」，說的是在燕禮的旅酬階段行射禮，就是「燕射」。從此詩前三章的內容來看，

〔註 106〕姚際恒《詩經通論》，北京：中華書局，1958 年，第 283 頁。

〔註 107〕朱熹《詩序辨說》，《朱子全書》第三冊，上海古籍出版社&安徽教育出版社，2002 年，第 392 頁。

〔註 108〕朱熹《詩集傳》，南京：鳳凰出版社，2007 年，第 225 頁。

的確符合因燕而射的儀節進程：首章「或肆之筵，或授之幾」相當於燕禮「陳饌」儀節，次章「或獻或酢」相當於燕禮「一獻」的儀節，「或歌或咢」相當於「作樂」儀節，接下來當繼之以「旅酬」儀節，如有射禮正當於此時進行，而第三章表現的正是行射，看來詩篇內容與禮書記載是相合的。由此可見，認爲詩第三章表現的射禮爲「燕射」是正確的〔註109〕。《禮記・射義》云「古者諸侯之射也，必先行燕禮，卿、大夫、士之射也，必先行鄉飲酒之禮」，可知行射之前舉行燕禮是常禮，況且「燕射」本身即因燕賓而舉行。因此，此詩前兩章所歌唱的燕禮，既可以視爲祭畢對同姓舉行的燕禮，也可以視爲燕射之前以同姓爲賓的燕禮。如此看來，詩中「兄弟」不僅助祭、參與燕禮，還要參加射禮。總之，「燕射之詩」說是基本正確的。

　　綜上所辨，本文認爲《行葦》一詩是祭畢燕射所用的樂歌。而第四章的養老內容，實際上是被納入燕射的禮儀之中，成爲其中的一個儀節。《禮記・鄉飲酒義》「鄉飲酒之禮：六十者坐，五十者立侍，以聽政役，所以明尊長也；六十者三豆，七十者四豆，八十者五豆，九十者六豆，所以明養老也」，又曰「合諸鄉射，教之鄉飲酒之禮，而孝弟之行立矣。」可見，鄉飲酒禮、鄉射禮本身就有尊長養老之義。其實，燕飲、燕射強調「明君臣之義」，但是由於它們基本儀節與鄉飲酒禮、鄉射禮相同，因而並不廢棄尊長養老之義，如燕飲、燕射也設有「眾賓」，「眾賓」就是序齒而行禮。此詩曰「曾孫維主，酒醴維醹。酌以大斗，以祈黃耇」，歌唱了作爲燕禮主人的「曾孫」爲老者酌酒祈福的情景。我們認爲，在表現燕射的詩篇中出現爲老者酌酒祈福的儀節並不突兀。

　　從「黃耇臺背，以引以翼」的描述來看，宴席之中必有老者，而且老者被人引翼，不可能參與燕射之禮，因而它們當爲「養老」的專門對象。聯繫前三章來看，此處「養老」當爲燕禮中特設的一個儀節。對此儀節，《箋》云「飲酒之禮曰『告於先生君子，可也』」，意思是說此儀節相當於鄉飲酒禮的「告於先生君子」內容〔註110〕。考之禮書，「告於先生君子」乃鄉飲酒禮行畢

〔註109〕學者對此是有不同意見的，鄭玄認爲此章射禮是「周之先王將養老」、「擇其可與者以爲賓」的方式，王肅述毛則認爲此章即爲「養老燕射」。我們知道，大射方有擇賢之事，燕射則無，鄭說之「養老擇賢」其實只是根據末章猜測的結果，並無實據。孔穎達認爲養老類似於祭祀，所以有行射擇賢，也只是附會而已。李學勤《十三經注疏・毛詩正義》，北京：北京大學出版社，1999 年，第1085 頁。

〔註110〕阮元《十三經注疏・毛詩正義》，上海：上海古籍出版社，1997 年，第 534 頁。

第二天專門宴請鄉中故老之事，顯然與此詩詩義不合。何楷則認爲，此章所述乃「燕射畢後」、「士執膳爵，酌以進公」之事，也即此章是無算爵儀節向燕禮主人獻酒祈福的歌詞〔註111〕。從詩句內容看，「酌以大斗，以祈黃耇」所描述的向老者獻酒祈福之事，確實發生於燕射禮畢，也即行無算爵的儀節中；但是，詩已明言獻酒的人是燕禮的主人即「曾孫」，獻酒的對象是長壽的老者。由此看來，詩中作爲賓客的「兄弟」中必有長者，所以，在燕射禮畢的無算爵儀節中，燕禮的主人「曾孫」特意對老者獻酒祈福。因此，詩篇是祭畢燕射之後的無算爵儀節所用的樂歌。

最後來看「大饗禮」之說。先生之意，是將此詩燕飲、行射、養老三個內容納入周代辟廱所行之「大饗禮」之中。的確，從金文資料與後世禮書可知，周人的確行饗禮於辟廱之中，並且常常與射禮並行，如穆王時期的《長由盉》銘就是如此；饗禮也被用於養老，如《禮記‧王制》「凡養老：有虞氏以燕禮，夏后氏以饗禮，殷人以食禮，周人修而兼用之」。但是，饗、射並行，饗用於養老，只能說明饗禮常與其他禮儀結合舉行，並不能以「大饗」來涵蓋射禮或養老禮。「大饗」一詞多次見於《禮記》，具有三種含義：一是合祭先王，如《禮器》「郊血，大饗腥」、《樂記》「大饗之禮」等；二是合祭五帝於明堂，如《曲禮》「大饗不問卜」；三是饗諸侯，即以諸侯爲賓的高級飲酒禮，如《郊特牲》「大饗尚腶脩而已矣」、《仲尼燕居》「大饗有四焉」以及《周禮‧春官‧大司樂》「大饗不入牲」等。一般而言，與燕禮、食禮並稱的「饗禮」指的是第三種涵義，即高級的饗賓，禮書與史書中的「大饗」大多數指的也是此義，實際上，金文中的饗禮也是此義。

三、《賓之初筵》：大射禮所用的告誡樂歌

詩曰：

> 賓之初筵，左右秩秩。籩豆有楚，殽核維旅。酒既和旨，飲酒孔偕。
> 鍾鼓既設，舉醻逸逸。大侯既抗，弓矢斯張。射夫既同，獻爾發功。
> 發彼有的，以祈爾爵。
> 籥舞笙鼓，樂既和奏。烝衎烈祖，以洽百禮。百禮既至，有壬有林。
> 錫爾純嘏，子孫其湛。其湛曰樂，各奏爾能。賓載手仇，室人入又。

〔註111〕何楷《詩經世本古義》，《影印文淵閣四庫全書》第81冊，臺北：臺灣商務印書館，1986年，第59頁。

酌彼康爵，以奏爾時。

賓之初筵，溫溫其恭。其未醉止，威儀反反。曰既醉止，威儀幡幡。
舍其坐遷，屢舞僊僊。其未醉止，威儀抑抑。曰既醉止，威儀怭怭。
是曰既醉，不知其秩。

賓既醉止，載號載呶。亂我籩豆，屢舞僛僛。是曰既醉，不知其郵。
側弁之俄，屢舞傞傞。既醉而出，並受其福。醉而不出，是謂伐德。
飲酒孔嘉，維其令儀。

凡此飲酒，或醉或否。既立之監，或佐之史。彼醉不臧，不醉反恥。
式勿從謂，無俾大怠。匪言勿言，匪由勿語。由醉之言，俾出童羖。
三爵不識，矧敢多又。

此詩所用，歷來學者見解歧出。主要有三種觀點：一是古代學者大都以其為
「衛武公之詩」。具體而言，又分為兩種觀點：一種認為是表現衛武公刺幽
王，本於《毛詩序》「衛武公刺時也，幽王荒廢，媟近小人，飲酒無度，天
下化之，君臣上下沉湎淫液，武公既入，而作是詩也」〔註112〕；另一種是
認為表現衛武公飲酒悔過，本於齊、韓，《韓詩序》云「衛武公飲酒悔過也」，
齊詩同〔註113〕。關於衛武公作詩，《國語》有記載，《楚語上》云「昔衛武
公年數九十有五矣，猶箴儆於國，……於是乎作《懿》戒以自儆也」，韋昭
認為《懿》即《大雅・抑》篇。但是，儘管衛武公可能作了《抑》（其實未
必有據），但是卻沒有證據表明他作了《賓之初筵》。《詩序》所謂「刺幽王」，
其實是從詩篇的排列順序得來的，本不足辨；齊、韓以為是「悔過」，是將
詩中所寫醉酒之事與衛武公牽合起來，雖然詩篇確實表達了對飲酒敗禮的不
滿，但這不應是「悔過」的口吻，三家說同樣無據。

　　二是現代學者多數認為此詩表現的是貴族統治者飲酒無度的荒淫生活。
高亨先生云「這首詩反映了周王朝的貴族們整天過著大吃大喝的荒淫生活」，
程俊英、蔣見元認為「這是諷刺統治者飲酒無度失禮敗德的詩。」〔註114〕「飲

〔註112〕阮元《十三經注疏・毛詩正義》，上海：上海古籍出版社，1997 年，第 534
　　　　頁。
〔註113〕《韓詩序》說見於《後漢書・孔融傳》李注所引，齊說見於《易林・大壯・
　　　　家人》。可參王先謙《詩三家義集疏》，北京：中華書局，1987 年，第 782 頁。
〔註114〕高亨《詩經今注》，上海：上海古籍出版社，1980 年，第 343 頁。程俊英、
　　　　蔣見元《詩經注析》，北京：中華書局，1991 年，第 695 頁。

酒失禮」之說確實符合詩篇的某些內容，如詩的第五章曰「醉而不出，是謂伐德」，第六章曰「匪言勿言，匪由勿語」，都是此義。但是，詩篇是在什麼情景下指責醉酒之事的，此說並沒有揭示出來。據本文考察，此詩指責「飲酒失禮」絕非諷刺周代貴族的荒淫生活。

三是少數現代學者用射禮詩篇來解釋此詩。如王宗石先生認爲此詩當爲記述燕射禮的詩篇，「詩中著重描繪了縱酒狂歡的姿態」。在他看來，這種醉酒是行禮的要求，並非多麼過分的事﹝註 115﹞。李山先生則認爲此詩表現的是貴族行大射禮之事，主旨在於諷刺它們「酒後無德」﹝註 116﹞。二位先生從禮儀視角力圖還原詩篇的使用場景，以此來解釋詩旨，這是非常正確的。但是，他們的觀點仍然有可以完善的地方。這可以從以下兩點來看：

首先，此篇表現的不是燕射禮，而是大射禮的情形。上文引述孔穎達《毛詩正義》指出，燕射是「因燕賓客」而舉行的射禮，大射則是「將祭擇士」而舉行的射禮。以此詩所寫的射禮爲燕射，顯然是迷惑於首章「籩豆有楚，殽核維旅。酒既和旨，飲酒孔偕。鍾鼓既設，舉醻逸逸」的描述，這一內容確爲描寫燕飲之禮無疑，而「大侯既抗，矢斯張」以下寫「射禮」的部分也的確是緊隨這一內容之後。有人就會疑惑，這不就是「因燕而射」嗎？這是似是而非的，不要忽略了其實其他射禮也是先飲酒而後行射的，鄉射、大射皆是如此，在《儀禮·鄉射禮》、《大射禮》有明文記載。《禮記·射義》又云「古者諸侯之射也，必先行燕禮；卿、大夫、士之射也，必先行鄉飲酒之禮。」因此，僅僅憑藉射前之「燕」，還無法斷定其爲何種射禮，還要尋找其他依據。

其實，此詩表現的不是燕射而是大射。「燕射」說最早是《毛傳》提出的，詩曰「大侯既抗，弓矢斯張」，《傳》云「有燕射之禮」，認爲此下所寫之射爲燕射，王肅從之。但是，鄭玄不同意這一觀點，《箋》云「將祭而射，謂之大射，下章『烝衎烈祖』，其非祭與」，認爲下文表現的是大射禮。孔穎達亦云「一篇之旨，箋義爲長」，贊同鄭氏的觀點。「大射」之說得到了歷代大多數學者的贊同，馬瑞辰對此有詳細的考辯：

> 此詩首章先言「舉酬」、「飲酒」，乃言「大侯既張」，與大射先燕後
> 射合，此可證其爲大射者一也。……此詩言「大侯」以統參侯、幹

﹝註 115﹞ 王宗石《詩經分類詮釋》，長沙：湖南教育出版社，1993 年，第 626 頁。
﹝註 116﹞ 李山《詩經析讀》，海口：南海出版社公司，2003 年，第 375 頁。

侯，此可證其爲大射者二也。將祭而射，謂之大射，《箋》云「下章
『烝衎烈祖』，其非祭與」，此可證其爲大射者三也。〔註117〕

馬氏所言的三條證據中，第三條是最確鑿無疑的。詩已明確說「烝衎烈祖，
以洽百禮」，指出了射禮的目的是爲了祭祖，所謂「百禮既至，有壬有林。錫
爾純嘏，子孫其湛」，意思是說通過射禮選出來得以參加祭祀的人一旦行禮得
當，便能得到祖神的賜福。由此可見，詩中的射禮是因祭祀而舉行的。《禮記·
射義》云「天子將祭，必先習射於澤，……而後射於射宮，射中者得與於祭，
不中者不得與於祭。」因此，此詩所描述的射禮就是「將祭而射」、行於射宮
的大射禮。

詩篇對大射儀的表現是較爲完整的：首章從「賓之初筵」至「舉醻逸逸」，
歌唱的是射前之燕飲。從「大侯既抗」至第二章的「樂既和奏」，描寫的是大射
的「三射」「大侯既抗，弓矢斯張」，隱括第一番射，即「獲而未釋獲」的練習
性的射；「射夫既同，獻爾發功。發彼有的，以祈爾爵」，「爵」即射爵，勝者飲
不勝者所用，所以，此處描寫的是第二番射，即「不貫不釋」、分出勝負的較射；
「鐘舞笙鼓，樂既和奏」，奏樂並配以樂舞，是第三番射，即「不鼓不釋」的合
樂之射，《周禮·春官·大司樂》曰「大射，……令奏《騶虞》，詔諸侯以弓矢
舞」，可見合樂之射可以配以樂舞。「三射」完畢，則大射正禮已經結束，與祭
之士已經選出，所以詩篇陳「烝衎烈祖，以洽百禮」表明行禮的目的。

正禮既畢，第二章「其湛曰樂，各奏爾能」以下所陳實際上是「無算射」
的儀節。據《儀禮·大射儀》，正禮之後（即合樂之射後）還有行射的儀節「司
射命射，唯欲」，鄭玄注云「司射命賓及諸公卿大夫射，欲者則射，不欲者則
止」，其實就是行「無算射」；《大射儀》又曰「壹發，中三侯皆獲」，注云「其
功一也，而和者益多，尚歡樂也」，《疏》云「謂三侯所中，皆是功」，可見「無
算射」取消了三侯的等級差異，注重以行射樂賓〔註118〕。這與《賓之初筵》
中「其湛曰樂，各奏爾能」正合。馬瑞辰云「古以善射者爲能」，可見「各奏
爾能」即各自展現射箭之能。朱熹云「湛，樂也」，「其湛曰樂」指出展現行
射之能是爲了獲得歡樂〔註119〕。而接下來的「賓載手仇，室人入又。酌彼康
爵，以奏爾時」，實即描寫無算射的匹耦而射、釋獲飲爵的情形。由此可見，

〔註117〕馬瑞辰《毛詩傳箋通釋》，北京：中華書局，1989 年，第 745 頁。

〔註118〕阮元《十三經注疏·儀禮注疏》，上海：上海古籍出版社，1997 年，第 1043 頁。

〔註119〕朱熹《詩集傳》，南京：鳳凰出版社，2007 年，第 191 頁。馬瑞辰《毛詩傳
　　　　箋通釋》，北京：中華書局，1989 年，第 745 頁。

第二章從「其湛曰樂」至「以奏爾時」部分正是描寫大射正禮結束之後的「無算射」儀節。歷來人們或以此爲燕畢而射（《毛傳》），或以此爲祭禮獻尸（《鄭箋》），都是錯誤的〔註 120〕。

　　而且，正禮之後不僅行「無算射」，還舉行了無算爵、無算樂的儀節。《大射禮》在「司射命射，唯欲」之後，還有無算爵、無算樂的記載。鄭注云「爵行無次數，唯意所勸，醉而止」，可見，無算爵是盡興飲酒，至醉爲止〔註 121〕。我們認爲，《賓之初筵》後四章表現的就是無算爵儀節的情形。詩第三章反覆曰「其未醉止」、「曰既醉止」，顯然這是一個過渡歌段，「其未醉止」是承接前此的行禮儀節如燕飲、三射，「曰既醉止」則點明能夠醉酒，因爲只有到了無算爵儀節才能「爵行無次數」，才能醉酒。所以第五章又繼而歌唱「賓既醉止」、「是曰既醉」、「醉而不出」等等，都是描述賓客已經醉酒後的情形的。鄭玄認爲，此詩後四章是「既醉，王與族人燕」。其實，詩中本無祭祀之事，第二章「烝衍烈祖」不過是點明射禮的目的而已，何楷云「『烝衍烈祖』以下六句皆預擬之辭」，是正確的，而鄭氏之說顯然是錯誤的〔註 122〕。

　　其次，此詩雖然表現的是大射，但是它重點是表現行禮至無算爵時賓客的儀容。詩的第三章曰「其未醉止，威儀反反。曰既醉止，威儀幡幡」，指出了賓客舉止在未醉之前還能合乎禮儀，一旦酒醉之後，則喪失了此前的威儀「舍其坐遷，屢舞仙仙」，是離座而亂舞；「載號載呶，亂我籩豆，屢舞僛僛」，是大聲喧嘩，弄亂籩豆；「側弁之俄，屢舞傞傞」，是衣冠不整。可見，詩篇描寫了賓客醉酒之後的種種失禮的姿態。然後指出「醉而不出，是謂伐德。飲酒孔嘉，維其令儀」，即賓客一旦醉酒就應離開，這樣才能保全其德行；飲酒雖然是好事，但是只有保持「令儀」，才能成全這一美事。詩篇又提到，禮儀中還設立「監」和「史」，用以對賓客飲酒進行監督和記錄。所以，詩作者奉勸賓客不要胡言亂語，說一些不該說的、荒唐的話。

〔註 120〕《毛傳》云「室人，主人也，主人請射於賓，賓許諾，自取其匹而射，主人亦入於次，又射以耦賓也。」《鄭箋》云「謂既湛之後，各酌獻尸，尸酢而卒爵也。」李學勤《十三經注疏・毛詩正義》，北京：北京大學出版社，1999年，第 885 頁。

〔註 121〕李學勤《十三經注疏・儀禮注疏》，北京：北京大學出版社，1999年，第 353 頁。

〔註 122〕阮元《十三經注疏・毛詩正義》，上海：上海古籍出版社，1997 年，第 486 頁。何楷《詩經世本古義》，《影印文淵閣四庫全書》第 81 冊，臺北：臺灣商務印書館，1986 年，第 640 頁。

　　由此可見，後四章表現的是大射禮行至無算爵儀節時賓客醉酒的情形，但詩篇反覆提及卻是對賓客的諄諄告誡，所謂「既醉而出，並受其福」，「飲酒孔嘉，維其令儀」，「式勿從謂，無俾大怠。匪言勿言，匪由勿語」。同時，詩篇也指出了那些醉酒失德的賓客的種種醜態，說這必將爲「監」、「史」所記錄下來。由此看來，此詩當用於無算爵開始之時，樂工唱給賓客聽的。篇中對賓客醉酒失態的描述，對「既醉而出」的提示，都是對賓客的告誡。「飲酒孔嘉，維其令儀」，其實就是詩篇作爲樂歌歌唱的意圖所在。據此，我們認爲此詩有告誡之實，並無「刺時」之義。許多學者將詩中的告誡歌詞釋爲「刺幽王」之詞，不過是牽合「正變」說而得出的，並無實據。

　　所以，此詩並非諷諫之詩，而是禮儀樂歌。從內容來看，先言燕禮、再行射禮，然後繼之以「醉酒」之戒，不合一般諷諫樂歌的結構；從風格上看，此詩前半部分寫燕禮和諧、大射和樂，第二章「其湛曰樂」是對全詩氛圍很好的概括，後四章雖然多有告誡之辭，但並無末世淒涼之感，因而全詩風格亦與諷諫樂歌不合。總之，本文認爲此詩不是「刺時」的諷諫樂歌，而是禮儀樂歌，是大射禮行至無算爵儀節所用的告誡樂歌。

結　語

　　綜上考證，可知《大雅・行葦》和《小雅・賓之初筵》都是射禮行至無算爵時所用的樂歌，前者是燕射樂歌，後者是大射樂歌。從詩篇內容來看，燕射、大射的舉行都與燕禮密不可分，不僅射前有燕，射畢之後還有飲酒活動。正因爲如此，射禮用詩就不光只有合樂之射的儀節有如《周南・騶虞》、《采蘩》等，還有「三射」結束之後的「無算射」、無算爵儀節。這是考察射禮用詩不能不予以特別關注的。

第六章　軍事禮儀用詩

引　言

　　《左傳》成公十二年記載劉康公之言曰「國之大事，在祀與戎。」這句話的確切含義並非強調祭祀活動、戰爭的重要性，它是在「君子勤禮」、「勤禮莫若致敬」、「敬在養神」的語境中說出的，因而是強調「宗廟之祀」與「兵戎之祭」（即祭禮與軍禮）兩大禮儀對周代社會的重要性〔註1〕。的確，祭禮、軍禮在周代政治活動中具有舉足輕重的作用。從上文所考訂的大量的祭禮樂歌不難看出，祭禮作為周人事神的儀式規範，實際上是周王、諸侯、卿大夫等各級貴族確認他們權力和義務的方式，是周代社會的權力結構和統治方式的物化形態。祭祀權，實際上意味著統治權，祭禮成為維繫政治關係的方式。

　　如果說祭禮是通過執行祭祀權來確認和維繫內部權力關係的話，那麼軍禮作為周代社會的另外一種重要的禮儀形式，則在周人應對外部危機、保護王朝安全中發揮關鍵作用。也即，軍禮與對外戰爭密切相關〔註2〕。周人的軍事禮儀包括十分豐富的內容，大致可分為兩個部分：一是平時的禮儀，如狩獵與閱兵，《左傳》隱公五年載「故春蒐、夏苗、秋獮、冬狩，皆於農隙以講事也」，所謂「事」即軍事禮儀活動；二是戰時的禮儀，包括出征前的禮儀，如「天子將出征，類乎上帝，宜乎社，造乎禰」（《禮記・王制》），以及「治

〔註1〕　阮元《十三經注疏・春秋左傳正義》，上海：上海古籍出版社，1997 年，第 1911 頁。

〔註2〕　本文所指的「軍禮」不同於《周禮・春官・大宗伯》所分五禮之「軍禮」，後者將賦稅、勞役也納入了「軍禮」的範疇，過於寬泛，本文的「軍禮」特指與軍事有關的禮儀，可稱之為軍事禮儀。

兵」儀式，如「三年而治兵」（《左傳》隱公五年），包括行軍時的禮儀如「禡於所征之地」（《王制》），也包括勝利凱旋的一系列禮儀，如「入而振旅，歸而飲至」（《左傳》隱公五年）以及獻俘（《小盂鼎》）、策勳（《左傳》桓公二年）等。由此可見，周代軍事禮儀所包括各種禮儀雖然差異較大，如祭神與不祭神、內祀與外祀等，但從根本上看它們都是針對戰爭而進行的，是應對戰爭的行爲規範，是周人獨特的戰爭「生態」儀式化的結果。

軍事禮儀雖然不載於禮書，但散見於各種文獻，是可以鈎陳出來的，如《小盂鼎》、《逸周書・獻俘解》之於獻俘典禮，《周禮・秋官・大司馬》、《穀梁傳》昭公八年之於大蒐禮，《禮記・王制》之於戰前禮儀等。當然，更重要的還有《詩》中所保存的詩篇。《詩》中有不少戰爭詩和征役詩，本文認爲，它們就是用於軍事禮儀的儀式樂歌。禮樂相須，軍事禮儀亦用樂，這是有文獻可徵的。其中最典型的莫過於軍隊凱旋時所用的「愷樂」。《周禮・春官・大司樂》「王師大獻，則令奏愷樂。」《鎛師》亦曰「軍大獻，則鼓其愷樂。」史書記載證實了禮書的說法，如《左傳》僖公二十八年載晉軍在城濮之戰大勝後「愷以入於晉」。當然，軍事禮儀用樂遠遠不止「愷樂」而已，通過考察《詩》中的戰爭詩篇，我們可以發現軍事禮儀有著類型多樣的儀式樂歌。

根據具體的禮儀類型，可以將「雅頌」中的戰爭樂歌分爲以下三類：一是狩獵樂歌，是周王會合諸侯舉行閱兵典禮的樂歌，如《小雅》的《瞻彼洛矣》、《車攻》、《吉日》；二是表現戰爭的禮儀樂歌，包括治兵樂歌如《采芑》，振旅樂歌如《出車》，獻功樂歌如《常武》，凱旋慰勞樂歌如《六月》；三是將士的征役樂歌，如《采薇》、《杕杜》、《祈父》、《漸漸之石》、《何草不黃》。從總體上看，這些樂歌以儀式歌唱的方式載錄了周人的戰爭活動，一方面表現了周人準備、發動、進行、結束戰爭的獨特的行爲方式，另一方面也反映了周代社會各群體尤其是將士對戰爭的獨特心態，反映了周人鮮明的家國觀念。可以說，「雅頌」中的軍事禮儀樂歌是認識周人戰爭觀念的最佳文本。

第一節　狩獵用詩

引　言

狩獵行爲自古有之，在采集經濟之後，狩獵經濟就成爲原始社會父系氏族時代最重要的生存手段。人們通過捕獵自然界的動物獲取食物，這一行爲

在原始時代只具有赤裸裸乃至於殘酷的實用意義，本沒有象徵意義。然而，在農業文明已經較爲發達的周代社會，貴族階層的狩獵行爲已經完全褪去了其實用價值，而具有了明顯的軍事意義與娛樂功能。明人鄒忠胤曰「蓋古者蒐苗獮狩之法，實與軍政相爲表裏。」〔註3〕狩獵爲何會與軍事聯繫在一起呢？楊寬先生說「戰爭最初出現於原始公社制瓦解時期，所用的武器就是狩獵工具，戰爭方式也和集團圍獵相同。」〔註4〕原來，人類自從生存問題解決之後，將用以對付自然界動物的方式轉移到了自己的敵人身上，這就是戰爭。戰爭不過是改換了對象的狩獵而已，所以後來統治者莊重的狩獵也就成爲一種象徵行爲，具有強烈的軍事色彩。

將狩獵轉化成爲一種具有象徵意義的禮儀，這在周代體現得最爲明顯。根據文獻記載，周人的狩獵禮儀已經常規化和系統化。首先，周王及各級貴族的狩獵根據季節常規化舉行，《左傳》隱公五年記載臧僖伯的話說「故春蒐、夏苗、秋獮、冬狩，皆於農隙以講事也」，《穀梁傳》桓公四年亦載「春曰田，夏曰苗，秋曰蒐，冬曰狩」，可見四時狩獵可能是古制。其次，周人的狩獵典禮極爲系統和成熟。根據《周禮·大司馬》和《穀梁傳》昭公八年的記載，一個完整的狩獵禮儀包括閱兵和田獵兩個部分，前者是軍事訓練，後者則是以田獵方式進行的軍事演習；而且，二者都包括立表、列陣、誓師、「行」、「進」、「馳」、「戒」、「退」以及「獻禽」、慶賞等一系列儀節，表明周人的狩獵典禮已經非常成熟〔註5〕。當然，《左傳》、《周禮》、《穀梁傳》等東周以降的文獻記載的可能是東周以後的狩獵禮儀，並且其中也不乏文飾之處。但是，它們所提供的大致儀節如誓師、表貉、作坐進退、獻禽等是可信的，是可以在西周文獻中得到確認的。

儘管記載簡略，但周人舉行狩獵之禮還是廣泛見於各種文獻。《逸周書·世俘解》、《史記·周本紀》均記載周武王克商凱旋之後曾舉行「行狩」之典，前者還保留了獻禽的儀節；《易·比·九五》「王用三驅，失前禽」，《明夷·九三》「明夷於南狩」，表明周王曾有狩獵之事；另外，西周的銅器銘文也留下了關於行狩的記載，典型的是周昭王時銅器《員鼎》「王獸（狩）於（視）

〔註3〕 何楷《詩經世本古義》，《影印文淵閣四庫全書》第 81 冊，臺北：臺灣商務印書館，1986 年，第 502 頁。

〔註4〕 楊寬《古史新探·「大蒐禮」新探》，北京：中華書局，1965 年，第 263 頁。

〔註5〕 關於狩獵的具體儀節還可以參今人楊寬先生的整理，楊寬《古史新探·「大蒐禮」新探》，北京：中華書局，1965 年，第 263 頁。

（廩）」，是對周王行狩的直接記載〔註6〕。除上述這些文獻之外，還有《詩》中的狩獵樂歌。

《詩》中有不少表現狩獵的詩篇，《國風》中有《鄭風‧叔于田》、《秦風‧駟驖》、《召南‧騶虞》等，尤其是《叔于田》與《駟驖》，從某些視角細膩地表現了諸侯國的貴族狩獵的情形〔註7〕。不過，更值得關注的無疑是「雅頌」中三篇表現周天子狩獵的詩篇即《車攻》、《瞻彼洛矣》、《吉日》，它們生動地歌唱了周王會同諸侯、舉行大獵的盛況。本文認為，這三首詩原係周王狩獵典禮所用的樂歌，其中，《車攻》和《瞻彼洛矣》是周天子會同諸侯舉行狩獵典禮所用的樂歌，《吉日》則是周天子田獵之後燕饗賓客所用的樂歌。現考證如下：

一、《車攻》：天子朝會諸侯舉行狩獵

對此詩題旨，歷來學者們的看法是比較一致的，認為主要表現了兩方面的內容：一是「行狩」，二是「會同」。詩的第二章曰「東有甫草，駕言行狩」，第三章又曰「之子于苗，選徒囂囂」，「狩」、「苗」均為田獵之名〔註8〕，可見詩中已經明確交代了田獵之事。其實，全詩都是圍繞「行狩」展開的：首章「我車既攻，我馬既同」是準備車馬，「駕言徂東」是出發；次章歌唱了行進隊伍，交代了狩獵的地點；第三章描寫「選徒」和「建旐設旄」，其實是狩獵前的列陣；從第五章的「決拾既佽」至第六章的「舍矢如破」，描寫了狩獵之事，歌唱了射獵、御馬之術的精湛；第七章「徒御不驚」、第八章「有聞無聲」，歌唱了狩獵隊伍的嚴整、肅靜的姿態。由此可見，全詩基本上是按照時間先後對狩獵進行歌唱的。

既然全詩表現的是田獵之事，那麼田獵者是誰呢？對此，詩中亦有明確的交代，第二章曰「之子于苗」，末章又曰「之子于征，有聞無聲」，顯然「之子」就是此次田獵的主要參與者。但是，「之子」是誰呢？學者們有不同的看

〔註6〕 唐蘭《西周青銅器銘文斷代史徵》，北京：文物出版社，1988年，第223頁。

〔註7〕 對於《國風》哪些詩篇表現狩獵，學者們的看法雖然不同，但基本上集中在《兔罝》、《騶虞》、《野有死麕》、《叔于田》、《大叔于田》《女曰雞鳴》、《還》、《盧令》、《駟驖》等篇。本文主要關注「雅頌」詩篇，故《國風》暫從略。

〔註8〕 《毛傳》「狩，冬獵也」，鄭玄云「夏獵曰苗」，其實四時之獵名稱不同，是東周以降才出現的，是東周史官和秦漢禮家文飾的結果。從詩篇看，「狩」與「苗」其實沒有區別。阮元《十三經注疏‧毛詩正義》，上海：上海古籍出版社，1997年，第337、428頁。

法,《毛傳》云「之子,有司也」,孔穎達補充說「當謂凡從王者,非獨司馬官屬也」,他們均認為「之子」是指隨從周王行禮的職事人員;鄭玄釋「之子于苗」之「于」為「曰」,認為「之子」是稱呼宣王〔註9〕。或以為是有司,或以是周王,二說孰是呢?從詩篇的文理看,「之子」出現兩次,一曰「于苗」,一曰「于征」,顯然是「行狩」的首領,而不是隨從人員;詩中的「射夫」、「徒御」才是所謂的「有司」,即「負責狩獵之官」,因此毛說不確。

「之子」不僅是行狩的首領,而且不是一般的貴族,而是周王。這一點可以從詩中其他參加者的身份推斷出來。此詩言及的人物除了作為首領的「之子」、作為「有司」的射夫、徒御等外,還有「會同」而來的諸侯。詩的第三章曰「駕彼四牡,四牡奕奕。赤芾金舃,會同有繹」,這樣的用語我們十分熟悉,《大雅·韓奕》曰「四牡奕奕,孔修且張。韓侯入覲……王錫韓侯……玄袞赤舃」,由此可知駕著四牡、身著赤芾金舃的正是諸侯,《毛傳》認為此章是「言諸侯來會也」,是正確的〔註10〕。由於諸侯是「會同」而來的,「有繹」(繹訓陳)表明來的諸侯還不止一個,所以「之子」就只能是接受諸侯朝會的周天子。實際上,詩的末章一則曰「之子于征,有聞無聲」,再則曰「允矣君子,展也大成」,表明「之子」就是「君子」,而「之子」、「君子」同時出現的,《詩》中不止一例,如《裳裳者華》「我覯之子,乘其四駱,……左之左之,君子宜之」,這裡的「之子」、「君子」即為周王。

由此可見,《車攻》所歌唱的是周王會同諸侯進行盛大狩獵之事,何楷的「美大田」之說不失為對全詩內容的準確概括〔註11〕。顯然,「行狩」是全詩的核心,「會同有繹」的諸侯不過是為周天子所主導的狩獵大典而來的。換言之,此詩所表現的是行狩而非朝會。歷來許多學者混淆此二者,將此詩視為表現周王朝會諸侯的樂歌,是全然不符合詩篇內容的。《大序》曰「宣王……復會諸侯於東都,因田獵而選車徒」,「因」字表明其將此詩列入「朝會諸侯」的範疇。而且,「因田獵而選車徒」並不準確,詩篇並非通過田獵而選車徒,而是恰恰相反,是選車徒以舉行田獵之事。《大序》之誤為許多學者所因襲,他們往往豔稱「宣王朝會諸侯於東都」,如孔穎達認為此詩「以會為主,因會

〔註9〕　阮元《十三經注疏·毛詩正義》,上海:上海古籍出版社,1997年,第428頁。
〔註10〕　王宗石先生說「赤芾金舃是貴族的服飾,指來朝見天子的各國諸侯」,其說甚確。
　　　　王宗石《詩經分類詮釋》,長沙:湖南教育出版社,1993年,第501頁。
〔註11〕　何楷《詩經世本古義》,《影印文淵閣四庫全書》第81冊,臺北:臺灣商務印書館,1986年,第505頁。

而獵也」，方玉潤甚至直接將此詩詩旨概括爲「宣王會諸侯於東都也」而不言及狩獵〔註12〕。這些觀點的偏頗之處是非常明顯的。另外，歷代學者都將此詩的時代確定爲宣王時期，儘管宣王時期的歷史語境頗與此合，先秦古說（如《墨子・明鬼篇》）也持此見解，但是僅就詩篇本身而言，未有以見其必爲宣王的證據，我們暫從古說。

此詩表現對象是「行狩」，從禮儀性質上看，當屬於「軍禮」範疇，而非「賓禮」範疇。詩曰「建旒設旄，搏獸于敖」、「不失其馳，舍矢如破」，充分說明了這一點。何楷云「此有繹而來，既不名爲會同，當屬何禮？彼所謂賓禮也，此則大田簡眾之禮，所謂軍禮也。《大宗伯》『以賓禮親邦國，以軍禮同邦國』，觀秋獮及大閱頒旗物之法，皆有諸侯載旗建旗之文，可見矣。」李山先生則云「此詩所表現的是周朝舉行於農隙之際的『大蒐禮』。」〔註13〕「簡眾」也好，「大蒐」也罷，總之，此詩表現的是周王會同諸侯舉行狩獵典禮。

詩篇既然是表現周天子行狩，那麼它用於何種場景呢？從內容看，詩章依次歌唱了出發、選徒、建旒設旄、射獵等內容，末章止於對「行狩」行列以及「君子」的歌頌。據此可知，詩篇當用於行狩典禮結束之後。從人稱看，詩中既有稱「之子」、「君子」、「射夫」、「徒御」的第三人稱，又有「我車既攻，我馬既同」的第一人稱用語。結合上下文看，全詩當是以第三人稱的口吻頌唱的，「我」指的是作歌的樂官。考之狩獵的儀節，射獵結束之後還有凱旋、獻禽、慶賞、燕饗等儀節〔註14〕。本文認爲，此詩很可能係慶賞、燕饗儀節中所用的樂歌。《焦氏易林・履・夬》云「《吉日》、《車攻》，田弋獲禽，宣王飲酒以告嘉功」，所謂「飲酒告嘉功」正是田獵獻禽之後的慶賞燕饗活動，此說看來是有所本的。

二、《瞻彼洛矣》

此詩詞章簡質，詩旨較爲隱晦，歷代學者對此有較大的分歧。其中，有

〔註12〕方玉潤《詩經原始》，北京：中華書局，2006年，第367頁。

〔註13〕何楷《詩經世本古義》，《影印文淵閣四庫全書》第81冊，臺北：臺灣商務印書館，1986年，第505頁。李山《詩經的文化精神》，北京：東方出版社，1997年，第248頁。

〔註14〕這些儀節可參楊寬先生的考證，亦可在《吉日》一詩中得到驗證。楊寬《古史新探・「大蒐禮」新探》，北京：中華書局，1965年，第260頁。

三種勢力較大的謬說：一是「諸侯世子受命爲軍將」說，二是「刺幽王」說，三是「周王會諸侯於東都」說。第一種見解本於三家詩說。《白虎通義・爵》「世子上受爵命，衣士服何？謙不敢自專也，故《詩》曰『韎韐有奭』。」認爲詩中的「韎韐」爲士服，鄭玄遂據此以「君子」爲「諸侯世子」，全詩是表現「諸侯世子」免喪服士服而來、天子命其爲六軍之將〔註15〕。此說是錯誤的，因爲詩中的「韎韐」不是指士服，而是軍服。《白虎通義》以「韎韐」爲士服，可能是根據《儀禮・士冠禮》記載士服有「韎韐」。但「韎韐」並無表示身份的意味，它只是染赤的蔽膝而已，士可以服之，卿大夫乃至天子亦可服之。《左傳》成公十六年載「郤至服韎韋之跗」就說明卿大夫可以服「韎韐」。其實，「韎韐」作爲蔽膝，是編韋製成的。林義光云「《周官・司服》『凡兵事韋弁服』，鄭注『韋弁以韎韋爲弁，又以爲衣裳』，……則韎韐在戎事，不必專爲士服。」可見，「韎韐」實爲軍服〔註16〕。因而，詩中的「韎韐」並非特指身份，而是指代職事。

　　第二種見解來自於《詩序》，其曰「刺幽王也，思古明王能爵命諸侯，賞善罰惡焉」，認爲此詩是託古諷今之作。但是，詩中既沒有「明王能爵命諸侯，賞善罰惡」的內容，更沒有絲毫的譏刺之意。相反，全詩皆爲對君子熱烈的歌頌之辭。魏源云「詩爲盛周之樂章，讀其詞可知也。」〔註17〕因此，《序》說同樣是錯誤的。第三種觀點始於朱熹，他說「天子會諸侯於東都以講武事，諸侯美之之詩」，王質、孫作雲等遂將其歸爲「美宣王會諸侯於東都之詩」〔註18〕。朱子「東都」之說來自於詩中的「洛」字，認爲「洛」即洛水，指代東都；其實古代「洛水」之「洛」當爲「雒」字，段玉裁云「自魏黃初以前，雍州渭洛字作洛，豫州伊洛字作雒，絕無混淆」〔註19〕，可見此詩之「洛」當爲渭洛之水，不在東都，「東都」云云、「宣王」云云也就失去了依據。此外，除了上述三種說法之外，還有明人何楷的「紀東遷」之說，

〔註15〕阮元《十三經注疏・毛詩正義》，上海：上海古籍出版社，1997 年，第 479 頁。

〔註16〕林義光《詩經通解》，北京師範大學圖書館藏衣好軒刻本，第四冊卷二十一，第 4 頁。

〔註17〕魏源《詩古微》，《魏源全集》，長沙：嶽麓書社，1989 年，第 628 頁。

〔註18〕朱熹《詩集傳》，南京：鳳凰出版社，2007 年，第 185 頁。王說參孫氏所引。孫作雲《詩經與周代社會研究》，北京：中華書局，1966 年，第 384 頁。

〔註19〕段玉裁《毛詩故訓傳定本小箋》，阮元《清經解》第 4 冊，上海：上海書店，1988 年，第 155 頁。

同樣是牽強附會的結果，無需辯駁﹝註20﹞。

通過以上駁正可知，此詩既不是表現「諸侯世子受命爲六軍之將」，也不是表現「宣王會諸侯於東都」，更不是「思古」刺今之作。結合全詩的內容來看，它當爲周王檢閱六師所用的樂歌。這可以從以下兩個方面得到說明：第一，詩中的「君子」只能是周王。全詩的結構非常明晰，頌贊君子是其核心。首章「韎韐有奭」、次章「鞸琫有珌」是讚美「君子」的容飾，首章「福祿如茨」、第三章「福祿既同」是祝福「君子」，第二章「保其家室」、第三章「保其家邦」是歌頌「君子」之能。那麼，「君子」是誰呢？鄭玄以爲是「諸侯世子」，何楷以爲是鄭武公，胡承珙以爲是「古之明王」，陳奐以爲是諸侯。這些看法其實都是錯誤的﹝註21﹞。詩首章曰「韎韐有奭，以作六師」，君子既然能「作六師」而統率六師，那麼他只能是周王。《大雅·棫樸》曰「周王于邁，六師及之」，《常武》曰「整我六師，以修我戎」，二者所稱之「六師」統率正是周王。所以，《瞻彼洛矣》的「君子」當爲周王無疑。朱熹云「君子，天子也」，高亨亦曰「所謂『君子』似是周王」，他們的看法是正確的﹝註22﹞。

第二，周王到達洛水一帶，是爲了檢閱六師。詩篇三章均提到「君子至止」，極力歌頌到來的周天子。那麼，周天子到洛水一帶所爲何事呢？詩曰「韎韐有奭，以作六師」，上文已經指出「韎韐」爲「兵事之服」（朱熹），「六師」則爲鎮守西周王畿的重要軍隊，實即《禹鼎》所載的「西六師」。可見，周天子是沖著鎮守京畿的「西六師」而來的，所謂「以作六師」就是他的主要目的。何謂「作六師」呢？朱熹云「作猶起也」，周天子親禦戎服，興起六師，實際上就是檢閱六師。後二章繼而歌唱「君子萬年，保其家室」，「君子萬年，保其家邦」，看來周王朝可能面臨某種外患。周王親自大閱六師，就具有了保家衛國的軍事意義。王宗石先生說「西周時，西北常住強大民族獫狁屢循涇洛二水南侵，周王朝亦常由此二線征伐之，……此詩記周王至洛水流域閱兵，

﹝註20﹞ 何楷認爲此詩是表現東遷之時鄭武公迎立平王之事。參《詩經世本古義》，《影印文淵閣四庫全書》第 81 冊，臺北：臺灣商務印書館，1986 年，第 623 頁。

﹝註21﹞ 胡承珙《毛詩後箋》，王先謙《清經解續編》第 2 冊，上海：上海書店，1988 年，第 1020 頁。陳奐《詩毛氏傳疏》下冊，北京：中國書店，1984 年，卷二十一，第 9 頁。

﹝註22﹞ 朱子的說法見注 23。高亨《詩經今注》，上海：上海古籍出版社，1980 年，第 333 頁。

實由於抵禦異族之侵略」，指出了周王閱兵是由於玁狁沿涇洛入侵，頗合西周歷史語境，值得參閱〔註23〕。

綜上兩點可知，《瞻彼洛矣》是歌唱周天子在洛水一帶檢閱六師的樂歌。從禮儀的角度看，「大閱」其實正是狩獵典禮的一種。《周禮・秋官・大司馬》詳細記載了「中冬教大閱」的典禮儀節，可與此詩參看。此詩「以作六師」的「作」，可能與大閱典禮中「中軍以鼙令鼓，鼓人皆三鼓，司馬振鐸，群吏作旗，車徒皆作」的「作」有關，實為檢閱六師的重要儀節。不過，此詩並非用於「大閱」典禮之中，它的著重點在於歌頌周天子。因此，它當為大閱儀式結束之後燕勞場合中頌贊周王所用的樂歌。

三、《吉日》

表現周天子狩獵的除了《車攻》之外，還有《吉日》。此二詩有許多相似之處：如準備田獵車馬，前者云「我車既攻，我馬既同」、「田車既好，田牡孔阜」，後者云「吉日庚午，既差我馬」、「田車既好，四牡孔阜」，不僅內容相近，而且用語也極為相似。又如調弓射箭，前者云「決拾既佽，弓矢既調」、「不失其馳，舍矢如破」，後者云「既張我弓，既挾我矢」，也極為相似。這些相似之處首先來自於二者共同的表現對象，即周天子狩獵之事；其次，這表明它們可能用於同樣的禮儀場合，具有相同的產生年代。

《吉日》旨在表現周王田獵，這是非常明顯的。「田車」、張弓挾矢、「發彼小豝，殪此大兕」等言辭，說的就是田獵之事；同時，詩第二章曰「漆沮之從，天子之所」，第三章又曰「悉率左右，以燕天子」，《毛傳》云「驅禽之左右以安待天子」，可知此次田獵的主角是天子〔註24〕。當然，雖然都是表現天子狩獵之事，《吉日》與《車攻》並不完全相同。從上文考證不難看出，《車攻》所表現的「行狩」是天子諸侯一同參與的狩獵典禮，其著重點在於歌頌天子諸侯行禮的儀容。《吉日》則並非如此。

首先，詩中參加田獵的只有周天子，沒有諸侯。周王是此次田獵的主角，而所謂「漆沮之從」、「悉率左右，以燕天子」的人，是田獵的「有司」，即輔佐田獵的職事人員，也即《車攻》中的「射夫」、「徒御」等人員。更重要的是，詩中沒有諸侯參加的迹象。田獵有沒有諸侯參加，其中的意義是完全不

〔註23〕王宗石《詩經分類詮釋》，長沙：湖南教育出版社，1993 年，第 510 頁。
〔註24〕阮元《十三經注疏・毛詩正義》，上海：上海古籍出版社，1997 年，第 429 頁。

同的。諸侯會同而參與的「行狩」，其實是通過「大蒐」進行軍事演習，「往往含有向諸侯顯示武力的意義」，具有意味深長的政治意義〔註25〕。如果沒有諸侯參與，田獵就失去了它的政治意義，成爲天子藉以燕樂的形式而已。高亨認爲此詩「敘寫周王打獵」，非常準確地概括了詩旨〔註26〕。

其次，詩篇著重表現的是禽獸的眾多，以及眾人爲天子驅禽燕樂，如「獸之所同，麀鹿麌麌」、「瞻彼中原，其祁孔有。儦儦俟俟，或群或友」，極言田獵之處麀鹿的眾多；「升彼大阜，從其群醜」、「漆沮之從」、「悉率左右，以燕天子」則表現職官人員驅禽以配合天子獵禽。詩篇將側重點放在田獵的地點、禽獸的數量以及驅禽等準備工作上，而不是狩獵車隊的儀容，表明詩中天子田獵僅僅意在狩獵，沒有什麼政治意圖。這與《車攻》「行狩」意在會同諸侯進行軍事演習、具有強烈軍事意味迥異。對此，一些學者早已有所揭示，陳奐認爲「《車攻》會諸侯而遂田獵，《吉日》則專美宣王田也」，今人王宗石亦認爲「本篇寫天子小規模的畋獵，目的在於獲得禽獸，和前篇《車攻》的軍事性質有所不同。」〔註27〕

綜上可見，《吉日》所表現的田獵已經淪爲天子燕樂的形式，甚至只是「天子生活的奢華」的一個證據而已〔註28〕。然而，田獵的外在禮儀形式並沒有被遺棄。周天子仍然按照田獵禮儀的一般程序進行：如出行前先選定吉日，準備車馬前要祭祀馬祖；到達田獵之處（「漆沮」附近）之後，進行「從其群醜」、「悉率左右」的驅禽活動，也是遵循禮制而爲；射獵之後，則「以御賓客，且以酌醴」，即舉行慶賞、燕饗之禮。可見，此詩所描寫的儀節與《車攻》沒有太大的差異，只不過，曾經莊重嚴肅、劍拔弩張的狩獵典禮已被周天子用作燕樂的形式。

而且，詩篇仍然是以頌贊的語氣歌唱天子的田獵行爲，「既張我弓，既挾我矢。發彼小豝，殪此大兕」，寫出了射禽的果決和射術的精湛，流露了對周王射藝的贊美之情。看來，周天子雖然是懷著個人目的出行田獵，但他的舉止無疑是合乎禮儀的，而且還表現出了高超的射藝，詩篇對此是充分肯定的。

〔註25〕程俊英、蔣見元《詩經注析・車攻》，北京：中華書局，1991 年，第 511 頁。王宗石《詩經分類詮釋・車攻》，長沙：湖南教育出版社，1993 年，第 501 頁。

〔註26〕高亨《詩經今注》，上海：上海古籍出版社，1980 年，第 252 頁。

〔註27〕陳奐《詩毛氏傳疏》，北京：中國書店，1984 年，卷十七，第 34 頁。王宗石《詩經分類詮釋》，長沙：湖南教育出版社，1993 年，第 502 頁。

〔註28〕李山《詩經析讀》，海口：南海出版社公司，2003 年，第 249 頁。

那麼，詩篇作爲歌頌周王田獵的樂歌，用於何種場景呢？從人稱看，全詩是以第三人稱的口吻歌唱周王田獵一事的，詩中的「我」是歌唱此詩的樂官的口吻。另外，末章「以御賓客，且以酌醴」，《毛傳》「饗醴，天子之飲酒也」，可見在田獵之後周天子還燕饗賓客〔註29〕。本文認爲，此詩當爲此燕饗場合中樂官獻給周天子的樂歌。

結　語

　　綜上所述，可知《小雅》中的《車攻》、《吉日》、《瞻彼洛矣》均爲表現周天子狩獵典禮的樂歌。其中，《車攻》是周王會同諸侯、進行「行狩」所用的樂歌，《瞻彼洛矣》是周天子大閱六師於洛水一帶所用的樂歌，二者的狩獵具有明顯的政治或軍事意義；《吉日》則是周天子田獵之後燕賓所用的樂歌，它所描述的田獵更多是一種遊樂行爲，儘管它仍在禮儀的規範之內。

第二節　戰時軍事禮儀用詩

引　言

　　《雅》中有不少描寫戰爭的詩篇，其中有五篇（即《采薇》、《出車》、《六月》、《采芑》、《常武》）直接表現了戰爭的過程。《常武》歌唱了周王親征徐方，《采薇》、《出車》歌頌了南仲領兵征伐玁狁，《六月》表現了尹吉甫率軍伐玁狁，《采芑》則表現了方叔整兵以伐蠻荊。本文認爲，從禮制的視角而言，這些詩篇是戰時軍事禮儀中所用的詩篇。其中，《采芑》是歌唱治兵儀式的樂歌，《六月》是飲至儀式所用的樂歌，《采薇》、《出車》是凱旋慰勞所用的樂歌，《常武》是王師振旅所用的頌歌。

一、周代的戰爭及其軍事禮儀

　　縱觀有周一代，戰爭延續不斷。不過，從西周時期來看，有一個重要特點就是外患多於內戰。邊地的異族人群始終威脅著周王朝的統治，西北之玁狁、西戎、鬼方通過涇洛一線，東南之東夷、淮夷、徐方、荊蠻通過江淮一

〔註29〕 「賓客」是誰呢？鄭玄云「賓客謂諸侯也」，顯然是根據《車攻》比附的結果，雖然這種可能性不是沒有，但詩中並沒有證據證實這種可能性。阮元《十三經注疏・毛詩正義》，上海：上海古籍出版社，1997年，第430頁。

線，進犯王朝的統治區域。昭王南征、穆王西征和伐徐戎、宣王伐玁狁和徐方及荊蠻，這些都是爲人所熟知的事。當然，周王朝與邊地異族人群的戰爭遠不止這些，金文顯示西周十二王幾乎每個朝代都有征伐玁狁的記錄，如周初時期武王伐東夷（《牆盤》），周公、成王時期伐東夷的奄、薄姑、錄等（《㝬方鼎》、《禽簋》、《大保簋》），康王時期伐東夷（《魯侯尊》），史家所謂「成康之世刑錯四十餘年不用」根本是虛構的〔註30〕。在歷次征戰中，周人付出了慘重的代價，周昭王、周幽王均爲之喪命，西周之祚也最終終結在犬戎的手裏。這些戰爭雖然是「文明人與野蠻人的衝突」，並且最終勝利的是「文明自身」〔註31〕，但是它們實際上已經左右周王朝的生存。

正因爲如此，對外征戰對周代社會的影響是巨大的。可以說，周人對戰爭的心態與觀念都與此息息相關。由於周王朝始終處於一種被動防禦的處境，因而對外戰爭就具有了道德上的正義性，由此決定了無論是統治階層還是普通民眾，他們參戰都是爲了維護家國的生存，具有天然的合理性。但是，戰爭又是吞噬生命的機器，是違背個人和家庭倫理的。周人的對外征戰雖然合理，卻不合情。這種道義與倫理的矛盾，構成了周人對待戰爭的主要心態。在這種心態的影響下，周人形成了應對戰爭的獨特方式，這些方式在軍事禮儀上體現得非常明顯。

首先是平時的狩獵禮儀。上節指出，周人的狩獵典禮實際上是以狩獵的方式進行的軍事訓練和軍事演習，是以儀式的方式去「喚醒、調動潛伏在人群社會中的古老的尚武精神」，而四時狩獵之「春蒐、夏苗、秋獮、多狩」（《左傳》隱公五年）的按時舉行，表明周人整合王朝軍事力量、爲戰爭做了準備。

其次是戰時的軍事禮儀。在出征、行軍、作戰、歸來等戰爭過程中，周人均有一系列典禮儀式。如出征之前要「祓社釁鼓」（《左傳》定公四年）、「類於上帝」、「造乎禰」（《禮記・王制》），即祭社、釁鼓、祭天、告於祖廟；出征時要「治兵」（《左傳》隱公五年），即閱兵、誓師；行軍之時「禡於所征之地」，祭當地神靈；凱旋時要「振旅」、「獻俘」、「飲至」、「大賞」、「策勳」（《左傳》桓公二年、僖公二十八年）等等。

上述種種軍事禮儀的舉行在文獻中有豐富的記載，而最能體現這些禮儀

〔註30〕西周中後期與邊地異族的征伐可參楊寬《西周史》，上海：上海人民出版社，2003 年，第 549～575 頁。此處的銅器銘文均據馬承源《商周青銅器銘文選三》，北京：文物出版社，1988 年。

〔註31〕李山《詩經的文化精神》，北京：東方出版社，1997 年，第 105 頁。

的無疑是《詩》中保留的戰爭詩。在「雅頌」方面，上節已經指出《車攻》、《吉日》、《瞻彼洛矣》是周王狩獵禮儀所用的樂歌。在戰時禮儀方面，則有《采芑》、《采薇》、《出車》、《六月》、《常武》五詩，它們直接表現了戰爭的過程。本文認為，從禮制的視角而言，它們都是戰時軍事禮儀中所用的詩篇。其中，《采芑》是治兵儀式所用的樂歌，《六月》是飲至儀式所用的樂歌，《采薇》、《出車》是凱旋慰勞所用的樂歌，《常武》是王師振旅所用的頌歌。具體考證如下：

二、《采芑》：治兵用詩

對於此詩，歷代學者無不以其為南征之詩。《小序》曰「宣王南征也」，「宣王」是指南征的時代而非將帥，孔穎達曰「謂宣王命方叔南征蠻荊之國」〔註32〕，其說符合詩篇內容，為歷代學者所信從〔註33〕。詩末章明言「蠢爾蠻荊，大邦為仇，……顯允方叔，征伐玁狁，蠻荊來威」，可見此詩是表現方叔率兵出征蠻荊。但是，「南征蠻荊」僅僅言及出征的目的，並沒有揭示出詩篇產生的文化語境。

因而，歷代學者們對此提出了不同的意見：一種認為此詩表現方叔征服蠻荊、得勝凱旋的全過程，如鄭玄認為詩末章「方叔率止，執訊獲醜」就是說「執將可言問，所獲敵人之眾以還歸也」〔註34〕，可見是得勝而歸，所以詩篇當為「班師時作」〔註35〕。另一種認為此詩並非「班師」之作，而是戰前之作，如姚際恒認為此詩「作於出師之時，或謂班師時作，非也」，方玉潤認為此詩乃「南方詩人從旁觀覩方叔軍容之盛，知其克成大功，歌以誌喜」〔註36〕。

〔註32〕 阮元《十三經注疏・毛詩正義》，上海：上海古籍出版社，1997年，第425頁。

〔註33〕 《采芑》為宣王時詩，是有根據的：一方面，它與宣王時期的詩篇如《常武》、《六月》、《出車》等語詞風格極為相近；另一方面，宣王時期確有南征蠻荊之事，《虢季子白盤》曰「賜用鉞，用征蠻方」，可能即與此詩有關。馬承源《商周青銅器銘文選三》，北京：文物出版社，1988年，第308頁。

〔註34〕 李學勤《十三經注疏・毛詩正義》，北京：北京大學出版社，1999年，第646頁。

〔註35〕 何楷《詩經世本古義》，《影印文淵閣四庫全書》第81冊，臺北：臺灣商務印書館，1986年，第466頁。

〔註36〕 姚際恒《詩經通論》，北京：中華書局，1958年，第190頁。方玉潤《詩經原始》，北京：中華書局，2006年，第364頁。

　　本文認爲，結合全詩來看，當以第二種觀點爲是。大多數學者持第一種觀點，其根據是詩第三章的「振旅闐闐」和第四章的「執訊獲醜」。《毛傳》云「入日振旅」，可知「振旅闐闐」說的是軍隊歸來的情景，而「執訊獲醜」也是戰勝擒敵的常用語，這樣看來，似乎「南征」之役當已得勝無疑。其實，如果將「振旅」、「執訊獲醜」與全詩內容結合起來看的話，就會發現事實並非如此。全詩分四章，每章均以「方叔涖止」、「方叔率止」作爲結構核心：首章描寫了方叔車隊數量以及車馬的容飾，次章描寫軍隊旌旗、車馬、軍服的儀容，二者極力表現方叔軍隊的雄武。第三章寫方叔率軍「鉦人伐鼓，陳師鞠旅」，《毛傳》云「鞠，告也」，所謂「陳師鞠旅」即列陣誓師；繼而又言「伐鼓淵淵，振旅闐闐」，沒有涉及任何戰鬥過程，可見此處「陳師鞠旅」顯然並非戰前誓師，而是治兵、閱兵時的誓師，與《周禮・秋官・大司馬》所載「群吏聽誓於陳前，斬牲，以左右徇陳」相同。由此可見，詩篇前三章其實是在描寫方叔治兵之事，「其車三千」的兵車之數、「師干之試」的兵士裝備以及車馬、旌旗、軍服儀容之盛等內容，正是「治兵」的應有之義。林義光云「前三章所言皆習戰之事」，所謂「習戰」實即治兵〔註37〕。

　　所以，「振旅」、「執訊獲醜」並非得勝凱旋之義。首先，振旅亦可用以形容治兵。《爾雅・釋天》「振旅闐闐」，郭璞注云「振旅，整眾也」，「振旅」作爲整眾而還之義，可以形容得勝凱旋如《左傳》隱公五年「入而振旅」，也可以形容整肅軍隊而行，如《國語・晉語五》「乃使旁告於諸侯，治兵振旅，鳴鍾鼓，以至於宋。」而《采芑》中的「振旅」緊接在「鉦人伐鼓，陳師鞠旅」、「伐鼓淵淵」即治兵大閱之後，其義爲整肅軍隊，顯然更符合詩篇語境。其次，末章「方叔率止，執訊獲醜」並非形容已然的事實，而是「願望之詞也」，是「詩人觀其車徒之盛，知必能威服荊蠻耳」〔註38〕，所以末句云「征伐玁狁，蠻荊來威」。「蠻荊來威」實即「來威蠻荊」，正如《大雅・常武》之「震驚徐方，如雷如霆，徐方震驚」，是形容戰前軍威震懾敵人的用語。

　　綜上可見，《采芑》並非班師之作，而是歌唱方叔治兵的樂歌。何謂治兵？它是周代軍隊戰前儀式之一，其內容是由主將對軍隊進行列陣、習號令、進退等方面的軍事演習。《左傳》隱公五年載「三年而治兵」，就是指這一制度。莊公八年、僖公二十七年、宣公十五年、襄公十三年、十八年、昭公十三年

〔註37〕　林義光《詩經通解》，北京師範大學圖書館藏衣好軒刻本，第三冊，第16頁。
〔註38〕　林義光《詩經通解》，北京師範大學圖書館藏衣好軒刻本，第三冊，第16頁。

均載有諸侯「治兵」之事。關於「治兵」的具體儀節，《周禮・夏官・大司馬》云「中秋教治兵，如振旅之陳」，即「司馬以旗致民，平列陳，如戰之陳，辨鼓鐸鐲鐃之用……以教坐作、進退、疾徐、疏數之節。」由此可以看出，「治兵」作爲軍事演習的性質是非常明顯的。

如以「治兵」來審視詩篇內容，就會有豁然開朗之感。所謂「方叔涖止」，是指主帥方叔到達治兵的場所，正如《左傳》僖公二十五年「子文治兵於睽」、「子玉復治兵於蔿」。所謂「方叔率止」實即方叔整治軍容、嚴肅軍威，並進行誓師、簡眾等閱兵儀式，所謂「伐鼓」正是《周禮》所載的中軍以鼙、鼓人以鼓指揮軍隊作坐進退，「振旅」是指閱兵禮畢、整眾而還。那麼，此詩用於何種場景呢？詩篇除了歌唱治兵儀式之外，還對主帥方叔給予熱烈的頌贊「顯允方叔」、「方叔元老，克壯其猶」，因而此詩當爲獻給方叔的頌歌。詩的末章曰「蠢爾蠻荊，大邦爲仇」，又曰「戎車嘽嘽，嘽嘽焞焞，如霆如雷。顯允方叔，征伐獫狁，蠻荊來威」，表明由於蠻荊進犯周邦，所以方叔治兵，軍隊正要開往前線。因而，此詩極有可能是方叔治兵結束後、開往蠻荊之時樂官所用的樂歌。

三、《采薇》、《出車》：出征凱旋、慰勞將士的用詩

《采芑》是歌唱戰前治兵的樂歌，以戰前的視角表現戰爭；《采薇》、《出車》、《六月》、《常武》則不同，它們都是從戰後的視角表現戰爭的，是戰爭得勝、將士凱旋時在不同場合所用的樂歌。其中，《出車》、《采薇》是慰勞將士所用的樂歌。

先來看《采薇》、《出車》。此二詩不僅在今本《詩》中以次相連，而且二者實爲「一時一事」之作〔註39〕。這表現在以下三方面：首先，二者具有相同的表現對象和表現內容，即將士隨王師出征獫狁、得勝而歸。《采薇》曰「靡室靡家，獫狁之故」，《出車》曰「赫赫南仲，獫狁于襄」，前者「一月三捷」之後「今我來思」，後者「執訊獲醜，薄言還歸」，可見二詩都是寫伐獫狁而勝利歸來。其次，二者的人稱、抒情方式和情感內容極爲相似。二詩都是從戰爭歸來的將士的視角抒發感情，都是以「我」的抒情人稱，所謂「今我來思」即爲抒情的立足點；並且，它們都表現了憂傷、哀怨的情感，《采薇》曰「憂心烈烈」、「我心傷悲」，《出車》則曰「憂心悄悄」、「僕夫況瘁」。最後，

〔註39〕王宗石《詩經分類詮釋》，長沙：湖南教育出版社，1993 年，第 484 頁。

二者在語詞上也有諸多相似之處。如言及今昔對比時，《采薇》曰「昔我往矣，楊柳依依。今我來思，雨雪霏霏」，《出車》則曰「昔我往矣，黍稷方華。今我來思，雨雪載途」，二者如出一手；又如言及時局時一曰「王事靡盬」，一曰「王事多難」，言及內心時一曰「憂心烈烈」、「憂心孔疚」，一曰「憂心悄悄」、「憂心忡忡」，等等。

　　總之，種種迹象表明此二詩爲同時同事之作，都是針對西周時期對玁狁的某一次征戰而作的。關於此次戰役，《續序》以爲是文王時期南仲奉殷王之命伐玁狁，三家舊說或以爲是周宣王時、或以爲是周懿王時，明人何楷則以爲是季歷時期的事〔註40〕。清代魏源列舉「九征八間」力證「宣王時期南仲伐玁狁」之說，我們認爲其說是可信的〔註41〕。然而，本文關注的重點不在於此二詩的時代，而是它們的禮儀場景。它們具有相近的語詞風格和抒情方式，又具有相同的表現對象，這說明二者的禮儀背景是相同的。

　　那麼，這個禮儀場景是什麼呢？歷代學者對此持有不同的看法，概括起來有三種：一種是認爲此二詩不是用於同一場合，而是分屬於戰前、戰後兩個場合；一種是認爲二詩均爲戰後將士歸來之作；一種認爲二詩是將士在戍役的過程中或返鄉的途中所作。

　　第一種觀點本於《小序》，其於《采薇》曰「遣戍役也」，於《出車》曰「勞還率也」。所謂「遣」，是出征之前命將帥兵士之事；所謂「勞」，則是將士歸來、對其加以慰勞之事。此說爲朱熹、陳啓源等古代許多學者所贊同。結合二詩的內容來看，以《出車》爲表現「勞還率」之詩是正確的，詩中一則曰「今我來思，雨雪載途」，再則曰「執訊獲醜，薄言還歸」，明言將士已經歸來。以《采薇》爲「遣戍役」則是可以商榷的，詩中「靡室靡家，玁狁之故」、「王事靡盬，不遑啓處」雖然提及出征之由，但並沒有派遣將帥兵士、命以戍役的內容，更何況末章曰「今我來思，雨雪霏霏」，顯然是將士已經歸來的口吻。方玉潤曰「詩中明言『曰歸曰歸』、『今我來思』等語，皆既歸之詞，非方遣所能逆料者也」，其說是正確的。其實，細讀詩篇可以發現《采薇》一篇根本沒有表現出征之前的內容，首章「曰歸曰歸，歲亦暮止」、「不遑啓

〔註40〕阮元《十三經注疏·毛詩正義》，上海：上海古籍出版社，1997 年，第 412頁。王先謙《詩三家義集疏》，北京：中華書局，1987 年，第 580、585 頁。何楷《詩經世本古義》，《影印文淵閣四庫全書》第 81 冊，臺北：臺灣商務印書館，1986 年，第 100 頁。
〔註41〕魏源《詩古微》，《魏源全集》，長沙：嶽麓書社，1989 年，第 322 頁。

居，玁狁之故」，次章「我戍未定，靡使歸聘」，第三章曰「豈敢定居，一月三捷」，可見前三章寫的都是戍役過程中的情形，即方玉潤所謂「追述出戍之故與在戍之形」，而非孔穎達所謂「遣戍役之辭」。因此，《小序》的「遣戍役」之說是不符合詩篇內容的。

　　第三種觀點認爲此二詩是作於戍役的過程中或返鄉的途中。現代學者大都持這一觀點，他們認爲詩篇乃是參戰的將士自作。如陳子展認爲《采薇》是「邊防軍士服役思歸」之作，《出車》是「隨軍戰士描寫此一戰役之作」；程俊英、蔣見元也認爲《采薇》係「戍邊的兵士在返鄉途中所作」，《出車》係「出征將士凱旋所作」〔註42〕。此說的根據是詩中的人稱方式，如《采薇》有「我戍未定」、「我行不來」、「昔我往矣」、「今我來思」、「我心傷悲」等第一人稱的口吻，這種口吻只能爲出征的將士所有。《出車》亦是如此，其中有「謂我來矣」、「天子命我」、「昔我往矣」、「今我來思」、「我心則將」，亦爲將士的稱謂方式。本文認爲，二詩表現出征的逾時、辛勞和憂傷，是以將士的視角入手，這是毫無疑問的；但是，詩中不只有將士的視角，還穿插著第三人稱的客觀視角，如《采薇》第四章「駕彼四牡，四牡騤騤。君子所依，小人所腓。四牡翼翼，象弭魚服」，鄭玄曰「此言戎車者，將率之所依乘，戍役之所芘倚」，「君子」、「小人」實即將士自身，可見這一句是以客觀的視角來表現的；《出車》就更加明顯了，第二章曰「憂心悄悄，僕夫況瘁」，第二章曰「王命南仲，往城于方」，又屢次曰「赫赫南仲，玁狁于襄」，顯然是以第三人稱道出的。因此，二詩並非全爲將士自述的內容。

　　由上可知，《采薇》、《出車》既非分屬戰前、戰後，亦非作於征途之中，而是作於戰爭勝利、凱旋之後，三說之中當以第二說爲是。何楷認爲《采薇》是「勞戍役」之詩、《出車》是「勞還率」之詩，將《小序》「遣」字改爲「勞」字，實即認爲此二詩均爲戰勝凱旋之後所作〔註43〕。林義光亦曰「《采薇》與《出車》、《杕杜》皆戍畢而勞還之詩」〔註44〕。結合詩篇的內容和人稱方式來看，「勞還」之說是正確的。何謂「勞還」？所謂的「勞」，不是勞苦、劬勞，也不是功勞，而是慰勞、勸勉，即孔穎達所謂「陳其功勞」之義〔註45〕；

〔註42〕陳子展《詩經直解》，上海：復旦大學出版社，1983年，第542、548頁。程俊英、蔣見元《詩經注析》，北京：中華書局，1991年，第463、469頁。
〔註43〕何楷《詩經世本古義》，《影印文淵閣四庫全書》第81冊，臺北：臺灣商務印書館，1986年，第100頁。
〔註44〕林義光《詩經通解》，北京師範大學圖書館藏衣好軒刻本，第三冊，第7頁。
〔註45〕阮元《十三經注疏·毛詩正義》，上海：上海古籍出版社，1997年，第413頁。

「還」是指戍役結束、戰爭得勝而還，是「勞」的原因。因而,「勞還」是指因戰爭歸來而加以慰勞、撫恤、勸勉之義。

既然是慰勞、撫恤,則「勞」的主體不是出征的將帥,而是發出派遣命令的周王朝。換言之,所謂「勞還」實際上是指周王朝的軍政代表（如大司馬）接待出征歸來的將士的一個儀式制度。這一制度是可以從文獻的記載中窺知的。眾所周知,春秋時期使臣聘問、國君相朝均有所謂「郊勞」之制,是他國使臣到來、主國迎接慰問的禮儀。《左傳》屢次記載此禮,如僖公三十三年載「齊國莊子來聘,自郊勞至於贈賄,禮成而加之以敏」。不僅如此,國君出行或使臣出使歸來時,還要策勳慰勞,如《左傳》襄公十三年載「公至自晉,孟獻子書勞於廟,禮也」。之所以有「郊勞」、「書勞」之禮,是因為國君或使臣為了使命和國事奔波,有功勞。同樣的道理,因戰事而有功勞,自應亦有「勞還」之禮。這一點可以從文獻中所記載的「弔勞」之禮看出來。

所謂「弔勞」是指因戰事失敗或者死喪而進行慰問撫恤的禮儀。《周禮·夏官·大司馬》曰「若師不功,則厭而奉主車,王弔勞士庶子,則相」,鄭玄注曰「師敗,王親弔士庶子之死者,勞其傷者,則相王之禮」〔註46〕。可見,戰爭一旦失敗,作為軍事首領的大司馬要隨同周王慰勞死者家屬。由此可以推測,戰爭歸來必有慰勞之禮,而且,慰勞之禮顯然不會僅僅針對死難者,當亦針對存者。《大司馬》又曰「若師有功,則左執律、右秉鉞以先,愷樂獻於社」,戰爭獲勝,除了愷歌獻俘之外,對將士有慰勞、恤問之禮是合情合理的。《詩》中也可以找到此禮舉行的蛛絲馬迹,《小雅·黍苗》曰「悠悠南行,召伯勞之」,這裡召伯所勞之人為「我師我旅」、「烈烈征師」,實即營謝的兵士,「勞」即為慰勞、撫恤之義。

本文認為,《采薇》、《出車》實即周王朝慰勞、撫恤出征玁狁的將士的「勞還」儀式所用的樂歌。這一結論可以從以下兩點加以認識:首先,上文已經指出,此二詩雖然包括以將士的第一人稱口吻來表現出征的逾時、辛勞和抒發思鄉的憂鬱、悲傷,但是詩中還穿插表現戰爭的全稱視角:《出車》有周王命將帥、軍隊的出行和征戰以及對主將「南仲」的熱烈歌頌的內容,《采薇》則有歌頌王師車隊之語。這些內容顯然是以群體的視角表現的,與將士的視角是不吻合的。其次,從二詩的情感內容來看,雖然詩中表現了兵士「靡室靡家」、「不遑啓居」的辛勤勞苦,以及一種極為濃烈的憂鬱和悲傷,但是我

〔註46〕阮元《十三經注疏·周禮注疏》,上海:上海古籍出版社,1997年,第439頁。

們絲毫看不出將士的埋怨和不平之情。三家舊說以爲此二詩爲「怨思」之作，是沒有根據的〔註47〕。相反地，詩中卻表現了將士們對戰爭的理解和接納，如「王事靡盬」（《采薇》）、「王事多難」（《出車》）等語；贊美了出征王師的車馬儀容，如「彼路斯何，君子之車。戎車既駕，四牡業業」、「駕彼四牡，四牡騤騤」、「四牡翼翼，象弭魚服」（《采薇》）、「彼旟旐斯，胡不旆旆」、「出車彭彭，旗旐央央」等語；歌頌了戰事的節節勝利和主將的聲威，如「一月三捷」（《采薇》）、「赫赫南仲，玁狁于襄」、「赫赫南仲，薄伐西戎」、「赫赫南仲，玁狁于夷」（《出車》）等語。顯然，此二詩的歌唱既是從將士的視角抒發內心的悲苦，又從王朝的立場歌頌了戰爭的正義性和必然性。這種雙重視角，是應當予以充分重視的。

本文認爲，這種視角來自於「勞還」將士的儀式歌唱，是樂官代表周王朝慰勞、撫恤、勸勉出征歸來的將士所唱出的歌詞，是「及其獻捷代還，則歌凱以歸，故極美其功而曲敘其情」的產物〔註48〕。在這裡，個體與王朝交會在一起，個體是苦難的，但王朝發動的戰爭是正義的。所以樂官以一種代言的表現方式，既體恤了備受戰爭之苦的將士，同時也維護了王朝的尊嚴。詩中有一個人稱，足以說明這種代言方式，就是「我」字。二詩之中有不少「我」字，這些「我」其實有兩種含義：一是作爲將士自稱的第一人稱，如「昔我往矣」、「今我來思」、「我心傷悲」（《采薇》）、「我心則降」（《出車》）等；二是代言王命或王朝，如「我戍未定」、「我出我車」、「天子命我」（《出車》），這些語詞實際上是以「我方」即周王朝的立場說出的。「雅頌」中以「我」代言並不少見，如《車攻》「我車既攻，我馬既同」、《吉日》的「既張我弓，既挾我矢」，其中「我」顯然不是狩獵的天子，而是樂官代言；又如《六月》爲吉甫燕飲樂歌，則其中「維此六月，既成我服。我服既成，于三十里」的「我」不會是吉甫自言，同樣是代言。除了「我」之外，二詩之中還有如「曰歸曰歸」、「召彼僕夫，謂之載矣」、「執訊獲醜，薄言還歸」等，這些詩句的語氣顯然非將士所能有。我們認爲，上述的種種語氣和口吻其實都是從代言的視角發出的，是樂官站在王朝和王師的立場所歌唱的。總而言之，本文認爲《采薇》、《出車》二詩均爲「勞還」出征將士儀式中樂官所唱的樂歌。

〔註47〕王先謙《詩三家義集疏》，北京：中華書局，1987年，第580、585頁。
〔註48〕何楷《詩經世本古義》，《影印文淵閣四庫全書》第81冊，臺北：臺灣商務印書館，1986年，第103頁。

西周用詩考

　　當然，同為勞還樂歌，《采薇》與《出車》並非毫無差別。姚際恒曰「此與上篇同為還歸之作，但二篇似乎同，又不同，不敢臆斷。」〔註49〕其實，二者都是「勞還」歌詞，這是它們的相同之處；不同在於，二者歌唱的內容各有側重。《出車》偏重表現戰爭的過程和歌頌主將的威望，如詩中寫了出車、建旗、命將、擒獲、還歸的全過程，並三次歌唱「赫赫南仲」；《采薇》則偏重表現將士的心理活動，如對歲暮的觀察、行道的內心感受以及屢屢直抒胸臆，如「憂心烈烈」、「憂心孔疚」、「我心傷悲，莫知我哀」。有人認為這種差異源於二詩作者地位的不同，《采薇》的作者為兵士，《出車》的作者為將領〔註50〕。如上所述，這些觀點顯然是錯誤的。但是，它啟示我們，此二詩作為勞還樂歌，可能在獻歌對象上有所差異。也即，《采薇》是針對士卒所獻的勞還樂歌，《出車》則是針對將領所獻的勞還樂歌。它們不一定分開使用，也許只是在用詩程序上有細微差異罷了。

四、《六月》：尹吉甫伐玁狁凱旋的飲至樂歌

　　同樣以戰後的視角表現伐玁狁的戰爭，《六月》一詩的產生場景與《采薇》、《出車》完全不同。《采薇》、《出車》作為勞還樂歌，是針對戰爭歸來的將士群體而作的，目的在於慰勞、恤問出征的將士；《六月》則是針對戰爭的主將尹吉甫所作，是行飲至之禮所用的樂歌。這一結論可以從以下兩點獲得說明：

　　首先，此詩的主要內容是歌頌尹吉甫北伐玁狁。全詩分為三個部分：前三章為第一部分，寫戰前之事——頭兩章寫備戰，並點明受王命出征玁狁，所謂「王于出征」是也；第三章寫王師啟程出征，「以奏膚功」、「以定王國」展現了必勝的姿態。方玉潤曰「前三章皆間寫車馬旂服之盛及軍行紀律之嚴，而未及戰事」，其概括是準確的〔註51〕。四五兩章為第二部分，寫戰鬥之事——第四章寫玁狁進逼、王師應戰，所謂「元戎十乘，以先啟行」，是指王師先鋒迎敵；第五章寫王師獲勝，驅敵至大原。第六章為第三部分，寫燕飲主將尹吉甫。可見，詩篇大旨在於歌頌尹吉甫出征、擊退玁狁之事。

　　然而，由於詩中兩次提及「王于出征」，遂引發了對周王有沒有出征的

〔註49〕姚際恒《詩經通論》，北京：中華書局，1958年，第182頁。
〔註50〕王宗石《詩經分類詮釋》，長沙：湖南教育出版社，1993年，第484頁。
〔註51〕方玉潤《詩經原始》，北京：中華書局，2006年，第362頁。

爭論。《小序》云「宣王北伐也」，語焉不詳，鄭玄箋「王于出征」曰「王曰：今女出征玁狁，以正王國之封畿」，認爲周王沒有親征，而是命將出征；王肅則云「宣王親伐玁狁，出鎬京而還，使吉甫迫伐追逐，乃至於太原」，認爲周王親征〔註52〕。在這個問題上，贊同鄭玄的人較多，但仍然有人認爲周王可能親征〔註53〕。本文認爲，結合全詩的內容來看，周王顯然沒有親征。所謂「王于出征」，鄭玄釋「于」爲「曰」是錯誤的，實則「于」當爲「乎」之借字，「乎」通「呼」，「王于出征」亦即「王呼出征」，實即王命出征之義〔註54〕；而所謂「以佐天子」，與上章「以定王國」一樣，不過是周王對命將的期望而已，不能作爲吉甫爲佐的證據。事實上，詩篇第五章熱烈歌頌「文武吉甫，萬邦爲憲」，第六章又歌唱了燕飲吉甫的內容，表明此詩的表現對象是尹吉甫。而吉甫之所以是主角，不是因爲他作爲佐將出征，而是因爲他就是「薄伐玁狁」的主將。孔穎達云「此篇亦專美吉甫，若將士之從王而行，則君統臣功，安得言不及王而專歸美於下？」這一說法是很有道理的〔註55〕。

　　其次，此詩爲燕飲樂歌，用于吉甫「飲至」的禮儀中。尹吉甫既然是詩篇的歌頌對象，那麼，此詩是在什麼場合歌唱的呢？詩的第六章曰「吉甫燕喜，既多受祉。來歸自鎬，我行永久。飲御諸友，炰鱉膾鯉。侯誰在矣，張仲孝友。」此章至少提供了以下四個信息：第一，尹吉甫已經從戰場歸來，所謂「來歸自鎬，我行永久」，明言他從「鎬」歸來，而「鎬」就是上文「玁狁匪茹」、「侵鎬及方」的「鎬」。第二，尹吉甫參加了一個宴會，受到祝福和賞賜。第三，「飲御諸友，炰鱉膾鯉」，是說宴會上有不少尹吉甫的朋友，筵席上有「炰鱉膾鯉」等下酒之物。第四，尹吉甫的這些朋友中有一個人叫張仲，其人有孝友之德。這四個信息已經表明了詩篇所用的禮儀場景。

　　但是，有些學者卻對其中若干信息作了錯誤的解讀，從而形成了兩種不準確的說法。一是認爲末章表現了兩個宴會，即天子燕吉甫和吉甫私燕。明

〔註52〕阮元《十三經注疏・毛詩正義》，上海：上海古籍出版社，1997年，第426頁。
〔註53〕方玉潤云「王本親征，而將則佐以吉甫。」參方玉潤《詩經原始》，北京：中華書局，2006年，第362頁。王宗石說「詩中有『以佐天子』的話，此役可能宣王親自出征，吉甫爲佐。」參《詩經分類詮釋》，長沙：湖南教育出版社，1993年，第489頁。
〔註54〕林義光《詩經通解》，北京師範大學圖書館藏衣好軒刻本，第三冊，第15頁。
〔註55〕李學勤《十三經注疏・毛詩正義》，北京：北京大學出版社，1999年，第632頁。

代何楷云「此章有二燕，首二句是飲至之燕，『來歸以下』則吉甫自敘其契闊而私燕以相樂也。」其根據是下文所說的「炰鼈膾鯉」不合《儀禮・燕禮》，後者載天子之燕，其牲爲狗。此說顯然犯了時代和邏輯的雙重錯誤，首先，《儀禮》爲春秋以後成書，其內容不足以例西周的詩篇；退一步而言，即使禮書可信，天子之燕以狗爲牲，但除了牲體之外，筵席之上還要「陳饌」，列陳「炰鼈膾鯉」爲下酒之物也是完全可能的。陳啓源曰「又於常牲之外，加以珍饈，見寵異功臣之特厚耳」，這種說法不是沒有道理的，《大雅・韓奕》記載餞送韓侯曰「顯父餞之，清酒百壺。其殽維何，炰鼈鮮魚」，「炰鼈鮮魚」實即「炰鼈膾鯉」，此處雖然不是天子燕大夫之禮，然「炰鼈」作爲燕飲中以示優厚之羞肴，卻是如出一轍的。由此可見，根本不存在什麼兩個宴會，「飲御諸友，炰鼈膾鯉」實際上就是「吉甫燕喜」的宴會的內容。

另一種說法認爲此章所表現的燕禮是吉甫的「私燕」或「家燕」。也即，「吉甫筵席」、「飲御諸友」完全是在這位將領的家中進行的，是尹吉甫和他朋友之間的事。上述何楷的說法實際上包含了這樣的見解，後人遂將其獨立成說。姚際恒云「吉甫有功而歸，燕飲諸友，詩人美之而作也」，方玉潤更是明確提出此詩係「美吉甫佐命北伐有功，歸宴私第也」，今人高亨、程俊英、王宗石均從此說〔註56〕。我們認爲，這種觀點是不符合全詩語境的。此說的依據無非兩點：一是筵席有「炰鼈膾鯉」之物，不當爲燕；二是認爲「既多受祉」的「既」表明飲至之禮已經完畢。但是，這兩個依據都站不住腳，第一點反駁如上，對於第二點，將「受祉」等同於飲至是不合邏輯的，「受祉」是說凱旋後的「大賞」，與飲至有聯繫，但並非指稱飲至。

本文認爲，綜合末章的四個信息來看，此詩當爲吉甫「飲至」禮儀所用的樂歌。何謂「飲至」？「飲」是飲酒，「至」是到達，「飲至」是指以飲酒的方式犒勞出征歸來的將士的儀式制度。孔穎達云「飲至者，嘉其行至，故因在廟中飲酒爲樂也。」〔註57〕《左傳》隱公五年記載臧僖伯之語曰「三年而治兵，入而振旅，歸而飲至，以數軍實」，桓公二年亦曰「凡公行，告於宗廟，反，飲至、舍爵、策勳焉，禮也」，指出「飲至」之禮是古代軍事禮儀的一個必要組成部分，諸侯國君凡有軍事行動，歸來時要行「飲至」之禮。此

〔註56〕姚際恒《詩經通論》，北京：中華書局，1958 年，第 189 頁。方玉潤《詩經原始》，北京：中華書局，2006 年，第 361 頁。

〔註57〕阮元《十三經注疏・春秋左傳正義》，上海：上海古籍出版社，1997 年，第 1756 頁。

禮的實行亦載於《左傳》，桓公十六年曰「公至自伐鄭，以飲至之禮也」，僖公二十八年亦載晉軍從城濮之戰獲勝歸來後「獻俘授馘，飲至大賞，殺舟之僑以徇於國」，可見「飲至」之禮確實行於春秋時代。

其實，「飲至」不僅僅行於春秋時期，它可能是一項極為古老的制度。被視為康王時期的銅器《小盂鼎》銘文主要記載盂伐鬼方勝利凱旋、獻俘馘於廟之事，其中有「邦賓延」、「入（服）酒」之文，涉及與賓客飲酒之事，我們認為此即與「飲至」之禮有關〔註58〕。宣王時期銅器《虢季子白盤》記載子白薄伐玁狁勝利凱旋、獻馘於王，「王格周廟宣榭，爰饗」，這一冊命錫賞之「饗」，與「飲至」之禮有相似的功能〔註59〕。由各種文獻的蛛絲馬迹可以推知，「飲至」之禮當亦行於西周時期。本文認為，《六月》實即尹吉甫戰勝玁狁歸來後「飲至」中所用的樂歌。這一論點可以從以下兩點獲得支持：

首先，從詩篇的內容看，前五章歌唱了尹吉甫受王命、備戰、出征、擊退玁狁的全過程，末章則表現了吉甫燕飲的喜慶場景。這兩個內容結合在一起，表明它只能在剛剛凱旋之時唱響，才符合上下語境。況且，詩篇明言「來歸自鎬，我行永久」，表明尹吉甫剛剛到達（「至」），而將「至」與「燕」聯繫在一起的儀式活動，其必為「飲至」無疑。《左傳》隱公五年曰「歸而飲至」，僖公二十八年又曰「飲至大賞」，可見「飲至」恰恰在軍隊凱旋之際舉行，並且常常與慶賞儀式結合在一起。詩曰「吉甫燕喜，既多受祉」，「燕喜」即「飲至」，「受祉」即「大賞」，此章首句正好印證了「飲至大賞」的記載，表明此章所言之「燕」正是「飲至」之禮。

有人會置疑，天子為尹吉甫舉行「飲至」儀式，為何會有「諸友」在場呢？這是不難解釋的，簡單而言，天子飲吉甫，「必進其好友，與之共飲，使得盡歡」（陳啟源）；「御」，林義光曰「御猶侍也」，《禮記·月令》「執爵於大寢，三公九卿諸侯大夫皆御」，《虢叔旅鐘》「敢啓帥邢皇考威儀，飲御於天子」，卿大夫陪侍本是常制，「御」說明尹吉甫的「諸友」不過陪侍而已〔註60〕。進一步而言，「諸友」在場是根據等級之禮安排的，「君燕卿大夫，

〔註58〕郭沫若以為此即「飲至之禮」，唐蘭、陳夢家以為「飲酒」是王宴邦賓。唐蘭《西周青銅器銘文斷代史徵》，北京：文物出版社，1988年，第189頁；陳夢家《西周銅器斷代》，北京：中華書局，2004年，第111頁。郭沫若《兩周金文辭大系圖錄考釋》，北京：科學出版社，1957年，第三冊，第73頁。

〔註59〕馬承源《商周青銅器銘文選三》，北京：文物出版社，1988年，第308頁。

〔註60〕林義光《詩經通解》，北京師範大學圖書館藏衣好軒刻本，第三冊，第15頁。

膳夫爲主而別命賓」〔註61〕，即天子所燕之人，由於地位低於天子而不能與之行禮，遂別立「膳夫」爲主人以代替天子，同時又立「眾賓」，相與行禮。「諸友」以及「張仲」等人極有可能即「眾賓」的角色。

其次，從詩篇的人稱和視角來看，詩中有第一人稱的口吻，如「我是用急」、「既成我服」、「我行永久」，又有第三人稱的客觀視角如「文武吉甫」、「吉甫燕喜」、「張仲孝友」。可見，此詩既不是吉甫自作，亦非吉甫「諸友」所能作。「文武吉甫」、「吉甫燕喜」不會是尹吉甫的口吻；「來歸自鎬，我行永久」，又顯然是以尹吉甫的口吻說出的，不是同在宴會的「諸友」所能有。其實，《六月》與《采薇》、《出車》一樣，在人稱上是全稱視角與代言體的結合，所謂「我是用急」、「既成我服」、「我行永久」實爲代言。因此，此詩當係樂官所作，是吉甫凱旋、行飲至之禮時所用的樂歌。

五、《常武》：周王伐徐方得勝振旅用詩

在戰時禮儀樂歌中，《采芑》是治兵樂歌，《采薇》、《出車》是勞還樂歌，《六月》是飲至樂歌。除此之外，還有《大雅・常武》一首，亦爲戰時的禮儀樂歌。本文認爲，此詩是周王親征徐方勝利凱旋時的振旅樂歌。

從詩篇的內容來看，此詩主要表現周王親征徐方之事。詩分六章，前兩章寫出征之前命將帥以及治兵，如「王命卿士」、「大師皇父」、「命程伯休父」等即命將之詞，「整我六師」、「左右陳行，戒我師旅」即治兵誓師之詞〔註62〕，「率彼淮浦，省此徐土。不留不處，三事就緒」即下達出征命令；第三章寫王師出征，而且周王御駕親征，極大地震懾了徐方，所謂「赫赫業業，有嚴天子，王舒保作」指出周王親征，「天子自將，其威可畏也」，所以致使敵國震恐〔註63〕；四五兩章描寫王師與徐方的戰鬥過程，「王奮厥武」、「進其虎臣」指出周王下令進攻，「鋪敦淮濆」、「截彼淮浦，王師之所」寫出了王師的屯兵策略，「闞如虓虎」、「王旅嘽嘽」等一系列詩句刻畫了王師作戰的勇武和不可

〔註61〕 胡承珙《毛詩後箋》，王先謙《清經解續編》第 2 冊，上海：上海書店，1988年，第 971 頁。

〔註62〕 歷來學者對「南仲大祖，大師皇父」的解釋有很大的分歧，由此也導致了對「南仲」、「皇父」所任之職的不同看法。對於「大祖」，本文從林義光讀爲「出祖」之「祖」，即出行祭路神。由此，首章讀爲：周王命南仲祭路神，命皇父整頓六師，二者都是出征之前的準備。林義光《詩經通解》，北京師範大學圖書館藏衣好軒刻本，第四冊，第 20 頁。

〔註63〕 朱熹《詩集傳》，南京：鳳凰出版社，2007 年，第 255 頁。

阻擋的氣勢；最後一章寫敵國徐方降服，周王命令王師還歸。

　　由此可見，此次征伐徐方，雖然有南仲、皇父、程伯休父等重臣參加，但是指揮作戰的實爲周王。所以詩中多次提到了周王，如「王命卿士」、「王謂尹氏」、「王舒保作」、「王曰還歸」，提及周王命將、下令治兵、出征、屯兵、開戰、凱旋等重要行爲，表明周王就是軍隊的統帥。歷代大多數學者以「宣王自將伐徐」（方玉潤）概括詩旨是正確的，王肅以爲周王不親征是錯誤的〔註64〕。不過，需要指出的是不少學者認爲宣王親征的是「淮夷」或「淮北之夷」，如朱熹曰「宣王自將以伐淮北之夷」〔註65〕。「淮夷」云云，顯然是對詩中「鋪敦淮濆」、「截彼淮浦」的誤解，同時也是比附《江漢》中「淮夷來求」、「淮夷來鋪」等詩句的產物。其實，「鋪敦淮濆」、「截彼淮浦」只是王師屯兵作戰的地方，即所謂「王師之所」，並非指淮夷。至於王師作戰的對象，詩中說得再清楚不過了，「省此徐土」、「徐方繹騷」、「徐方來庭」等，表明周王親征的是徐方。雖然徐方即爲淮夷的一支，但是以淮夷代替徐方是不符合詩篇實際的。

　　《常武》既然是歌唱周王親征徐方的樂章〔註66〕，那麼這一樂章產生於何種禮儀場景呢？歷來，人們對此詩之作有三種看法。其一，召穆公頌美宣王而作。《小序》曰「召穆公美宣王也」，認爲此詩係頌美周王的樂歌，由召穆公所作；《續序》曰「有常德以立武事，因以爲戒然」，認爲詩的目的在於勸誡〔註67〕。考之詩篇，我們找不到「召穆公」的痕跡，更沒有「爲戒」的證據。其實，《續序》之說顯然是根據篇名所作的推演，而《小序》「召公」云云可能來自於對《江漢》「召公」、「召虎」的推論，因而是不可信據的。

　　其二，表現宣王中興功業樂舞的歌詞。清代方玉潤曰「宙之世武功最著者二：日武王，日宣王。武王克商，樂日《大武》；宣王中興，詩日《常武》，

〔註64〕「周王自將」之說實始於孔穎達。方玉潤《詩經原始》，北京：中華書局，2006年，第565頁。阮元《十三經注疏・毛詩正義》，上海：上海古籍出版社，1997年，第576頁。

〔註65〕朱熹《詩集傳》，南京：鳳凰出版社，2007年，第255頁。

〔註66〕歷來學者無不以爲詩中的周王當爲周宣王，考之宣王時期史實，確有征伐淮夷之事，如宣王時期《師袁簋》、《駒父盨蓋》均載有伐淮夷之事，這說明詩中周王有可能是宣王，儘管詩中並沒有直接證據。馬承源《商周青銅器銘文選三》，北京：文物出版社，1988年，第311、307頁。

〔註67〕李學勤《十三經注疏・毛詩正義》，北京：北京大學出版社，1999年，第1249頁。

蓋詩即樂也。」他認爲《常武》類似於歌頌武王克商的《大武》樂章，是歌頌宣王功業的樂舞的歌詞，即所謂「中興業建，樂舞斯成，名命《常武》」〔註68〕。從詩篇的內容看，其爲歌頌周宣王功業是完全成立的；但是，《常武》集中於表現周王親征徐方一役，而此役不過是宣王北伐玁狁、南征蠻荊淮夷的「中興」功業中一個部分而已，也不足以作爲「宣王之樂」，事實上詩篇並沒有表現「宣王中興」之義。因而，方氏之說雖然工巧，卻不符合詩篇的題旨。

其三，宣王伐徐方凱旋之歌。清人魏源曰「宣王中興之雅爲《常武》，乃愷歌、愷樂之篇名，召穆公所定」，今人陳子展亦曰「周宣王親征淮夷、徐方凱旋之歌」，他們都認爲此詩係征徐方得勝凱旋的樂歌〔註69〕。結合全詩的內容看，此說是可取的。全詩表現了周王親征徐方，包括命將、治兵、出征、作戰的種種環節，並且止於凱旋之時。詩末章曰「王猶允塞，徐方既來。四方既平，徐方來庭。徐方不回，王曰還歸。」徐方「既來」、「來庭」、「不回」，說明敵國臣服、王師已經獲勝，「王曰還歸」更明確表明王師勝利歸來。可見，以此詩爲凱旋之歌，是有根據的。

但是，西周時期王朝軍隊凱旋之時包含眾多的禮儀場景，《左傳》隱公五年曰「入而振旅，歸而飲至，以數軍實。」可見軍隊凱旋包括了振旅、飲至、慶賞、獻俘等儀式制度。《左傳》僖公二十八年記載晉軍從城濮之戰凱旋時「振旅，愷以入於晉，獻俘授馘，飲至大賞」，這一記載以及《逸周書·世俘解》、《小盂鼎》等文獻都證實了軍隊凱旋時確實舉行上述的各種儀式。那麼，《常武》究竟用於哪一種場景呢，魏源、陳子展等人的凱旋樂歌之說無法解釋這一點。

本文認爲，此詩當爲王師振旅時所用的儀式樂歌。何謂「振旅」？「振旅」原義當爲整頓兵士。《小雅·采芑》「顯允方叔，伐鼓淵淵，振旅闐闐」，這裡的「振旅」是治兵儀式結束後「整頓軍眾」的儀節，《爾雅·釋天》「振旅闐闐」，郭璞注云「振旅，整眾也」，就是這個意思。但是，「整頓軍眾」不僅是治兵閱兵的必要環節，也是戰爭結束時的必然環節——戰爭必有傷亡，士氣會有低落，因而整頓軍眾、鼓舞士氣是必要的。所以，「振旅」遂

〔註68〕 方玉潤《詩經原始》，北京：中華書局，2006 年，第 566 頁。

〔註69〕 魏源《詩古微》，長沙：嶽麓書社，1989 年，第 341 頁。陳子展《詩經直解》，上海：復旦大學出版社，1983 年，第 1043 頁。

被用以專指戰爭得勝後整頓軍眾的一個儀式，與戰前的治兵儀式遙相對應〔註70〕。《左傳》隱公五年記載「三年而治兵，入而振旅」，就是指這一制度；僖公二十八記載晉軍從城濮之戰得勝凱旋時「振旅，愷以入晉」，就舉行了這一儀式。從「振旅」的內涵可知，它當為軍隊凱旋時舉行的第一個儀式，先於獻俘、飲至、慶賞等儀式。

關於「振旅」的具體儀節，《周禮‧夏官‧大司馬》略有記載「中春教振旅，司馬以旗致民，平列陳，如戰之陳，辨鼓鐸鐲鐃之用……以教坐作、進退、疾徐、疏數之節。」而所謂「坐作、進退、疾徐、疏數之節」的具體動作在「中冬教大閱」的部分有詳細的記載。綜合這些記載來看，所謂「振旅」，就是整肅軍隊，排列軍陣，根據號令進行坐作、進退、疾徐、疏數之節的演練，其實就是一個軍事演習的儀式，與「治兵」完全相同。《穀梁傳》莊公八年曰「出曰治兵，習戰也；入曰振旅，習戰也。」只不過，「治兵」儀式行於戰前，而「振旅」儀式行於戰後而已。

我們認為，《常武》當為周王征服徐方凱旋振旅時所用的樂歌。這一結論可以從以下兩點獲得說明：首先，詩中的人稱方式表明詩篇產生於王師尚未回歸之時。上文指出，周王御駕親征，王師浩浩蕩蕩開往淮水一帶，勢如破竹，震服徐方。詩篇歌唱了這一過程，詩中出現了不少近指的指示代詞，如「惠此南國」、「省此徐土」的「此」，正是形容敵國徐方。由此可知，歌唱此詩的地點正在淮水一帶，表明王師尚未回歸。對比《江漢》，其曰「江漢之滸，王命召虎。式辟四方，徹我疆土」，可見周代軍隊遠征時可能在戰地設有行宮，周王曾在此進行冊命錫賞的禮樂活動，因而《常武》用於淮夷一帶是完全有可能的。

其次，從詩篇的內容來看，詩末章曰「徐方不回，王曰還歸」，歌唱就此戛然而止，表明用詩之時王師將歸而未歸，否則「王曰還歸」之語就不合邏輯。對比其他戰時樂歌，《小雅‧六月》作為飲至樂歌，詩篇歌唱止於「吉甫燕喜」，《采薇》、《出車》作為勞還樂歌，止於「今我來思」，亦可見出該詩的使用場景。綜上兩點可以推測，《常武》產生的時候，周王親征徐方的戰役已

〔註70〕《公羊傳》莊公八年曰「出曰祠兵，入曰振旅，其禮一也」，《穀梁傳》八年亦曰「出曰治兵，習戰也；入曰振旅，習戰也。」阮元《十三經注疏‧春秋公羊傳》，上海：上海古籍出版社，1997年，第2230頁。阮元《十三經注疏‧春秋穀梁傳注疏》，上海：上海古籍出版社，1997年，第2379頁。

經大勝，徐方臣服，其首領朝見周天子於行宮（「徐方來庭」、「徐方既來」），周王下令振旅，準備班師﹝註71﹞。所以，《常武》當為振旅儀式舉行時所用的樂歌。

結　語

　　綜上所述，本文認為「雅頌」中的《常武》、《采薇》、《出車》、《六月》、《采芑》五篇戰爭詩是周代戰時禮儀所用的儀式樂歌。其中，《采芑》是方叔率兵征伐蠻荊、戰前治兵儀式結束後所用的樂章，《采薇》、《出車》則是南仲率領王師北伐玁狁、得勝凱旋而慰勞將士所用的樂歌，《六月》是尹吉甫奉王命擊退玁狁、歸而飲至時所用的樂歌，《常武》是周王親征淮夷、振旅凱旋時所用的樂歌。這些詩篇所用的禮儀，其實本身即為戰爭過程的一個部分，故將這些詩篇稱為戰時禮儀樂歌。

第三節　征役樂歌

引　言

　　古希臘哲學家亞里士多德說「戰爭的目的必須是為了和平。」周人的對外戰爭，就是「為了和平」的戰爭，是「必須」的、正義的戰爭。然而，贏得一場盛大的戰爭不僅僅意味著獲得和平和榮耀——這是對於周王朝的統治階層而言的，還意味著流血、犧牲和家破人亡——這是對兵士群體及其家庭而言的。審視周人的戰爭活動，除了從周天子和將領的視角之外，還應當從拋頭顱、撒熱血的兵士入手。《詩》中的戰爭詩就反映了這兩方面的內容：上文所論的狩獵樂歌、戰時禮儀樂歌屬於前者，是樂官站在周王朝的立場對戰爭的準備、動員、發起、出征、作戰、凱旋、飲至、獻俘等進行儀式歌唱；而《詩》中的征役樂歌，則屬於後者，它們歌唱的是兵士從軍作戰的無奈、辛勞、思鄉、悲苦等心情。這些征役樂歌是在什麼樣的禮儀場景中唱響的，它們的作者是什麼身份的人？這就是本節要探討的問題。

﹝註71﹞傳為周厲王時期銅器《噩侯馭方鼎》、《禹鼎》記載周王親征以馭方為首的淮夷、東夷，周王有行宮，並與噩侯有禮樂往來。其事與《常武》所唱極為相似，可參看馬承源《商周青銅器銘文選三》，北京：文物出版社，1988年，第406、407頁。

　　何謂「征役」？廣義的「征役」包括賦稅、徭役、兵役以及行役等，本文的「征役」特指與戰爭有關的兵役和徭役，「行役」則不在論列〔註72〕。因此，所謂「征役詩」專指與服兵役、參戰有關的詩篇，其性質是戰爭詩。就征役題材而言，《國風》中的征役詩要比「雅頌」多，如《邶風‧擊鼓》、《衛風‧伯兮》、《王風‧揚之水》、《君子于役》、《豳風‧破斧》、《東山》等篇均為典型的征役詩〔註73〕；「雅頌」中的征役詩，只有《杕杜》、《漸漸之石》、《何草不黃》三篇。

　　考察這三首詩的內容，可以發現它們都是表現征夫因參戰而給個人及其家庭造成困擾。《漸漸之石》寫「武人東征」而疲勞不堪，《何草不黃》寫「征夫」經營四方、勞碌無暇，《杕杜》則表現「征夫」因忙於王事而造成男女之間的憂思。可見，詩中所寫的「征役」不僅使兵士身心俱疲，而且給他們的家庭帶來了苦難。《鹽鐵論‧執務篇》曰「古者行役不踰時，春行秋反，秋行春來，寒暑未變，衣服不易，固已還矣，夫婦不失時，人安和如適。」〔註74〕其實，從《詩》中的征役詩來看，征役逾時、夫婦失時自古就是普遍的現象，如《國風》中的《王風‧君子于役》、《豳風‧東山》等，而所謂「行役不踰時」只是古人的理想而已。

　　有一個重要問題是，這些歌唱「行役逾時」的詩篇是如何產生的呢？歷來人們對此主要有兩種看法：一是國史所作，用以刺時。如《詩序》以《漸漸之石》、《何草不黃》為「下國刺幽王」之作，而三家舊說亦以《杕杜》為「刺詩」〔註75〕。「刺詩」之說是根據詩中所表達的憂傷和哀怨的情感推斷出來的，如《杕杜》「王事靡盬，我心傷悲」、《何草不黃》「哀我征夫，獨為匪民」。但是，總的來說，這些詩篇的情感都是針對「征夫」服役的行為本身而發的，並沒有譏刺宣王、幽王之義。所謂「刺時」之說，其實是漢人以「正

〔註72〕《詩》中「征役」題材與「行役」題材的本質區別是二者詩篇歌唱對象的不同，前者為服役的「國人」，後者為地位較低的「使臣」。歷來人們論及征役詩篇時往往忽略二者的區別，實際上，行役詩篇與征役詩篇有著很大的不同（詳下）。

〔註73〕歷來學者列舉的征役詩篇，常常包括使臣行役的詩篇，如王宗石「分類詮釋」。即使如此，本文則將後者剔除在外。參王宗石《詩經分類詮釋》，長沙：湖南教育出版社，1993年，第226～250頁。

〔註74〕王利器《鹽鐵論校注》，北京：中華書局，1992年，第455頁。

〔註75〕阮元《十三經注疏‧毛詩正義》，上海：上海古籍出版社，1997年，第416、433、499、501頁。王先謙《詩三家義集疏》，北京：中華書局，1987年，第588頁。

變」附會詩義的結果。

二是征夫或征婦自作，用以表達征役之苦。如姚際恒認爲《杕杜》爲「室家思其夫歸之作」，何楷認爲《漸漸之石》是「將士苦東征」之作，陳子展認爲《何草不黃》係「征伐不息，行者愁怨」之作等等〔註76〕。現代學者大都持此見解。然而，這種看法似乎是以今推古的結果。眾所周知，漢代以降征役題材的詩篇就多起來了，如漢樂府中的《十五從軍征》、《飲馬長城窟行》、《古歌》（秋風蕭蕭愁殺人）都是膾炙人口的名篇，這些詩篇是採自民間歌謠而成的〔註77〕。學者遂據此推測《詩經》中的征役詩也是征人所作，而被採入《三百篇》之中。本文認爲，這種觀點是可以商榷的。即以漢樂府爲例，《十五從軍征》、《飲馬長城窟行》等篇即使主要內容採自民間，但是其完整的五言詩形顯然經過了樂府文人或伶人的加工和文飾，這些詩作並不能完全視爲征夫自作〔註78〕。在《三百篇》時代，情形與此相似，雖然當時確有采詩之事，但采來之詩與成型之詩之間有多大的差異，這是值得研究的。

本文認爲，從《杕杜》、《漸漸之石》等征役樂歌的內容來看，它們並非征夫征婦自作，而是樂官擬作。並且，樂官是在特定的場合中使用這些詩篇的。總體而言，這些詩篇當爲征夫歸來之後、在慰勞恤問的場景中所用的樂歌。具體考證如下：

一、從《采薇》、《出車》的抒情方式說起

有一首詩非常有助於揭示《杕杜》、《漸漸之石》、《何草不黃》的禮儀背景，這就是《采薇》。上文已經指出，《采薇》乃伐玁狁歸來之後的「勞還」儀式所用的樂歌，是王朝慰勞、撫恤將士所用的歌詞。從性質上看，此詩當爲戰時禮儀樂歌。但是，詩中有不少內容是以兵士的視角來表現出征的辛勞、憂傷和哀怨，這與《杕杜》等篇極爲相似，在某種程度上又可將其視爲征役樂歌。

〔註76〕姚際恒《詩經通論》，北京：中華書局，1958 年，第 182 頁。何楷《詩經世本古義》，《影印文淵閣四庫全書》第 81 冊，臺北：臺灣商務印書館，1986 年，第 413 頁。陳子展《詩經直解》，上海：復旦大學出版社，1983 年，第 851、620 頁。

〔註77〕沈德潛《古詩源》，北京：中華書局，1963 年，第 57、80、96 頁。

〔註78〕《漢書・藝文志》「乃立樂府，采詩夜誦，有趙、代、秦、楚之謳。以李延年爲協律都尉，多舉司馬相如等數十人造爲詩賦，略論律呂，以合八音之調，作十九章之歌。」可見，樂府詩的成篇，既有伶人的參與，亦有文人的參與。

　　此詩前三章以及第六章不失爲征役樂歌的典型形態。首章曰「曰歸曰歸，歲亦莫止。靡室靡家，玁狁之故」，以征夫的口吻交代了出征的緣起和時令的變遷；次章曰「曰歸曰歸，心亦憂止。憂心烈烈，載饑載渴。我戍未定，靡使歸聘」，直接抒發了征夫憂傷和急切盼望回歸的心情；第三章曰「王事靡鹽，不遑啓處。憂心孔疚，我行不來」，則再一次歌唱前兩章的內容；第六章曰「昔我往矣，楊柳依依。今我來思，雨雪霏霏。行道遲遲，載渴載饑。我心傷悲，莫知我哀」，以出發、歸來時的情景對比，表達了征役結束歸來時的憂傷和悲哀。可見，這四章實際上是以征夫（出征玁狁的士兵）的口吻表達久征於外的饑渴、憂鬱和感傷，這正是《杕杜》、《何草不黃》等征役詩所有的內容。

　　因此，《采薇》是具有征役樂歌的性質的。《白虎通義・三軍篇》曰「古者師出不逾時者，爲怨思也……逾時則內有怨女，外有曠夫，《詩》云『昔我往矣，楊柳依依。今我來思，雨雪霏霏』」，認爲《采薇》有征夫怨思的內容，這是有其道理的〔註79〕。正是因爲此詩有征夫怨思的內容，許多學者遂以爲其爲戍役者自作。但是，必須要注意到，《采薇》除了以征夫的視角表現的出戍與還歸的內容外，第四五兩章還以客觀的視角表現了車馬的容飾、戰爭的進行，這超出了征夫個體所言的範疇。因此，我們將《采薇》視爲戰爭詩而非征役詩。

　　不過，《采薇》與征役樂歌的相似性，卻是值得思考的。上節指出，《采薇》既不是戰前「遣戍役」之作，也不是歸來途中兵士自作，而是在「勞還」儀式上所用的樂歌，是王朝樂官以出征將士的口吻在慰勞、撫恤將士的儀式中歌唱的。也就是說，「極道其勞苦憂傷之情」的征役樂歌，不是兵士自言，而是樂官代唱〔註80〕。這一點在《出車》中亦有所體現，此詩是樂官歌頌南仲領兵出征玁狁的樂歌，如「王命南仲，往城於方。出車彭彭，旗旐央央」、「執訊獲醜，薄言還歸。赫赫南仲，玁狁於夷」等詩句，顯然是樂官誦唱的口吻。但是，詩中亦穿插著兵士表達征役辛勞的內容，如「昔我往矣，黍稷方華。今我來思，雨雪載途。王事多難，不遑啓居」等詩句，這些詩句是樂官懸擬兵士的口吻而作的，詩中「憂心悄悄，僕夫況瘁」可以證明這一點。

　　綜合《采薇》、《出車》二詩來看，樂官以兵士口吻代言征役的「勞苦憂傷」，這似乎是西周時期的慣例。正因爲如此，征役詩中的抒情用語，具有明

〔註79〕陳立《白虎通疏證》，北京：中華書局，1994年，第199頁。
〔註80〕「極道勞苦憂傷之情」爲程灝之語。轉引自朱熹《詩集傳》，南京：鳳凰出版社，2007年，第123頁。

顯的程式化特徵：如言征役的緣起，常曰「王事靡盬」、「王事多難」；言征役的奔波，常曰「不遑啓居」、「不遑啓處」、「載饑載渴」；言征夫的內心憂傷，常曰「憂心××」、「我心傷悲」；言及出發與歸來時，常曰「昔我往矣」、「今我來思」。這些抒情用語的高度相似性在《采薇》、《出車》、《杕杜》等詩中是一目了然的，這說明那些詩句並非個體性的創作，而是由專門的一類人所作。我們認爲這一類人就是周王朝的樂官群體。總之，《采薇》、《出車》的征役內容啓示我們，征役詩篇的產生與樂官代言有著直接的關係。換言之，征役詩篇並非兵士自作，而是樂官代言之作。

二、《杕杜》、《漸漸之石》、《何草不黃》等爲樂官代言而作

此三篇爲代言之作，最明顯的證據是它們的人稱方式。先看《杕杜》。詩中有「王事靡盬，繼嗣我日」、「我心傷悲」、「憂我父母」等語，顯然是征夫的口吻；又曰「匪載匪來，憂心孔疚。斯逝不至，而多爲恤」，鄭玄曰「君子至期不裝載，意不爲來，我念之，憂心甚病」，表現的是等待征夫歸來的心情，卻是征婦的口吻無疑〔註81〕。可見，此詩既有征夫的視角，也有征婦的視角，二者被並列在一起，如「女心傷止，征夫遑止」、「女心悲止，征夫歸止」即是如此。因此，許多學者將此詩視爲征婦思念征夫之作，如姚際恒「室家思其夫歸」、方玉潤「念征夫」等說，其實這並不符合詩篇的內容〔註82〕。所謂「女心傷止，征夫遑止」、「女心悲止，征夫歸止」的表達方式，實際上是一種第三人稱的視角，這才是全詩的立足點，而征夫、征婦的視角不過是懸擬或代言所爲。李山先生說「實際詩人既不單爲思婦代言，亦不單爲征夫代言，只站在第三者的角度，既設想征夫之情，又懸擬閨婦之情。」此說是獨具慧眼的〔註83〕。

再看《漸漸之石》。此詩結構極爲簡單，三章實爲同一歌唱曲調。詩反覆曰「武人東征，不遑××」，顯然是一種第三人稱客觀視角的歌唱，不會是武人的口吻。因此，所謂「漸漸之石」、「山川悠遠」等描寫征途中景象的詩句，自然也不是「武人」所述，而是詩人懸擬「武人」的描述。由此可見，此詩

〔註81〕阮元《十三經注疏·毛詩正義》，上海：上海古籍出版社，1997 年，第 416 頁。
〔註82〕姚際恒《詩經通論》，北京：中華書局，1958 年，第 182 頁。方玉潤《詩經原始》，北京：中華書局，2006 年，第 342 頁。
〔註83〕李山《詩經析讀》，海口：南海出版社公司，2003 年，第 230 頁。

雖然表現的是「武人」東征的勞苦，但卻不是「將帥不堪勞苦而作此詩」的產物〔註84〕，而是樂官代言「武人」而作。

接著看《何草不黃》。與《漸漸之石》全篇爲第三人稱不同，此詩全篇基本上是第一人稱。前兩章曰「何草不黃，何日不行」、「何草不玄，何人不矜」，可以視爲征夫凄慘的控訴；二三兩章又曰「哀我征夫，獨爲匪民」、「哀我征夫，朝夕不暇」，似乎是征夫現身說法。其實並非如此，將「我」與「征夫」並列而言，既可以解釋爲「我」就是「征夫」，也可以解釋爲「我」的「征夫」。但是，後一種解釋更符合征役詩的歌唱方式，《出車》「我出我車」、《杕杜》「憂我父母」等的「我」就是這種用法，這其實是詩篇爲代言而作的一個標誌。末章曰「有芃者狐，率彼幽草。有棧之車，行彼周道」，將其視爲客觀視角的描寫要比視爲征夫見聞更爲貼切，因爲「有棧之車，行彼周道」本身即包括征夫在內。總之，我們認爲此詩並非「從役行役之人所作」，而是樂官代言之作〔註85〕。

綜上可見，「雅頌」中涉及征役的詩篇，雖然包含著征夫和征婦各自的視角，但是此二者不過是一種代言的言說模式，全詩是第三人稱的視角。換言之，這些征役詩篇其實是樂官在特定的場合下以代言的方式歌唱的歌詞。比如，《采薇》、《出車》是出征歸來後「勞還」將士的儀式上所使用的樂歌。既然樂官才是這些詩篇的作者，那麼，詩中的「征夫」扮演的是什麼角色呢？爲何他們的情感表達能夠進入樂官的儀式歌唱呢？我們認爲，這與「征夫」的身份有關係。

三、關於征役詩篇中「征夫」的身份問題

顯然，像歌唱方叔治兵的《采芑》、歌唱吉甫飲至的《六月》、歌唱周王親征的《常武》等進入儀式誦唱，那是自然而然的，因爲行禮的主人公都是把持王朝軍政大事的核心人物。同樣的道理，與征役相關的情感表達之所以能夠進入儀式歌唱，也是因爲參加征役的兵士有著不一般的身份。儘管「征夫」沒有方叔、吉甫、南仲等人的顯赫地位，但是這個群體絕非普通平民，而是有著貴族身份的「國人群體」。這一點可以從內證、外證兩方面得到說明。

〔註84〕朱熹《詩集傳》，南京：鳳凰出版社，2007年，第202頁。
〔註85〕何楷《詩經世本古義》，《影印文淵閣四庫全書》第81冊，臺北：臺灣商務印書館，1986年，第603頁。

　　首先是內證。征役詩篇雖然表現了征夫勞於久征、憂傷滿懷的悲慘情狀，但是這些征夫的身份絕非秦漢以後的戍卒和士兵可比。這一點可從詩中對「征夫」車馬儀容的描寫看出來，《杕杜》曰「檀車幝幝，四牡痯痯，征夫不遠」，《毛傳》「檀車，役車也」，可見征夫所乘之車即為「檀車」。這檀車配著「四牡」，孔穎達云「非庶人尋常得乘四馬也」，說明乘坐的兵士具有一定的身份，並非毫無地位的平民〔註 86〕。《大雅・大明》「牧野洋洋，檀車煌煌，駟騵彭彭」，牧野之戰的戰車即為檀車，這進一步印證了乘檀車之征夫絕非沒有身份的庶民。無獨有偶，《何草不黃》亦曰「有棧之車，行彼周道」，《毛傳》亦曰「棧車，役車也」，棧車為役車，實即檀車，可見征夫乘檀車出征在當時並非偶然〔註87〕。

　　除了車馬之外，詩中還有一些信息表明征夫身份不是庶民。如《杕杜》曰「卜筮偕止」，《毛傳》曰「卜之筮之，會人占之」，能夠以卜筮會占的方式來預卜征夫的歸期，看來這一征婦的身份不是普通的勞動婦女，而是貴族家的婦人。王宗石先生說「征人坐大車，夫人用卜筮，則征人不是徒卒的奴隸身份」，準確地指出了這一點〔註 88〕。

　　其次是外證。經過歷代學者研究，周代軍隊的人員構成和組織方式已經被揭示出來了。其中，在人員方面，王朝和諸侯國的軍隊來自於居住在「六鄉」的國人群體。周代的社會結構可以分為兩個部分——「國」和「野」，「國」又可以分為「國」和「郊」兩個部分。「野」設六遂，「郊」設六鄉，這就是所謂的「鄉遂」制度。「國」和「郊」住著國人，「野」住著「甿」或「野人」。這兩個地方的人群不僅具有不同的血緣基礎、組織形式，而且承擔的賦稅不同「六鄉居民主要提供的是軍賦，而六遂居民主要負擔的是農業生產上的無償勞動」。〔註89〕因而，與戰爭有關的軍服、兵役和力役，主要是由「六鄉」

〔註86〕阮元《十三經注疏・毛詩正義》，上海：上海古籍出版社，1997 年，第 417頁。

〔註87〕《采薇》曰「彼路斯何？君子之車」，又曰「君子所依，小人所腓」，也許有人會據此認為戰車是將帥所乘。其實並非如此，《采薇》「君子」所乘之車係稱為「路」的車，鄭玄云「大夫之車乘路」，可見，「路」才是將領所乘，它是高規格的車，顯然非檀車、棧車可比。阮元《十三經注疏・毛詩正義》，上海：上海古籍出版社，1997 年，第 413 頁。

〔註88〕王宗石《詩經分類詮釋》，長沙：湖南教育出版社，1993 年，第 880 頁。

〔註89〕此處的論述參考楊寬《西周史》，上海：上海人民出版社，2003 年，第 395～402 頁。

的國人群體承擔的。楊向奎先生說「居住在六鄉的居民服兵役，居住在六遂和都鄙者則不服兵役，當時的兵士稱爲君子。」〔註90〕

　　周代軍隊的人員正是來自於「六鄉」的國人群體，周天子的「六師」就是根據「六鄉」的鄉黨組織編制起來的。「國人」是何許人也？他們實際上是周人封建時遷到都鄙而作爲統治力量的族群。《左傳》定公四年記載魯侯受封時，王族以及所謂「殷民六族」、「條氏、徐氏、蕭氏、索氏、長勺氏、尾勺氏」等等，就是國人群體〔註91〕。這些族群以血緣關係形成社會組織，享有一定的徵詢、受教育、選舉等政治權力，與按地域組織的、毫無權力的「野人」完全不同。其實，他們就是原來的貴族人群，只不過在周人代商之後、按分封制的原則被重新組合了而已。楊寬先生將其視爲「統治階級」，是正確的〔註92〕。

　　由此可見，周代的「征夫」正是具有貴族身份的國人。所以他們出征駕四牡、乘檀車，其婦亦能卜筮，顯示了自己的身份特徵。也正是因爲他們這一群體與王朝統治的利害關係，所以他們情感體驗受到了高度的關注和重視。上文已經指出，周人在師出歸來之際有慰勞、恤問的制度，《周禮·大司馬》記載若師敗則「王弔勞士庶子」。可以推測，由國人充當的「征夫」歸來時必然受到了王朝、侯國和鄉黨的慰勞撫恤。那些歌唱征役勞苦憂傷的詩篇，當在這樣的禮儀場景中使用。因而，「征夫」雖然不是征役樂歌的作者，但是他們卻是「勞還」禮儀的主角，是樂歌所獻的對象。

結　語

　　綜上所述，本文論證了《杕杜》、《漸漸之石》、《何草不黃》三首征役樂歌實際上與《采薇》、《出車》一樣，都是出征歸來、勞還兵士所用的樂歌。由《采薇》、《出車》的抒情方式可知，征役詩篇往往是以一種代言的方式表現征夫、征婦的思想感情。這是因爲，征役詩並非兵士自作，而是在征夫歸來、慰勞撫恤的儀式中所用的樂歌。可以說，征役詩是獻給征夫的樂歌，其作者是樂官。

〔註90〕楊向奎《宗周社會與禮樂文明》，北京：人民出版社，1992年，第189頁。
〔註91〕李山《先秦文化史》，北京：中華書局，2008年，第119頁。
〔註92〕楊寬《西周史》，上海：上海人民出版社，2003年，第398頁。

四、附論《鼓鐘》

「雅頌」中的戰爭詩除了上述的狩獵樂歌、戰時禮儀樂歌、征役樂歌之外，還有一首詩值得注意，這就是《小雅・鼓鐘》。此詩詩義較爲隱晦，包括歐陽修、朱熹、姚際恆、方玉潤在內的許多學者均持闕疑態度。本文認爲，這是一首傷悼戰爭死難者的樂歌，與周人弔憫在征伐淮夷的戰役中死難的將士有關。

詩曰：

> 鼓鐘將將，淮水湯湯，憂心且傷。淑人君子，懷允不忘。
> 鼓鐘喈喈，淮水湝湝，憂心且悲。淑人君子，其德不回。
> 鼓鐘伐鼛，淮有三洲，憂心且妯。淑人君子，其德不猶。
> 鼓鐘欽欽，鼓瑟鼓琴，笙磬同音。以雅以南，以籥不僭。

歷來人們對此詩主要有四種看法：一是刺幽王之作，二是昭王南遊宴樂，三是周王大會諸侯於淮上，四是詩人觀樂於淮上。第一種看法認爲此詩諷刺幽王奏樂於淮上、不合禮儀，《詩序》云「刺幽王也」，《毛傳》曰「幽王用樂，不與德比，會諸侯於淮上，鼓其淫樂」，鄭玄則曰「今乃於淮水之上，作先王之樂，失禮尤甚」，二者雖然對如何失禮看法不同，但認爲此詩是譏刺幽王用樂失禮〔註93〕。從詩篇內容來看，詩中並沒有迹象表明作樂的是周幽王，更沒有「譏刺」之義；所謂「刺幽王」不過是根據詩篇的次序所作的推論而已。

第二種觀點認爲此詩表現的是周昭王用樂於淮水。此觀點本於三家舊說，鄭玄於《中侯・握河紀》注云「昭王時，《鼓鐘》之詩所爲作」，此說即源自《齊詩》〔註94〕。明代何楷云「《鼓鐘》，昭王南遊宴樂於淮水之上，君子憂傷而作是詩」，亦認爲此詩與昭王宴樂淮水有關〔註95〕。周昭王南征之事載於《史牆盤》、《左傳》僖公四年、《楚辭・天問》、《呂氏春秋・季夏紀》等文獻，可能確有其事。但是，根據這些文獻所載，昭王南征的對象是荊楚，如《史牆盤》云「宏魯昭王，廣笞楚荊，隹奐南行」，所以《左傳》載齊桓公問責於楚國〔註96〕。而《鼓鐘》中周王用樂的地方是淮水一帶，與昭王南征的江漢流域有所差別。更重要的是，詩中毫無周昭王時期的迹象。因而，「昭

〔註93〕阮元《十三經注疏・毛詩正義》，上海：上海古籍出版社，1997年，第466頁。
〔註94〕王先謙《詩三家義集疏》，北京：中華書局，1987年，第746頁。
〔註95〕何楷《詩經世本古義》，《影印文淵閣四庫全書》第81冊，臺北：臺灣商務印書館，1986年，第401頁。
〔註96〕馬承源《商周青銅器銘文選三》，北京：文物出版社，1988年，第153頁。

王宴樂淮水」一說並無根據。

第三種看法認爲此詩表現的是周王大會諸侯於淮上之事。孫作雲認爲《鼓鐘》表現周王會諸侯於淮上以示王威，根據是詩末章的「以會不僭」一語，「僭」指僭亂，此句是說周王作樂有僭亂者不參加，以示威於蠢蠢欲動者〔註 97〕。此說並不可取。首先全詩反覆歌唱「憂心××」，其基調是憂傷的，顯然不是「振發王威」所應有的；其次，詩中的「僭」雖然釋爲「亂」，但根據文理來看，「亂」是指作樂有條不紊，而非諸侯僭亂。

第四種觀點認爲此詩表現的是詩人因觀樂於淮水一帶，或「思念君子而悲傷」（高亨），或「極爲歎美周樂之盛」而「欣慕古代聖賢創造音樂者的功德」（程俊英），或「感到當年周德之盛，而今王政事衰微，不勝傷感」（王宗石）〔註 98〕。這些觀點力圖從詩篇內容出發來概括詩旨，如高氏之說抓住了懷念「君子」的憂傷這一點，程氏之說則著眼於末章奏樂之盛這一點，王氏則企圖引入今昔對比。總之，這些說法在某些方面是可取的，但並沒有揭示全詩的整體思路及其產生背景。

李山先生認爲「此詩當是周昭王在淮水上爲陣亡將士安魂的樂歌」，此說頗爲獨特〔註 99〕。根據上文論述可知，「昭王」云云並無實據；但是所謂「爲陣亡將士安魂的樂歌」之說，卻有啓發意義。本文認爲，此詩的確是傷悼死者的哀歌，可能是周人在淮水戰役結束後爲死難者安魂的樂歌。這一結論可以從以下兩點來認識：

首先，全詩係對死者的傷悼樂歌。詩分四章，前三章爲同調疊唱，反覆歌唱「鼓鐘××，淮水××，憂心××。淑人君子，××××」。這一抒情模式表明，詩中的奏樂爲懷念「淑人君子」而發，而且充滿了感傷、憂鬱的色彩。奏樂本是爲了燕樂人心，但此處卻憂心滿懷，表明這裡的「奏樂」不是在喜慶的場景中。詩曰「淑人君子，懷允不忘」，強調要記住君子，這實際上暗示了「淑人君子」已經不在人世。因此，詩中的奏樂、憂傷是因爲懷念具有良好德行的死者而發的。李山先生說「『憂心且悲』的格調更說明『以雅以南』的鐘鼓齊鳴，不會是吉慶之禮，而是凶喪之樂」，這一說法是符合詩篇內

〔註 97〕孫作雲《詩經與周代社會研究》，北京：中華書局，1966 年，第 386 頁。

〔註 98〕高亨《詩經今注》，上海：上海古籍出版社，1980 年，第 320 頁。程俊英、蔣見元《詩經注析》，北京：中華書局，1991 年，第 652 頁。王宗石《詩經分類詮釋》，長沙：湖南教育出版社，1993 年，第 823 頁。

〔註 99〕李山《詩經析讀》，海口：南海出版社公司，2003 年，第 308 頁。

容〔註100〕的。

其次，詩中的「淑人君子」是在淮水一帶因戰爭而死難的人。考察詩中奏樂的方式，如「鼓鐘」、「伐鼛」、「鼓瑟鼓琴」、「笙磬」、「雅」、「龠」，都是周人典型的奏樂體系。但問題是，周人為何要到淮水邊上奏樂以懷念「君子」呢？據《詩》而言，凡提及淮水一帶的，都與周人南征淮夷有關，如《大雅・江漢》「匪安匪遊，淮夷來求」，《常武》「鋪敦淮濆，仍執醜虜」。考之金文資料，自昭穆以後，西周歷代皆有征伐淮夷之事，如穆王時期的《錄戈簋》，厲王時期的《禹鼎》、《敔簋》，宣王時期的《兮甲盤》、《師袁簋》等均記載〔註101〕。由此可見，周人至淮水之上悼念「淑人君子」，表明「淑人君子」與淮水之戰有關係。也即，這裡的「君子」就是周人南征淮夷的死難者，尤其是那些德行高尚的將領。

以「君子」稱出征的將士，在《詩》中並不鮮見。《小雅・采薇》曰「彼路斯何，君子之車」，即以「君子」稱將帥；《王風・君子于役》曰「君子于役，不知其期」，《秦風・小戎》「言念君子，溫其如玉」，即以「君子」稱兵士。周代兵士稱「君子」，因為只有具有貴族身份的「國人」才能充當兵士。由此可見，《鼓鐘》中的「淑人君子」指陣亡的將士是完全有可能的。從詩中反覆歌唱「其德不回」、「其德不猶」來看，「淑人君子」之中極有可能包括德行高致的將帥在內。總之，綜合全詩內容來看，此詩當為周人在淮水一帶傷悼「淑人君子」的樂歌，很有可能即歌唱於為陣亡將士安魂的儀式之上。

〔註100〕同上
〔註101〕西周中後期征伐淮夷之事可參楊寬《西周史》，上海：上海人民出版社，2003年，第 549～575 頁。

第七章　禮儀用詩餘考

第一節　婚禮用詩

前　言

　　與婚姻嫁娶有關的詩篇，「國風」要比「雅頌」多。如《周南‧葛覃》、《唐風‧綢繆》兩首表現婚前的準備，前者寫女方準備衣物，後者寫男方準備親迎；又如《邶風‧北風》、《鄭風‧有女同車》、《豐》、《齊風‧著》四篇表現新郎親迎的情形，《邶風‧燕燕》、《召南‧何彼襛矣》表現女子遠嫁的情形，《周南‧桃夭》、《召南‧鵲巢》則為祝賀新婚之辭等。有的學者認為「國風」中表現婚禮的詩達二十篇之多〔註1〕。「雅頌」中涉及婚禮的詩篇較少，據筆者整理，只有《鴛鴦》、《車舝》兩篇。本文認為，此二篇都是與婚禮有關的儀式樂歌。其中，《車舝》是在燕飲儀式中獻給新郎的樂歌，《鴛鴦》則是歌頌「君子」新婚的樂歌。

一、《鴛鴦》：祝賀新婚的樂歌

　　對此詩詩旨，歷來學者的看法還是比較一致的，都認為它與祝頌新婚有關。《詩序》曰「刺幽王也，思古明王交於萬物有道，自奉養有節焉」，這種說法是根據詩篇的編排順序附會的結果，其誤不待辯駁〔註2〕。朱熹雖然批《序》「穿鑿」、「無理」，但卻以此詩為「諸侯所以答《桑扈》」之作，同樣落

〔註1〕　王宗石《詩經分類詮釋》，長沙：湖南教育出版社，1993年，第113～158頁。
〔註2〕　阮元《十三經注疏‧毛詩正義》，上海：上海古籍出版社，1997年，第480頁。

入按照詩篇次序解說詩旨的窠臼中〔註3〕。當然，朱熹的意思是《鴛鴦》與《桑扈》同爲「頌禱」樂歌，用於諸侯朝見天子的禮儀中。應該說，此詩確係頌禱樂歌，如「君子萬年，福祿宜之」確爲祝頌「君子」之語；但是，它不是朝見禮的樂歌，而是與婚禮有關的祝禱樂歌。

明人何楷明確提出此詩爲「美大昏」之詩，得到後世大多數學者的贊同〔註4〕。如清代方玉潤認爲此詩係表現「初昏」的樂歌，今人陳子展曰「頌祝貴族君子新婚之歌」，王宗石曰「祝頌天子新婚之詞」，均認爲此詩與婚禮有關〔註5〕。從詩篇內容來看，此詩確實表現了婚禮的某些方面。主要體現在以下兩點：

首先，後兩章「摧薪秣馬」實與婚禮親迎有關。第三章曰「乘馬在廄，摧之秣之」，第四章亦曰「乘馬在廄，秣之摧之」，反覆歌唱了摧薪秣馬的行爲。這一行爲與「君子」有何關聯呢？《周南・漢廣》曰「之子于歸，言秣其馬」，《正義》曰「之子若往歸嫁，我欲以粟秣養其馬，乘之以致禮餼」，可知原來「秣馬」與女子出嫁有關係〔註6〕。爲何「秣馬」與嫁娶有關呢？考之禮書，這是因爲婚禮必有「親迎」的儀節，而「親迎」是坐馬車而去的。所以，摧薪秣馬就成了「親迎」儀節的象徵，而「親迎」又是婚禮的標誌。何楷以後二章爲「詠親迎」之事，是符合詩義的。

「親迎」爲周代婚禮的儀節之一，見於《詩》中，《鄭風・有女同車》曰「有女同車，顏如舜華。將翱將翔，佩玉瓊琚」，《毛傳》云「親迎同車也」，認爲就是表現親迎的儀節，我們認爲是正確的。考之禮書，婚禮有「以車親迎」之禮，其具體儀節載於《儀禮・士昏禮》「主人爵弁，纁裳緇袘，從者畢玄端，乘墨車，從車二乘，執燭前馬，……至於門外，主人筵於戶西西上，……至於廟門，揖入。……降出，婦從降自西階，主人不降送，婿御婦車，授綏。」〔註7〕據此可知，所謂「親迎」，是新郎親自駕車至婦家，在拜過宗廟之後，

〔註3〕 朱熹《詩集傳》，南京：鳳凰出版社，2007年，第188頁。

〔註4〕 何楷《詩經世本古義》，《影印文淵閣四庫全書》第81冊，臺北：臺灣商務印書館，1986年，第539頁。

〔註5〕 方玉潤《詩經原始》，北京：中華書局，2006年，第445頁。陳子展《詩經直解》，上海：復旦大學出版社，1983年，第785頁。王宗石《詩經分類詮釋》，長沙：湖南教育出版社，1993年，第890頁。

〔註6〕 李學勤《十三經注疏・毛詩正義》，北京：北京大學出版社，1999年，第55頁。

〔註7〕 「親迎」儀節還載於《禮記・昏義》「父親醮子而命之迎，男先於女也。子承

將新娘載回。《公羊傳》桓公八年何休注云「婚禮成於五：先納采、問名、納吉、納徵、請期，然後親迎。」〔註8〕可見「親迎」實際上是婚禮完成階段的儀節，它的重要性是不言而喻的。正是基於這一點，古人以「親迎」之前的「秣馬」作爲婚禮的標誌。

　　其次，「鴛鴦」意象進一步印證了詩篇與婚禮有關。前兩章以「鴛鴦于飛」、「鴛鴦在梁」起興，我們認爲這不是簡單的興象。《毛傳》曰「鴛鴦，匹鳥也」，《箋》曰「言其止則相耦，飛則爲雙，性馴耦也」，可見自古人們就注意到鴛鴦是雌雄固定偶居的現象。《詩經世本古義》引崔豹云「鴛鴦，水鳥也，雌雄未嘗相離，人得其一，則其一思而死，故謂之匹鳥也。」〔註9〕正是因爲鴛鴦是雌雄不離的「匹鳥」，所以人們往往以鴛鴦比喻夫婦。此詩歌唱「鴛鴦在梁，戢其左翼」，顯然亦有此義，方玉潤曰「夫鴛鴦匹鳥，當其倦而雙棲，一正一倒，戢其左翼以相依於內，舒其右翼以防患於外，有夫婦之情而無君臣義焉」〔註10〕。

　　綜上兩點，可以推斷此詩與婚禮有關。當然，詩中除了表現婚禮的內容之外，還有對「君子」祝頌祈福的內容。詩篇一則曰「君子萬年」，祝頌君子長壽；再則曰「福祿宜之」、「福祿艾之」、「福祿綏之」，爲「君子」祈福祝頌。聯繫婚禮與祈福這兩個內容，可以推斷詩中「君子」即新婚之人，詩中的祝福正是因爲「君子」新婚而發的。此詩實爲獻給新婚「君子」的儀式樂歌。考察「君子萬年」的祝頌用語，如《大雅·既醉》曰「君子萬年，介爾景福」，爲祭畢祝頌主祭者周王的用語；又如《瞻彼洛矣》「君子萬年，保其家邦」，爲祝頌大閱六師的周王的用語。由此可以推測，此詩的「君子萬年」應亦爲獻給周王的頌語，「君子」當爲周王。總之，綜合詩篇內容可知此詩當爲獻給新婚周王的頌歌。至於是哪一位周王，明人鄒肇敏以爲是「成王」，何楷以爲是「幽王」，但其實詩中並無實據可證其周王爲哪位〔註11〕。李山先生曰「詩

命以迎，主人筵幾於廟，而拜迎於門外。壻執雁入，揖讓陞堂，再拜奠雁，蓋親受之於父母也。降出，御婦車，而壻授綏，御輪三周，先俟於門外。」
〔註8〕阮元《十三經注疏·春秋公羊傳注疏》，上海：上海古籍出版社，1997年，第2219頁。
〔註9〕何楷《詩經世本古義》，《影印文淵閣四庫全書》第81冊，臺北：臺灣商務印書館，1986年，第538頁。
〔註10〕方玉潤《詩經原始》，北京：中華書局，2006年，第445頁。
〔註11〕何楷《詩經世本古義》，《影印文淵閣四庫全書》第81冊，臺北：臺灣商務印書館，1986年，第539頁。姚際恒《詩經通論》，北京：中華書局，1958年，

篇雖無時代、人物方面的明證，但由其與《裳裳者華》、《桑扈》等篇風格極
爲相似看，應是西周晚期的作品」，此說至確〔註12〕。

二、《車舝》：燕樂新婚的樂歌

對於此詩詩旨，歷來學者的分歧較大。概括起來，主要有四種觀點：一
是刺幽王娶褒姒，二是婚禮燕飮之樂歌，三是新郎贊美新娘的樂歌，四是歌
頌新郎得賢妻的樂歌。第一種觀點認爲此詩譏刺褒姒敗國，希望幽王有賢女
之配，其說源於《詩序》，其曰「大夫刺幽王也，褒姒嫉妒，無道並進，讒巧
敗國，德澤不加於民，周人思得賢女以配君子，故作是詩也。」〔註13〕明人
何楷從之，但認爲詩篇作於「宮中之人」，而非大夫〔註14〕。但是，不管作於
大夫還是「宮中之人」，所謂「刺幽王」其實並無根據。細讀詩篇語詞，詩中
有嘉美之情，無諷刺之意。第二種觀點本於朱熹，其曰「此燕樂新婚之詩」，
認爲此詩表現的是新婚燕樂〔註15〕。從詩篇的內容來看，確實有「燕樂」之
事，亦有「新婚」之事（詳下）。朱子之說是有道理的，但是，詩篇到底爲誰
而作、用於何種具體儀節，此說並沒有揭示出來。朱善《詩解頤》在此說的
基礎上進而定詩篇爲「昏禮上下通用之樂」，就更是牽強附會了〔註16〕。

後兩種觀點認爲此詩與婚禮中的新郎有關，只不過對於詩篇以誰的口吻
歌唱看法不同。第三種觀點認爲詩篇是以新郎的口吻歌唱的，是表現自己喜
獲賢妻。明人季本《詩說解頤》認爲詩篇係「君子得賢妻而自慶之詞」，清人
林義光亦以其爲「娶婦之辭」〔註17〕。有不少現代學者持此觀點，如王宗石
曰「貴族親迎的詩歌，大概是新郎在親迎的途中表達自己對新婦贊美愛慕之

第 239 頁。
〔註12〕李山《詩經析讀》，海口：南海出版社公司，2003 年，第 320 頁。
〔註13〕阮元《十三經注疏・毛詩正義》，上海：上海古籍出版社，1997 年，第 482
頁。
〔註14〕何楷《詩經世本古義》，《影印文淵閣四庫全書》第 81 冊，臺北：臺灣商務印
書館，1986 年，第 543 頁。
〔註15〕朱熹《詩集傳》，南京：鳳凰出版社，2007 年，第 189 頁。
〔註16〕朱善之說轉引自《毛詩後箋》。參胡承珙《毛詩後箋》，王先謙《清經解續編》
第 2 冊，上海：上海書店，1988 年，第 1024 頁。
〔註17〕季氏之說轉引自《毛詩後箋》。參胡承珙《毛詩後箋》，王先謙《清經解續編》
第 2 冊，上海：上海書店，1988 年，第 1024 頁。林義光《詩經通解》，北京
師範大學圖書館藏衣好軒刻本，第四冊，第 5 頁。

意。」〔註18〕第四種觀點認爲詩篇不是以新郎的口吻歌唱，而是以新郎朋友的口吻歌唱的。方玉潤曰「《車舝》，嘉賢友得淑女爲配也」，即秉此說〔註19〕。那麼，這些說法孰是孰非呢？

首先，此詩在內容上既表現新婚，又表現燕飲，朱熹「燕樂新婚」之說是正確的。詩中表現「新婚」可以從三點看出來。其一，親迎女子之禮。首章曰「間關車之舝兮，思孌季女逝兮」，《集傳》云「間關，車舝聲也」，是馬車行走時車軸與舝摩擦的聲音；「逝，往」，「意即出嫁，與『之子于歸』的『歸』、『女子有行』的『行』意思相同」〔註20〕。可見，詩篇一開頭就描寫「有女同車」（《鄭風‧有女同車》）的「親迎」儀節。其二，末章繼曰「高山仰止，景行行止。四牡騑騑，六轡如琴」，歌唱馬車走在大道上，御車之轡極爲嫻熟。據禮書記載，婚禮親迎，新郎要親自駕車，《禮記‧昏義》云「御婦車，而壻授綏，御輪三周」，即指此。由此可見，詩篇末章實際上歌唱了「親迎」路上新郎御車的情形，「六轡如琴」表明了新郎的才能和喜慶之情。其三，第三章有「析薪」的起興之句「陟彼高岡，析其柞薪。析其柞薪，其葉湑兮」，而「析薪」實爲昏姻嫁娶的象徵性意象。馬瑞辰論之曰「呂《記》引陳氏曰：『析薪者，以喻昏姻。』今按《漢廣》有刈薪之言，《南山》有析薪之句，《豳風》之伐柯與娶妻同義，《詩》中以析薪喻昏姻者不一而足。……《詩》蓋以取木喻取女，因而即以析薪喻娶妻爲迎新也。」此說是令人信服的，「析薪」在《詩》中確實象徵娶親，《周南‧漢廣》「翹翹錯薪，言刈其楚。之子于歸，言秣其馬」即是明證。由此亦可知，《車舝》中「析薪」印證了首章、末章婚禮親迎之事。

詩中除了歌唱「親迎」之外，還提及了燕飲的儀節。第三章曰「雖無旨酒，式飲庶幾。雖無嘉肴，式食庶幾。雖無德與女，式歌且舞」，可見用詩的時候，不僅當場有美酒佳肴，而且還有歌有舞。顯然，這是一個燕飲的禮儀場景。所以，詩篇首章曰「雖無好友，式燕且喜」，次章又曰「式燕且譽」，都是指燕樂賓客。由此可見，上述「親迎」的內容原來是在燕飲的場合中歌唱的。有些學者認爲詩篇是「迎娶新娘途中的賦詩」，是不符合詩篇內容的〔註21〕。

〔註18〕王宗石《詩經分類詮釋》，長沙：湖南教育出版社，1993年，第893頁。

〔註19〕方玉潤《詩經原始》，北京：中華書局，2006年，第448頁。

〔註20〕朱熹《詩集傳》，南京：鳳凰出版社，2007年，第189頁。王宗石《詩經分類詮釋》，長沙：湖南教育出版社，1993年，第893頁。

〔註21〕程俊英、蔣見元《詩經注析》，北京：中華書局，1991年，第689頁。

　　既然詩篇是在燕飲的場合中歌唱的，那麼，它是以誰的口吻誦唱的呢？這實際上也就是揭示詩中「爾」指稱誰的問題。第二人稱在詩中出現四次：第二章曰「式燕且譽，好爾無射」，是表達對「爾」的喜愛之義；第三章曰「雖無德與女，式歌且舞」，是說歌詩之人雖然不能增進「女」的美德，但暫且以歌舞燕樂之；第四章曰「鮮我覯爾，我心寫兮」，鄭玄云「覯，見也，善乎！我得見女如是，則我心中之憂除去也」〔註22〕；第五章曰「覯爾新婚，以慰我心」，是說看到你新婚，我的內心覺得非常欣慰。考察這些「爾」「女」的用法，尤其是全詩末句，以「爾」、「我」相對，其曰「覯爾新婚」，可知「爾」就是新婚之人；而且，既然說看見你新婚，則「我」並非新婚之人。否則，如果以「爾」爲新娘、「我」爲新郎，則這裡的人稱方式就說不通。綜合上下文來看，「我」實即燕飲的主人。「我」因爲樂於看到新郎新娘成婚之事（「鮮我覯爾，我心寫兮」），所以以美酒佳肴、載歌載舞燕樂他們，這就是「覯爾新婚，以慰我心」的緣起。方玉潤釋「雖無德與女，式歌且舞」曰「但恨無德可以稱述於女，則唯有式歌且舞，以頌爾之新昏而已」，所謂「式歌且舞，以頌爾之新昏」實際上道出了全篇的人稱方式和歌唱的場景。

　　因此，上述的第四種觀點較爲符合詩篇內容。此詩實爲燕樂新婚之人時所用的頌歌，其意在於燕樂新郎成婚，贊頌新郎獲得賢妻，與《鴛鴦》一篇有相似之處。不同的是，《鴛鴦》並沒有指明用詩的場景，而此詩則明確指出了燕飲的禮儀場景。

結　語

　　綜上所述，《小雅》之《鴛鴦》、《車舝》是獻給新婚之人的頌歌，均與婚禮密切相關。其中，《鴛鴦》爲歌頌新婚周王的樂歌，詩中反覆歌唱的「秣馬」行爲以及「鴛鴦」的意象可以證明這一點；《車舝》爲燕飲儀式中獻給新婚之人的頌歌，詩中的「駕車親迎」、「析薪」描寫證明了這一點。

〔註22〕阮元《十三經注疏‧毛詩正義》，上海：上海古籍出版社，1997 年，第 482 頁。

第二節 考室與考牧用詩

引 言

《小雅》中的《斯干》、《無羊》二詩之間有著難以切斷的聯繫。這不僅因爲它們在今本《詩》中被編排在一起，還因爲二者在內容上有著千絲萬縷的聯繫。正是基於這些聯繫，本文將二詩放在一起討論。此二詩的聯繫體現在以下兩個層面：

首先是產生時代。歷來學者幾乎都以此二詩爲周宣王時期的作品。《小序》云「《斯干》，宣王考室也」，又曰「《無羊》，宣王考牧也」，首先提出了這種觀點。此說得到了許多學者的贊同，包括現代學者如孫作雲、王宗石、馬銀琴等〔註23〕。其實，詩中並沒有顯示其爲「周宣王時期作品」的證據，朱子「亦未有以見其必爲是時之詩」的懷疑是有道理的〔註24〕；但是，反過來講，詩篇亦未有其必非周宣王時期作品的證據，則舊說亦當保留。也有些學者提出《斯干》當爲成王時期或武王時期之詩，其說並無根據〔註25〕。

就二詩的時代而言，儘管尚無足夠證據確定它們的具體年代，但從詩篇文本來看，二者應當產生於相同的時代。表現在以下幾點：一是句式上，均有非常相似的設問句式，《斯干》曰「吉夢維何？維熊維羆，維虺維蛇」，《無羊》則曰「誰謂爾無羊？三百維群。誰謂爾無牛？九十其犉」；另外，還具有相似的排比長句，《斯干》曰「如竹苞矣，如松茂矣」、「如跂斯翼，如矢斯棘，如鳥斯革，如翬斯飛」，而《無羊》則曰「或降于阿，或飲于池，或寢或訛」，等等。二是風格上，二者亦十分接近，都有贊美頌禱之情，而無譏刺哀怨之義；並且，二者一則寫築宮室、一則寫牧羊，均具有濃烈的生活氣息，而無崇高的神壇廟堂色彩。總之，從種種迹象來看，二詩當確爲同一時代的作品。

〔註23〕 參拙文《〈詩經·雅頌〉斷代的三個體系性見解》，《詩經研究叢刊》，北京：學苑出版社，2009 年，36 頁。

〔註24〕 朱熹《詩集傳》，南京：鳳凰出版社，2007 年，第 147 頁。

〔註25〕 持「成王」說者有明代的何楷、朱鬱儀，持「武王」說者有明代的鄒肇敏。參何楷《詩經世本古義》，《影印文淵閣四庫全書》第 81 冊，臺北：臺灣商務印書館，1986 年，第 367 頁。姚際恒《詩經通論》，北京：中華書局，1958 年，第 199 頁。

其次是詩篇內容。從詩篇主旨來看，二詩大相逕庭：《斯干》歌唱宮室的建築和落成，《無羊》則歌唱牧人和成群的牛羊。但是，二者在「卒章顯志」上卻又不謀而合。二者均以「占夢」來結篇：《斯干》曰「乃占我夢」、「吉夢維何」，《無羊》則曰「牧人乃夢」。而且，更有意思的是二者均有「大人占之」一語，說明解夢人以及解夢方式都是一樣的。所謂「大人」，朱熹《集傳》曰「大卜之屬，占夢之官也」〔註26〕。然而，《小雅·正月》「召彼故老，訊之占夢」，卻稱解夢人為「故老」，《毛傳》曰「故老，元老」，顯然這裡的「故老」並非占夢之官〔註27〕。總之，《斯干》、《無羊》對解夢人有著同樣的、但不同於其他詩篇的稱呼方式。我們認為，這絕非巧合，而恰恰是因為具有相似的禮俗背景，具有相近的產生時代〔註28〕。

綜上可知，《斯干》、《無羊》二詩具有緊密的聯繫，具有相同的產生年代，具有相似的社會背景和禮俗氛圍。那麼，此二詩具體的產生語境是什麼呢？據本文考察，《斯干》當為宮室落成禮中所用的祈神頌禱樂歌，《無羊》當為考牧儀式中的頌禱樂歌。

一、《斯干》

對於此詩大旨，自《詩序》以來便相傳為「考室」之說。何謂「考室」？「室」指的是宮室，「考」指的是宮室的落成儀式。《箋》云「考，成也」，「考」原有「完成」之義，後來遂專稱宗廟、宮室等建築的落成。《左傳》隱公五年載「考仲子之宮」，這裡的「考」字就有此義，孔穎達《正義》引服虔曰「宮廟初成祭之名為考」。〔註29〕實際上，古人凡宗廟、宮室或重要器物的初成皆有落成儀式，這一儀式名為「考」，亦名為「落」或「成」〔註30〕。《禮記·檀弓下》「晉獻文子成室」，《左傳》昭公七年記載「楚子成章華之臺，願與諸侯落之」，其中的「落」、「成」即為建築落成之禮。

〔註26〕對「大人」，鄭玄以「聖人」釋之，不確；當以朱子之說為確。朱熹《詩集傳》，南京：鳳凰出版社，2007年，第147頁。

〔註27〕阮元《十三經注疏·毛詩正義》，上海：上海古籍出版社，1997年，第441頁。

〔註28〕「占夢」作為一種文化現象，反映了時代的生活方式與思維方式。參過常寶《原史文化及文獻研究》，北京：北京大學出版社，2008年，第149頁。

〔註29〕阮元《十三經注疏·春秋左傳正義》，上海：上海古籍出版社，1997年，第1725頁。

〔註30〕楊伯峻《春秋左傳注》，北京：中華書局，1981年，第40頁。

以《斯干》爲表現「考室」即宮室落成之事，這是可以在詩篇內容上得到確證的。全詩分九章，前五章可視爲一個部分，表現宮室的建築過程和建成的情形：首章「秩秩斯干，幽幽南山」描寫宮室的方位和朝向，並指出築宮室是爲了「兄及弟」聚族而居；第二三兩章描寫宮室的建築過程，「築室百堵」、「約之閣閣，椓之橐橐」寫的是築牆的規模和動作，以此指稱整個建築工程〔註31〕；第四五兩章繼而描寫宮室建成的情形，四個「如」字句狀出宮室巍峨飛揚的氣勢，「殖殖其庭，有覺其楹」描繪室內高挺明亮，「噲噲其正，噦噦其冥」則指出其晨昏皆宜。由此可見，全詩既回顧了宮室選址、建築的過程，又讚美了落成宮室美奐絕倫的特點，孔穎達曰「二章乃作之，三章言作之攻堅，四章言得其形制，五章言庭室寬明」，這個概括是符合詩篇內容的〔註32〕。這些內容確實是以「宮室落成」爲表現核心，無疑適合在宮室落成的儀式上使用，因而「考室」之說是成立的。

但是，詩中不僅僅只有對宮室建造、落成形態的讚美，還有「占夢」的內容。第六章描寫了一個「吉夢」「維熊維羆，維虺維蛇」，第七章寫「大人」解夢，第八九兩章分別表現對生男、生女的良好祝願。這是一個關於生育和蕃育後代的夢，歌詩者通過此夢表達了希望子孫蕃盛的願望。問題是，「占夢」與宮室落成的關聯何在呢？詩篇第六章曰「下莞上簟，乃安斯寢。乃寢乃興，乃占我夢」，是說「君子」鋪席而安寢，因寢而有夢。可見，「占夢」的內容源自於居住新落成的宮室。有入住才能寢而有夢，但宮室落成又表明尚未居住，詩篇是如何統一這兩者呢？

實際上，詩篇第六章以下的內容是虛寫，是期望將來，而非已然的事實。也即，「占夢」的內容不過是以夢驗的形式歌唱的「頌禱之辭」，詩曰「下莞上簟，乃安斯寢。乃寢乃興，乃占我夢」，這四個「乃」正是表示將來時態的連詞，暗示了因爲宮室美好，所以才有吉夢。孔穎達曰「言其夢得吉祥，生育男女，貴爲王公，慶流後裔，因考室而得然」，揭示出了這一層因果聯繫〔註33〕。姚際恒亦曰「下乃爲頌禱之詞，猶後世作上梁文也，居室之慶莫

〔註31〕周人在表現建築功成時，常常突出築牆這一環節。《大雅·緜》記載古公率領周人「築室」於岐下，曰「其繩則直，縮版以載」，曰「捄之陾陾，度之薨薨。築之登登，削屢馮馮。百堵皆興，鼛鼓弗勝」，足以說明這一點。

〔註32〕阮元《十三經注疏·毛詩正義》，上海：上海古籍出版社，1997年，第436頁。

〔註33〕李學勤《十三經注疏·毛詩正義》，北京：北京大學出版社，1999年，第680頁。

過於子孫繁衍，故言其生男子、女子之善」，進一步指出了後四章作爲「頌禱之辭」與宮室落成的內在聯繫。

綜上可知，《斯干》既有對新落成宮室的贊美，也有對入住的期望和頌禱。兩個內容都是緊緊圍繞著「宮室落成」這一禮儀來表現的。那麼，《斯干》一詩是在落成禮中的哪個環節使用的呢？考察落成之禮，其儀節並不是單一的。首先，有的建築落成之禮包括祭神的環節，《禮記·雜記》「成廟則釁之」，可見宗廟落成有所謂「釁」的儀節，即以羊血、雞血祭神；另外，重要的器物落成，亦有是禮，《左傳》昭公四年記載「叔孫爲孟鐘」而「落之」，杜預注云「以貑豬血釁鐘曰落」〔註34〕。其次，落成之禮亦有饗燕的儀節，《禮記·雜記》「成則考之而不釁」，鄭玄注云「考之者，設盛食以落之爾」，此說本於《左傳》昭公四年「叔孫爲孟鐘，曰：『饗大夫以落之』」的記載。再次，落成之禮還有頌禱的儀節，《禮記·檀弓》記載「晉獻文子成室」，張老頌禱曰「美哉輪焉！美哉奐焉！歌於斯，哭於斯，聚國族於斯」，君子謂之爲「善禱」。

正因爲落成之禮有各種儀節，《斯干》之用引發了學者的不同看法。一種觀點認爲詩篇乃宮室落成的燕饗儀節所用的樂歌。此說本於鄭玄，他認爲詩中「下莞上簟」是指「鋪席與群臣安燕爲歡以落之」，孔穎達遂進而概括詩旨曰「王將居焉，設盛食燕群臣，歌《斯干》之詩以歡樂之」，以詩篇爲燕樂頌歌〔註35〕。另一種觀點則認爲詩篇爲在神靈面前祈禱之樂歌。方玉潤曰「此詩似卜築初成，似禱屋神之詞，非落成宴飲詩也」，今人孫作雲亦曰「《小雅·斯干》是周宣王在新宮落成以後，舉行祭祀，樂工們所唱的歌」，二者均以此詩爲祭神頌歌。從詩篇內容看，第六章「下莞上簟，乃安斯寢」，已經明言鋪席是爲了安寢，因而鄭玄所謂「鋪席與群臣安燕」並無根據；不僅如此，詩中其他章節亦無「燕飲」的迹象。可見，從詩篇內容是無法得出此詩爲落成燕饗樂歌的結論。因而，我們贊同方、孫等人的觀點，以此詩爲落成禮儀中祭神頌禱的樂歌。

二、《無羊》

對於此詩主題，歷來學者只有兩種看法：一是「考牧」說，二是與充當犧牲的牛羊有關的典禮樂歌。第一種觀點以《小序》爲代表，其曰「《無羊》，宣

〔註34〕阮元《十三經注疏·春秋左傳正義》，上海：上海古籍出版社，1997 年，第1035 頁。
〔註35〕阮元《十三經注疏·毛詩正義》，上海：上海古籍出版社，1997 年，第436 頁。

王考牧也」，許多學者信從此說。何謂「考牧」？這裡的「考」仍是「成」義，「考牧」就是成就、完成畜牧之事。鄭玄云「屬王之時，牧人之職廢，宣王始興而復之，至此而成」，孔穎達《疏》曰「牧人稱職，牛羊復先王之數，牧事有成，故言考牧也」，可見古人所謂「考牧」就是成其畜牧之事〔註36〕。朱熹《詩集傳》曰「此詩言牧事有成而牛羊眾多也」，方玉潤曰「美司牧也」，實即秉持《小序》之說〔註37〕。現代學者亦多從此說，高亨說「這首詩是敘寫奴隸主畜牧牛羊的情況」，程俊英也說「這是歌頌貴族牲畜蕃盛的詩」，都與古說基本相同〔註38〕。

另外一種觀點認為此詩是典禮樂歌，用於與充當犧牲的牛羊有關的典禮之中。孫作雲曰「此詩既然說：『三十維物，爾牲則具』，則這首詩一定是對於作犧牲用的牛羊所舉行的一種典禮歌。」〔註39〕此說頗為新穎，可惜文詞過簡，我們無法得知孫氏所謂「對於作犧牲用的牛羊所舉行的」到底指何種典禮。

就詩篇的內容而言，此詩主要表現三個內容：一是牛羊之多，二是牧人牧羊，三是牧人之夢。首先是牛羊的情況：首章用兩個設問句以及「三百」、「九十」等數字歌唱牛羊之多之大，「爾羊來思」、「爾牛來思」兩句則讚美了牛羊充沛的活力，次章繼而用三個「或」字排比句，描寫了牛羊活動的情形，第三章「矜矜兢兢，不騫不崩」則表現了羊群歸圈整齊有序的情形。其次是牧人牧羊的情況「何蓑何笠，或負其餱」，描寫了牧人出牧的衣著和裝備，「以薪以蒸，以雌以雄」則寫牧人牧羊而有餘力，能夠同時打柴、打獵，「麾之以肱，畢來既升」則表現了牧人趕羊入圈的嫻熟動作。從前三章可以看出，詩篇是交叉描寫牛羊和牧人的，並且著眼於從「放牧歸來」的視角描寫牛羊和牧人，所以詩中屢屢曰「爾羊來思」、「爾牛來思」、「爾牧來思」，「來思」二字實際上道出了詩篇的著眼點。方玉潤評此詩曰「人物雜寫，錯落得妙，是

〔註36〕李學勤《十三經注疏・毛詩正義》，北京：北京大學出版社，1999 年，第 693 頁。

〔註37〕朱熹《詩集傳》，南京：鳳凰出版社，2007 年，第 147 頁。方玉潤《詩經原始》，北京：中華書局，2006 年，第 386 頁。

〔註38〕高亨《詩經今注》，上海：上海古籍出版社，1980 年，第 267 頁。程俊英、蔣見元《詩經注析》，北京：中華書局，1991 年，第 549 頁。

〔註39〕孫作雲《孫作雲文集・〈詩經〉研究》，開封：河南大學出版社，2003 年，第 377 頁。

一幅群牧圖」，也許將其改爲「群牧歸圖」，會更加符合詩篇內容〔註40〕。

　　詩中除了寫牛羊和牧人之外，還集中描寫了牧人之夢。詩篇末章曰「牧人乃夢」，「乃」字表明了牧人之夢承接牧羊歸來而起的；夢的內容是「眾維魚矣，旐維旟矣」，即有眾多的魚，有眾多的旗幟〔註41〕；而且，此夢經過「大人之占」而揭示：眾魚象徵著豐年，眾旟象徵著室家蕃盛。如果說我們此前對「大人占夢」還有一點疑惑的話，那麼，經過對《斯干》一詩後四章「大人占夢」的分析，就知道這不過是以夢占的形式出現的頌禱之辭罷了。《斯干》是以入住宮室的「君子」的夢占進行頌禱，而《無羊》則以牧羊歸來的牧人夢占進行頌禱；二者不僅有相同的解夢人（「大人」），甚至連夢的內容都有相似之處，即都有蕃育後代的內容。這表明《無羊》「牧人乃夢」也是頌禱之辭。

　　那麼，此詩產生於何種場景呢？孫作云以爲此詩當用於與充當犧牲的牛羊有關的典禮中，其根據在於詩中有「三十維物，爾牲則具」一句。「物」是指毛色，「三十維物」即「齊其色而別之，凡爲色三十也」〔註42〕；「牲」即犧牲，爲祭祀時獻給神靈的牲畜，其中牛、羊是最常見的。《周禮·牧人》曰「牧六牲而阜蕃其物，以共祭祀之牲牷」，由此可知，周人畜牧的一個重要目的是爲祭祀準備犧牲。從這個角度看，「三十維物，爾牲則具」道出了畜牧對周人的重要性，道出了牛羊與作爲國家政典的祭祀之間的重要關聯。但是，僅僅憑此句，並不能證明此詩用於與牛羊有關的典禮中。

　　有一個線索有助於挖掘詩篇的使用場景，這就是詩中的人稱方式。此詩在人稱上最大的特點是反覆出現「爾」的第二人稱方式。詩中「爾」凡八見，凡出現牛、羊、牧人的地方均以「爾」字領起，所謂「爾羊」、「爾牛」、「爾牧」是也。由此可以推論，「爾」指的是牛羊的主人，也是牧人的上司。不僅如此，詩中又曰「三十維物，爾牲則具」，表明「爾」還是主祭者的稱呼，而周代的主祭者是周王以及各個宗族的宗子。全詩均爲稱「爾」而歌，由此可以推測，此詩當爲獻給主祭者的贊美畜牧的樂歌；並且，用詩之時，牧人當亦在場。看來，此詩是針對主祭者參與某個與畜牧有關的禮儀而作的，是獻給主祭者的頌禱樂歌。

〔註40〕方玉潤《詩經原始》，北京：中華書局，2006年，第386頁。
〔註41〕「眾維魚矣，旐維旟矣」一句當依于省吾讀爲「眾維魚矣，兆爲旟矣」，義爲「魚之眾、旟之多」。參于省吾《澤螺居詩經新證》，北京：中華書局，2003年，第83頁。
〔註42〕朱熹《詩集傳》，南京：鳳凰出版社，2007年，第147頁。

結　語

綜上所述，可知《斯干》、《無羊》為同一時代的作品，具有相同的禮俗背景，二者關係密切。據考察，《斯干》歌唱了宮室的建築、落成以及居住者之夢，它是宮室落成典禮中祭神的頌禱樂歌；《無羊》則歌唱了牛羊的眾多、牧人牧羊以及牧人之夢，它是某個與畜牧有關的禮儀中獻給主祭者的頌禱樂歌。最值得注意的是，二詩均以「大人占夢」的形式結篇，並表達了希望後代蕃盛的願望，這顯然與特定時代的禮俗背景有關。

第三節　使臣行役的樂歌

引　言

「雅頌」中有一組表現行役的詩篇，包括《四牡》、《皇皇者華》、《蓼莪》、《四月》、《北山》、《小明》、《縣蠻》。這些詩篇表現的是士大夫為王事而四處奔走，既表達了旅途顛沛的勞頓和欲歸不能、無法贍養父母的痛苦，也反映了對政務不均的不滿和辛酸。結合詩篇的內容來看，它們當為燕勞使臣時的儀式樂歌。

一、「雅頌」中的行役詩

「雅頌」中有一組詩篇，包括《四牡》、《皇皇者華》、《蓼莪》、《四月》、《北山》、《小明》、《縣蠻》七篇。歷來人們對這些詩篇見解分歧，但如果嚴格從詩篇內容出發，就會發現它們其實是屬於同一種類型的詩篇，即行役詩。這裡所謂的「行役詩」指的是表現士大夫因政務行役於外的詩篇〔註43〕。

先看《四牡》。詩首章曰「四牡騑騑，周道倭遲。豈不懷歸？王事靡盬，我心傷悲」，描寫主人公「我」思歸，但因忙於「王事」而不得歸的悲傷心情。那麼，詩中的「王事」是何事呢？詩篇雖然沒有明言，但當為政務而非戰事。

〔註43〕「行役」一詞最早出現於《詩經·魏風·陟岵》「父曰：嗟！予子行役，夙夜無已」，其義為從軍、服兵役。但是，後來「行役」內涵不一。《漢語大詞典》「行役」一條曰「指因服兵役、勞役或公務而出外跋涉」，指出官員因公出外跋涉也稱為「行役」，《周禮·地官·州長》「若國作民而師田行役之事，則帥而致之」，賈《疏》云「行謂巡狩，役謂役作」，就是這種用法。阮元《十三經注疏·周禮注疏》，上海：上海古籍出版社，1997年，第716頁。

詩曰「四牡騑騑，周道倭遲」，是說「我」乘坐馬車行走在「周道」上。《毛傳》釋「周道」爲「歧周之道」，《集傳》釋爲「大路」，《小雅·小弁》曰「踧踧周道，鞫爲茂草」，《大東》云「周道如砥，其直如矢。君子所履，小人所視」，可知「周道」原指周王朝通往各地的道路，後來方通用爲「大路」之義〔註44〕。詩中行役者奔忙於王朝的「國道」，說明他是爲政務出行。《左傳》襄公四年載「《四牡》，君所以勞使臣也」，《國語·魯語下》亦曰「《四牡》，君所以章使臣之勤也」，均認爲此詩與「勞使臣」有關，這是正確的。此說遂爲《毛傳》、《詩序》所本。另外，需要指出的是，從詩中「王事靡盬，我心傷悲」、「是用作歌，將母來諗」來看，詩篇是以使臣的口吻歌唱的。

其次是《皇皇者華》。此詩與《四牡》相似，《左傳》襄公四年、《國語·魯語下》均以其爲「君教使臣」四處諮詢之詩，這是符合詩篇內容的。詩後四章依次曰「載馳載驅」、「周爰咨諏」、「周爰咨謀」、「周爰咨度」、「周爰諮詢」，可見詩中的「我」駕車出行是爲了四處走訪和徵詢。由此可以推測首章「駪駪征夫」的「征夫」並非兵士，而是使臣。《周禮·小司寇》「掌外朝之政，以致萬民而詢焉，一曰詢國危，二曰詢國遷，三曰詢立君。」可見周代王事的確有遍詢「萬民」的做法。其實，「致萬民」似乎不太現實，倒是王朝派使徵詢於各諸侯國較有可能，《四牡》的「征夫」可能就是因此出行。《詩序》以此詩爲「君遣使臣」之詩，詩中反覆歌唱「我馬××」，顯然是使臣口吻，高亨先生說「詩是使臣所作」，是正確的〔註45〕。

再來看《蓼莪》。此詩詩義較爲顯豁，一方面歌唱了父母養育「我」的辛勞，另一方面則表達了欲贍養父母而不得的沉痛心情。《孔子詩論》第26簡曰「《蓼莪》有孝志」，《孔叢子》亦曰「於《蓼莪》見孝子之思也」，均以此詩爲孝子所唱的樂歌，是正確的〔註46〕。問題是，「孝子」具有何種身份呢？從「欲報之德，昊天罔極」、「民莫不穀，我獨何害」等詩句看來，此「孝子」不得終養父母是比較個別的現象，因而他應該不是兵士，而是士大夫，可能是在「大夫不均」的背景中久役於外，所以不能終養父母。宋代蘇轍以

〔註44〕阮元《十三經注疏·毛詩正義》，上海：上海古籍出版社，1997 年，第 406 頁。朱熹《詩集傳》，南京：鳳凰出版社，2007 年，第 117 頁。

〔註45〕阮元《十三經注疏·毛詩正義》，上海：上海古籍出版社，1997 年，第 407 頁。高亨《詩經今注》，上海：上海古籍出版社，1980 年，第 444 頁。

〔註46〕李學勤《〈詩論〉的編聯和復原》，《中國哲學史》，2002 年第 1 期，第 5～8 頁。

爲此詩表現的是「孝子行役而遭喪，哀其父母生己之勞而養不終」，是有道理的〔註47〕。

接下來是《四月》。詩第六章曰「滔滔江漢，南國之紀。盡瘁以仕，寧莫我有」，指出「我」因職事而到達南國；又曰「亂離瘼矣」、「我日構禍」，可見行役者是在動亂的時局中被陷害而流落南國的。因此，詩中的行役者當爲士大夫無疑。姚際恒曰「此疑大夫之後遭小人構禍，身歷南國」，方玉潤亦曰「此詩明明逐臣南遷之詞」，他們的觀點是符合詩篇內容的〔註48〕。

再者是《北山》。此詩詩旨最爲明確，首章曰「偕偕士子，朝夕從事」，次章又曰「大夫不均，我從事獨賢」，可見詩中的「我」是王朝的一位低級官吏。第三章又曰「四牡彭彭，王事傍傍。嘉我未老，鮮我方將。旅力方剛，經營四方」，指出了「我」爲王事奔走、經營四方的情形。可見，詩中的行役者爲低級的士，他因政務不均而憤憤不平。《孟子・萬章下》指出此詩表現的是「勞於王事而不得養父母」，是符合詩篇內容的。

再者是《小明》。首章曰「我征徂西，至于艽野」，指出了行役者是西行至遠方。那麼，「我」是因何而往？有的學者認爲「我」是軍中將領，是爲了戰事而出行〔註49〕。我們不贊同這種看法，因爲詩中沒有「戰事」的迹象。詩曰「曷云其還，政事愈蹙」，指出了政局越來越混亂；又曰「嗟爾君子，無恒安處。靖共爾位，正直是與」，告誡「君子」要恪盡職守，親近正直之人。另外，行役者「豈不懷歸，畏此罪罟」、「畏此譴怒」、「畏此反覆」，與朝中的政治鬥爭有關。總之，綜合各種迹象來看，「我」當爲士大夫，出行是因爲政事或職事變遷。陳子展認爲此詩表現的是「大夫自述久役、憂時、思友、懷歸種種複雜心情之作」，是符合詩篇內容的〔註50〕。

最後是《緜蠻》。此詩背景較爲模糊，學者們的觀點可謂「千奇百怪」：《小序》以爲「微臣刺亂也」，何楷以爲「諸侯貢士也」，姚際恒以爲「王命大夫求賢」，方玉潤以爲「王者加惠遠方人士」等等。其實，這些說法都是想像之辭。從詩篇內容看，它是表現士大夫行役的詩。胡承珙引《虞東學詩》曰「本

〔註47〕　蘇轍《三蘇全書・經部・詩集傳》，北京：語文出版社，2001 年，第 444 頁。
〔註48〕　姚際恒《詩經通論》，北京：中華書局，1958 年，第 224 頁。方玉潤《詩經原始》，北京：中華書局，2006 年，第 423 頁。
〔註49〕　王宗石先生認爲此詩表現的是「一個軍官奉命鎮守西陲荒地」的情形。參《詩經分類詮釋》，長沙：湖南教育出版社，1993 年，第 354 頁。
〔註50〕　陳子展《詩經直解》，上海：復旦大學出版社，1983 年，第 743 頁。

詩言『道之云遠』，又言『豈敢憚行』，則有征行之事可知；言『後車載之』，詩人自是登仕版者，非徒役之庶人可知」〔註51〕。因而，第三章後兩句「飲之食之，教之誨之。命彼後車，謂之載之」，其實是說行役者在旅途勞頓的時候有人幫助，首句「緜蠻黃鳥，止于丘阿」，就是形容行役者獲助的情形。

綜上所述，可知《四牡》、《皇皇者華》、《蓼莪》、《四月》、《北山》、《小明》、《緜蠻》俱爲行役詩，表現士大夫因爲政務而行役於外，從而產生各種思想感情；詩中的「征夫」是周王朝的低級官吏，如《北山》的「士子」之類。

二、行役詩與征役詩的區別

上文指出，「雅頌」中有一組征役詩，包括《采薇》、《杕杜》、《漸漸之石》、《何草不黃》四篇，它們表現的是將士出征之事。上述的行役詩與這一組征役詩是有相似之處的，如常常將詩中謳歌的主人公稱爲「征夫」，又如表現旅途的勞苦。正因爲如此，學者們常常將行役詩與征役詩混爲一談，以「行役」或「征役」涵蓋士大夫行役與將士出征這兩個極爲不同的內容，如王宗石先生的《詩經分類詮釋》在「國風」部分設「征人差役詩」一類，在「雅頌」部分設「使臣・征夫・思婦」一類，將征役詩與行役詩混淆在一起〔註52〕。檢索學術史可以發現，這種做法並非個案，而是極爲普遍。

如果僅僅就「行役」、「征役」兩個概念而言，二者的差別不大，都可以用來概括將士出征、士大夫行役的內容〔註53〕。但是，如果就「雅頌」中征役詩篇與行役詩篇而言，二者的差異不啻萬里。這可以從以下幾點加以認識：

首先，行役詩歌唱的對象與征役詩不同。雖然二者都稱詩的主人公爲「征夫」，如《杕杜》「征夫遄止」、《皇皇者華》「駪駪征夫」，但實際上這兩個「征夫」的身份是不一樣的。在征役詩篇中，「征夫」是指服兵役的兵士，具有軍人身份，如《杕杜》的「征夫」乘的是作爲兵車的「檀車」，《采薇》明言「玁狁之故」，《漸漸之石》言「武人東征」，都點明了詩篇主人公的身份。而在行役詩篇中，「征夫」是具有一定官銜的士大夫，具有官吏的身份。如《皇皇者

〔註51〕 胡承珙《毛詩後箋》，王先謙《清經解續編》第 2 冊，上海：上海書店，1988年，第 1035 頁。

〔註52〕 王宗石《詩經分類詮釋》，長沙：湖南教育出版社，1993 年，第 2～4 頁。

〔註53〕 《漢語大詞典》「征役」有三個義項「賦稅與徭役；徭役；行役」。可見，此二詞均可指士大夫行役與將士出征這兩個內容。

華》的「征夫」出行是為了「周爰咨諏」，表明這個「征夫」是使臣〔註54〕；另外，《北山》中的「我」實即「偕偕士子，朝夕從事」的「士子」，並與「大夫」對舉而言；另外，《四月》曰「盡瘁以仕」，《小明》曰「曷云其還，政事愈蹙」，《縣蠻》曰「飲之食之，教之誨之」，都表明明詩中的主人公是周王朝的低級官吏。

其次，行役詩表現的是士大夫出行辦理政務，這與表現戰事的征役詩極為不同。「雅頌」的一些詩篇中有「王事靡盬」一句，所謂「王事」既可以指戰事，如《采薇》、《杕杜》等篇；也可以指政事，在行役詩篇中即為如此，如《北山》、《四牡》等。行役詩所表現的「王事」具體為何雖然不能確定，但肯定不是軍事。如《皇皇者華》曰「周爰咨諏」、「周爰咨謀」、「周爰咨度」、「周爰諮詢」，可見此詩寫的是與政務有關的出訪、出詢；又如《四月》曰「盡瘁以仕，寧莫我有」，說明詩中的「我」仍在仕途之中；《北山》曰「大夫不均，我從事獨賢」，表明「士子」負責的是政務；《小明》曰「政事愈蹙」、「靖共爾位」，《縣蠻》曰「飲之食之，教之誨之。命彼後車，謂之載之」，都表明征夫所從事的是政務而非戰事。

總之，行役詩主要表現周王朝的低級官吏因政務而出行，表現他們因久於出行而承擔的種種勞苦和精神困擾。行役詩的表現對象是具有官員身份的士大夫，其表現內容是處理政務。這是行役詩區別於征役詩的基本要點。上文已經指出，征役詩篇是戰爭結束後、周王朝慰勞將士時所用的樂歌。行役詩既然不同於征役詩，那麼，它是如何產生的呢？這首先得從其歌唱的內容說起。

三、行役詩歌唱的內容

「雅頌」中的行役詩篇包括《四牡》、《皇皇者華》、《蓼莪》、《四月》、《北山》、《小明》、《縣蠻》七篇。這些詩篇集中於表現周王朝的低級官吏因政務而久於出行。正是由於久役於外，他們表達了心中鬱積的各種情緒。概括起來，主要有以下幾個方面的內容：

首先是「我」兢兢業業地從事於政務。行役詩中的「我」往往駕著四牡之車出行，從事各種政務。他們對自己的任務認真負責，如《皇皇者華》寫

〔註54〕阮元《十三經注疏·毛詩正義》，上海：上海古籍出版社，1997 年，第 407 頁。

「我」馳驅車馬，一遍遍徵詢；又如《四月》曰「盡瘁以仕」，《北山》曰「朝夕從事」，都體現了這一點。同時，他們儘管有種種私心和顧念，甚至受到不公平的待遇，但是始終掛念「王事」，仍然反覆提醒自己以王朝的大局爲重。如《四牡》屢屢歌唱「豈不懷歸，王事靡盬」，《皇皇者華》亦曰「駪駪征夫，每懷靡及」。鄭玄指出詩中「君子不以私害公，不以家事辭王事」，準確地概括了行役士大夫的品格〔註55〕。

其次是因久役而不能贍養父母，突出了公「義」與私「孝」的尖銳衝突。《四牡》歌唱「我」因爲王事而「不遑將父」、「不遑將母」，《北山》亦曰「王事靡盬，憂我父母」。另外，《皇皇者華》「每懷靡及」、《小明》「豈不懷歸」都表達了渴望回家贍養父母的願望。更有《蓼莪》一篇以極爲辛酸的筆調抒發了父母逝去、士大夫不能終養父母的悲痛「哀哀父母，生我劬勞」、「無父何怙，無母何恃」、「欲報之德，昊天罔極」，方玉潤評其爲「備極沉痛，幾於一字一淚，可抵一部《孝經》讀」〔註56〕。《四牡・毛傳》曰「思歸者，私恩也；靡盬者，公義也。」行役的士大夫不得贍養父母的憂傷，強化了詩中「公」與「私」、「忠」與「孝」的矛盾，成爲行役詩在情感上的重要特徵〔註57〕。

再次是政務不均或遭受的不公平待遇。在這些詩篇中，行役者久征於外，一方面是因爲「王事靡盬」的時局方面的原因，另一方面則是由於王朝役使不均，造成了行役者承擔了過多的政務。如《北山》明言「大夫不均，我從事獨賢」（「賢」釋爲「勞」），並且活靈活現地刻畫了朝中碌碌無爲和盡瘁以仕的兩種人「或燕燕居息，或盡瘁事國；或息偃在床，或不已於行；或不知叫號，或慘慘劬勞；或棲遲偃仰，或王事鞅掌」。另外，行役者往往是王朝政治爭鬥的失敗者和受害者，如《四月》曰「我日構禍，曷云能穀」〔註58〕，《蓼莪》曰「民莫不穀，我獨何害」，《小明》亦曰「豈不懷歸，畏此罪罟」，都暗示了行役者之所以久役於外、不能終養父母，與受政治迫害有關。

〔註55〕李學勤《十三經注疏・毛詩正義》，北京：北京大學出版社，1999 年，第 560頁。

〔註56〕方玉潤《詩經原始》，北京：中華書局，2006 年，第 418 頁。

〔註57〕阮元《十三經注疏・毛詩正義》，上海：上海古籍出版社，1997 年，第 406頁。

〔註58〕此句中「構」，毛釋爲「成」，鄭釋爲「合集」都不夠準確。馬瑞辰云「構者，遘之假借，構禍猶云遇禍也。」馬瑞辰《毛詩傳箋通釋》，北京：中華書局，1989 年，第 686 頁。

最後是僚友之間的告誡和幫助。行役者雖然處境苦難，但有時能獲得一些僚友的幫助，《緜蠻》就歌唱了這方面的內容：行役者行於遠道之上，勞苦不堪，可喜的是遇到僚友的幫助——「飲之食之，教之誨之。命彼後車，謂之載之」，這使得主人公猶如「緜蠻黃鳥，止于丘阿」。王宗石先生云「小臣行役在外，征途勞頓，……但一路上能得到長官的體恤照顧，痛苦中又存感激的心情」，準確地概括了詩義〔註59〕。另外，行役者勞苦於外，也不忘告誡朝中的僚友。《小明》末兩章曰「嗟爾君子，無恒安處。靖共爾位，正直是與」，是行役者以身為戒，告僚友以善全之道。從接受幫助、告誡僚友這兩點，可以窺測到行役者生活的一些側面。

綜上可知，行役詩既表現了行役者的「公事」——奔忙於政務，也表現了行役者的「家事」——父母不得贍養；既揭示了他們所面臨的政治困境——政務不均、禍亂頻仍，也交代了行役者與同僚之間的關係。由此可見發現，這些詩雖然內容各異，但具有相同的抒情模式：因政務而久役於外，從而抒發鬱積在心中各種情感情緒。

那麼，一個很關鍵的問題是這樣的抒情模式是在什麼樣的場景中產生的呢？也即，這些表達行役者思想感情的詩篇的作者是誰，它們是在什麼樣的禮儀場景中被創作和使用的呢？要回答這些問題，首先要考察詩中「征夫」的具體職事。

四、「征夫」的職事考察

行役詩中的主人公是周王朝的低級官吏，有的是「征夫」（《皇皇者華》），有的是「士子」（《北山》），他們都在為王朝的政務而奔忙。那麼，這些官吏到底具有何種職務呢？為何他們總是處於「出差」狀態，總是久役於外？結合詩篇的內容來看，他們大都是以使臣的身份出行在外，其職事可能與「行人」有一定的關係。

首先，詩中的「征夫」可能具有使臣的身份。各個篇章都有迹象表明這一點：《四牡》曰「四牡騑騑，周道倭遲」，《皇皇者華》曰「載馳載驅，周爰咨諏」，「征夫」駕著四牡的馬車，在漫漫的「周道」上為「王事」而四處「諮詢」，這樣的官吏顯然是使臣。《集傳》曰「征夫，使臣與其屬也」〔註60〕；《國

〔註59〕王宗石《詩經分類詮釋》，長沙：湖南教育出版社，1993年，第873頁。
〔註60〕朱熹《詩集傳》，南京：鳳凰出版社，2007年，第118頁。

語‧魯語下》、《左傳》襄公四年均記載此二詩與「使臣」有關，這應該有所本的。另外，《四月》曰「滔滔江漢，南國之紀」，《北山》曰「四牡彭彭，王事傍傍」、「旅力方剛，經營四方」，《小明》曰「我征徂西，至於艽野」，《緜蠻》曰「道之云遠，我勞如何」，都或隱或顯地描寫了「征夫」駕車遠行、奔赴四方的情形，這裡的「征夫」當亦為王朝使臣。

其次，作為使臣的「征夫」，其職事可能與《周禮‧夏官》所載的「行人」等有相似之處。《皇皇者華》「駪駪征夫，每懷靡及」，《毛傳》曰「征夫，行人也」，我們認為毛氏之說有一定根據。《周禮‧夏官》有「大行人」、「小行人」、「行夫」等職。「大行人」為中大夫，身份較高，掌贊王禮，可能非「征夫」所能比；但是，「小行人」、「行夫」二者之職事卻與「征夫」極為契合。「小行人」由鄉大夫擔任，「行夫」由「士」擔任，這正合詩中「征夫」作為王朝低級官吏的地位。另外，在職事上，《周禮‧小行人》載「使適四方，協九儀賓客之禮，……若國箚喪，則令賻補之；若國凶荒，則令賙委之；若國師役，則令槁檜之；若國有福事，則令慶賀之；若國有禍災，則令哀弔之；凡此五物者，治其事故……以反命於王，以周知天下之故」；《行夫》載「掌邦國傳遽之小事、媺惡而無禮者，……雖道有難而不時，必達。」可見，小行人、行夫負責溝通周王與各諸侯國、各地方的政務往來，舉凡喪葬、凶荒、師役、喜慶、禍災等大事，均與其有關；而且，不論道路遠近、艱難險阻，都要使命必達。由此，「行人」之職之奔波勞碌是可想而知的。

眾所周知，周代的統治結構主要是根據分封制建立起來的各諸侯國與宗周王畿形成拱衛之勢。因此，王朝與諸侯國之間的往來就成為內部政務的主要內容，而使臣無疑是溝通王朝與諸侯國的關鍵角色。一部《左傳》，不僅記載了卿大夫作為使臣出使周王庭和其他諸侯國，進行了重大政事交往的許多事迹，也記載了普通使臣為喪葬、凶荒、師役、喜慶、禍災的日常事宜而往來交通的許多事迹。如隱公元年「天王使宰咺來歸惠公、仲子之賵」，就是大夫為喪事而來。

我們認為，行役詩中的「征夫」當為使臣出行在外，他們雖然不一定就是「行人」、「行夫」等職務，但他們「不遑啓處」而奔赴的「王事」極有可能類似於「行人」、「行夫」所轉達交通的諸多事宜。《左傳》襄公二十九年記載「葬靈王，鄭上卿有事，子展使印段往。伯有曰：『弱，不可。』子展曰：『與其莫往，弱不猶愈乎？《詩》云：『王事靡盬，不遑啓處。』東西南北，

誰敢寧處？堅事晉、楚，以蕃王室也。」可見，所謂「誰敢寧處」，就是爲了奔喪治喪等日常政務。由此可以認識行役詩中征夫所言「王事靡鹽，不遑啓處」、「偕偕士子，朝夕從事」所指的職事內涵。

五、行役詩篇使用的禮儀場景

行役詩中的「征夫」既然是使臣，那麼這些歌唱行役勞苦憂傷的詩篇的產生應當與使臣的出使往來有關。從詩篇的內容出發，結合史料，我們認爲行役詩由使臣自作，是燕勞使臣時使用的樂歌。

首先，這些行役詩當係使臣自作。這有兩點證據：其一，這些詩篇無一例外都是以第一人稱的口吻歌唱的。《四牡》曰「王事靡鹽，我心傷悲」，《皇皇者華》曰「我馬維駒，六轡如濡」，《蓼莪》云「哀哀父母，生我劬勞」，《四月》「先祖匪人，胡寧忍予」，《北山》「大夫不均，我從事獨賢」，《小明》「我征徂西，至于艽野」，《縣蠻》「道之云遠，我勞如何」，均有明顯的第一人稱。其二，有些詩篇的作者現身說法，點明了自己的作意。如《四牡》曰「豈不懷歸？是用作歌，將母來諗」，可見「作歌」的人正是「豈不懷歸」的征夫；《四月》曰「君子作歌，維以告哀」，「告哀」的人是詩中的「士子」，可見作詩的「君子」正是行役的「士子」無疑。姚際恒曰「試將此詩平心讀去，作使臣自詠極順，作代使臣詠極不順」，其實不僅《四牡》如此，行役詩均是如此〔註61〕。

其次，詩篇是儀式歌詞，用於燕勞使臣的禮儀場景中。從《四牡》「是用作歌」、《四月》「君子作歌」可知，這些詩篇實爲儀式樂歌，用於儀式頌唱。那麼，它們用於哪一種儀式中呢？古人在釋《四牡》、《皇皇者華》時提出了「君勞使臣」、「君遣使臣」等說法（《詩序》），這種說法是沒有根據的；雖然詩篇確實是「勞辭」，但是詩中並沒有天子或國君的迹象。上文已經指出，這是使臣自陳勞苦之詞。因而，它們當用於使臣參與的燕勞儀式中，由樂官以使臣的口吻歌唱。

由此，我們聯想到《左傳》記載春秋時期有所謂「郊勞」制度，是諸侯國使臣來聘時本國接待於郊的一個儀式，《左傳》僖公二十九年、昭公五年均有「自郊勞至於贈賄」就是指此。「郊勞」本爲賓禮的一個部分，《儀禮·聘禮》「賓至近郊，君使卿勞之」。此禮除了舍幣之外，還有所謂「勞辭」，《左

〔註61〕姚際恒《詩經通論》，北京：中華書局，1958年，第174頁。

傳》襄公三十一年曰「印段迂勞於棐林，如聘禮而以勞辭」，「勞辭」即郊勞之辭。雖然此「勞辭」並非樂章，而是聘問辭令，觀其回覆之詞——「寡君使弓來繼舊好，固曰『女無敢爲賓』，徹命於執事，敝邑弘矣，敢辱郊使」（《左傳》昭公二年）——可知。但是，我們認爲，使臣因政務出使而歸來必有燕勞儀式，這就是他們歌唱「勞苦憂傷」的時候，也即行役樂歌所產生的禮儀場景。

結　語

綜上所述，本文認爲「雅頌」中的《四牡》、《皇皇者華》、《蓼莪》、《四月》、《北山》、《小明》、《綿蠻》七篇是表現使臣因政務久役於外的「行役詩」，它們不同於表現將士出征的征役詩。這些詩篇表現了行役者對公事的兢兢業業，也表達了他們不得贍養父母的憂傷；既揭露了官場不均、不公的現實遭遇，也表達了他們不滿和憤懣之情。結合詩篇內容來看，行役詩中的「征夫」大都是使臣，其職事可能與《周禮》所載的「小行人」、「行夫」接近。由此看來，這些使臣自作的儀式樂歌，當用於燕勞的儀式之中。

第四節　邦族用詩

引　言

「雅頌」中有一組詩篇，包括《鴻雁》、《沔水》、《黃鳥》、《我行其野》四篇，表現的是同邦同族之人經歷動亂的情形。其中，《鴻雁》表現的是動亂之後安集流民，《沔水》表現的是對邦人不團結的憂慮，《黃鳥》表現的是邦人不容於他邦而思歸，《我行其野》表現的是與他邦之人婚姻失敗而復歸。這些詩篇表明，邦族曾經經歷了一場大動亂，可能是西周厲王奔彘或兩周交替時的社會動亂。這些詩篇是以邦人的口吻歌唱的，當爲動亂中所作的樂歌，用於邦族內的儀式歌唱中。

一、邦人、邦族、邦家

西周社會的基本結構是各個諸侯國與周王形成互相制約的關係。這種結構關係從《詩》中的一個「邦」字的用法就可以看出來。《說文·邑部》云「邦，

國也」，是說「邦」的原義是指諸侯國。《小雅·雨無正》曰「邦君諸侯，莫肯朝夕」，此「邦」字即指諸侯國，《周頌·烈文》「無封靡于爾邦」、《魯頌》「魯邦是常」以及「萬邦」、「大邦」之「邦」都是諸侯國的意思。但是，「邦」字還有另外一層含義，指周人統治的天下，即後世的「國家」之義。《小雅·采菽》「殿天子之邦」、《大雅·崧高》「周邦咸喜」、《瞻卬》「邦靡有定」的「邦」，實際上已具有「天下」之義，是針對周天子而言的。

分析這些「邦」字可以發現，「邦」是西周社會的基本單位，周人的天下就是由一個個「邦」組成的。就連作為天下共主的周王庭，原本也只是一個「邦」，《大雅·文王》所云「周雖舊邦」就是此義，只是在打敗殷商之後上陞為「大邦」，成為「萬邦」的首領。但必須明確的是，以周天子為共主的這一個個「邦」並非繼承先代之舊，而是在各個歷史時期按照分封制的原則建立起來的。《左傳》昭公二十六年載「昔武王克殷，成王靖四方，康王息民，並建母弟以蕃屛周」，所謂「並建母弟以蕃屛周」是指封建同姓兄弟；其實，周人分封除了同姓之外，還分封先代之後、功臣以及親戚等〔註62〕。

學者早已指出，周人建「邦」是按照宗族血緣關係的尺度進行的，是一種「政治權力層級分化」，這是著眼於「邦」的統治者而言的〔註63〕。同時，從另一個角度看，建「邦」實際上也是「對古老人群進行的分解和組合」，是「人口的再編組」（許倬雲）〔註64〕。也就是說，周人通過分封，把包括姬姓、子姓在內各個人群拆開，重新組合，分配到各個新立的「邦」中，形成新的人群結構。《左傳》定公四年記載分封魯國曰「分魯公以大路，大旂，夏后氏之璜，封父之繁弱，殷民六族，條氏、徐氏、蕭氏、索氏、長勺氏、尾勺氏；使帥其宗氏，輯其分族，將其類醜，以法則周公」，就是指此。

由此可見，作為周代社會基本單位的「邦」是在新的歷史條件下，按照分封制建立起來的新的人群結構單位。在這個單位中，被遷移而來的各個族群相互結合在一起，成為「邦」的統治群體；他們聚居在國之內，而原土著居民則被驅趕至「野」的區域，成為被統治的群體。所謂「國」、「野」之分，實際上反映了「邦」的政治結構〔註65〕。

〔註62〕關於西周一代分封的情況，可參楊寬《西周史》第三編第四章，上海：上海人民出版社，2003 年，第 373～392 頁。

〔註63〕許倬雲《西周史》，生活·讀書·新知三聯書店，1994 年，第 144 頁。

〔註64〕李山《先秦文化史》，北京：中華書局，2008 年，第 2008 頁。

〔註65〕楊向奎《宗周社會與禮樂文明》，北京：人民出版社，1992 年，第 184 頁。

　　但是，需要強調的是，儘管西周「邦」的形成伴隨著對族群的拆解和重新組合，但對於個體的族群而言，宗族是整體遷移的，並沒有被打碎，《左傳》定公四年所謂「使帥其宗氏，輯其分族，將其類醜」就是此義。所以，在「邦」的國人群體，宗族組織還被保存著，血緣關係仍是這一群體的組織方式。《周禮·大司徒》記載「六鄉」的鄉黨組織曰「令五家為比，使之相保；五比為閭，使之相受；四閭為族，使之相葬；五族為黨，使之相救」，可見，「六鄉」居民仍聚族而居，保持著宗族的相對獨立性。總之，儘管人群經過變遷，但是個體的族群仍然獨立存在，宗族在「邦」的政治、社會生活中仍然發揮重要作用〔註66〕。

　　「雅頌」中有一組詩篇表現了邦人或族人在動亂中的遭遇，體現了對邦族的依賴和眷顧。這就是《沔水》、《黃鳥》、《我行其野》、《鴻雁》四詩。本文將通過解讀這些詩篇的內容，考察它們的歷史背景，揭示它們所使用的禮儀場景。

二、《鴻雁》、《沔水》、《黃鳥》、《我行其野》四詩的共同點

　　之所以將這四詩放在一起討論，是因為這四詩具有一個共同點，即與邦家動亂、離開母邦有關。換言之，詩中的歌唱是在此邦與母邦、安定與動亂的矛盾中展開的，體現了一種今不如昔、此不如彼的抒情模式。

　　先看《鴻雁》。詩曰「之子于垣，百堵皆作。雖則劬勞，其究安宅」，描寫的是「之子」築牆安宅，這暗示著詩中的「矜人」、「鰥寡」正處於流離失所的境地，所以詩以「鴻雁于飛，哀鳴嗷嗷」作比。《續序》認為此詩描寫了「萬民離散，不安其居」的情形，是符合詩篇內容的〔註67〕。由此可以推測，詩篇是在一場動亂之後、安家落戶之際歌唱的，人們的母邦顯然還沒有從動亂中恢復過來。《詩經分類詮釋》云「本篇作者大概是周王朝的大員，他率領流民回其老家修築牆垣以安定其流離生活」，這種推測是有道理的〔註68〕。

　　再看《沔水》。詩曰「嗟我兄弟，邦人諸友。莫肯念亂，誰無父母」，是說本邦中的同姓兄弟、異姓朋友都不肯顧念邦國的混亂，詩中的「我」為此

〔註66〕楊寬《古史新探·試論西周春秋間的宗法制度和貴族組織》，北京：中華書局，1965年，第166～196頁。

〔註67〕阮元《十三經注疏·毛詩正義》，上海：上海古籍出版社，1997年，第431頁。

〔註68〕王宗石《詩經分類詮釋》，長沙：湖南教育出版社，1993年，第866頁。

憂心忡忡。由此可見，「我」所處之「邦」亂象萌生，面臨著重大的危機。從末章「民之訛言」、「讒言其興」，又可以推測這是一場因政治爭鬥而引發的動亂。方玉潤曰「詩前云『念亂』，後言『讒興』，分明亂世多讒、賢臣遭禍景象。」〔註69〕

接著是《黃鳥》。此詩詩旨較為明晰，全詩三章實為同調疊唱，其曰「此邦之人」、「不我肯穀」、「不可與明」、「不可與處」，可見「我」與此邦之人關係已經破裂，所以盼望著回家，回到自己的母邦。詩篇一再強調了與「此邦之人」的隔閡，一再表達回到母邦宗族的強烈願望。這表明詩中的「我」經歷了一場失敗的遷徙，說明了「我」之前極力想融入異邦之中。朱熹云「民適異國，不得其所」，王宗石亦曰「詩人因故流寓異地，與彼邦人不能和善相處，甚盼能回歸故國，與親族相聚」，是對詩旨的準確概括〔註70〕。

最後是《我行其野》。詩篇首先表現的是一場失敗的婚姻，其曰「婚姻之故，言就爾居」、「不思舊姻，求爾新特」，因為婚姻，詩中的「我」與「爾」走到了一起，但是由於「爾」見異思遷遂導致雙方關係破裂。但是，這場婚姻的失敗看來絕非僅僅因為不忠。詩曰「不思舊姻，求爾新特」，其中的「特」字，《毛傳》云「外昏也」，意思是說詩中「爾」另結新歡；同時，詩又曰「成不以富，亦祇以異」，可見詩中的「爾」不是因為財產的原因，而僅僅只是喜新厭舊。這位被拋棄的「我」反覆歌唱「爾不我畜，復我邦家」，可見婚姻既是「我」與「爾」的結合，更是兩個邦族的結合；被拋棄的一方沒有太多的傷感，而是理直氣壯地回邦家。這似乎暗示了這場婚姻的失敗不僅僅源自一方的不忠，而是兩個邦族的關係出現了問題。李山先生云「此詩不像是有關夫妻關係的詩，倒似乎反映了有著姻親關係的人們之間的矛盾糾葛」，其眼光是極為敏銳的〔註71〕。

綜上所述，《鴻雁》、《沔水》、《黃鳥》、《我行其野》雖然內容各不相同，但都涉及了邦族的動亂變遷或者邦人與他邦之間的齟齬關係。所以，我們將此四詩放在一組，視之為邦族樂歌。邦族樂歌顯然是在特殊的時代背景中產生的，解讀這些詩篇必須找到相應的時代語境。

〔註69〕 方玉潤《詩經原始》，北京：中華書局，2006 年，第 374 頁。
〔註70〕 朱熹《詩集傳》，南京：鳳凰出版社，2007 年，第 143 頁。王宗石《詩經分類詮釋》，長沙：湖南教育出版社，1993 年，第 830 頁。
〔註71〕 李山《詩經析讀》，海口：南海出版社公司，2003 年，第 260 頁。

三、邦族樂歌的背景推測

《沔水》的亂之將萌，《黃鳥》、《我行其野》之不容於他邦，《鴻雁》的亂後初定，都顯示了一場動亂嚴重地衝擊了傳統的邦族關係。在這場政治變動中，一些邦族不得不舉族遷徙，陷入了顚沛流離之中，所謂「鴻雁于飛，肅肅其羽」就是比喻其流離失所的形象。在變遷中，他們不得不暫時寓於他邦，所以就不可避免要與異邦異族之人交往。然而不幸的是，交往是失敗的，這些邦族得不到異邦人的善待，所以就渴望著「復我邦族」、「復我邦家」。終於，他們歷盡坎坷，通過辛勤的工作，建立了邦家，獲得了「安宅」。這就是邦族詩中歌唱的內容，那麼，那場導致邦族流離遷徙的動亂發生於何時呢？

歷來學者對此有兩種不同的看法。一種是「厲王之亂」說。此說認爲這些詩篇產生於宣王時期，邦族之所以流離的是因爲厲王時期的「國人暴動」。《詩序》以此四詩分別爲「美宣王」、「規宣王」、「刺宣王」之作，就有此意。《箋·鴻雁》云「宣王承厲王衰亂之敝，而起興復先王之道」，是這種觀點的代表〔註72〕。另外一種是兩周交替之說，認爲這些詩篇是在西周滅亡、王室東遷的動蕩局勢中產生的。《詩經析讀·黃鳥》云「此詩及後面的《我行其野》，皆當與《鴻雁》合觀，西周末年劇烈的社會動蕩勢必造成大量的流民」，是這種觀點的代表〔註73〕。那麼，二說孰是呢？

首先，西周的大動亂是從周厲王時期才開始的。《國語·周語下》記載太子晉評論周王權的興衰時指出「厲始革典，十四王矣，基德十五而始平，基禍十五其不濟乎」，把厲王之政視爲周王權盛衰的轉捩點。正是由於「厲始革典」而「好專利」，從而導致了「國人」暴動，周厲王被流於彘。這次動亂使周王的臉面喪失殆盡，嚴重地削弱了周王室的權威，從此周天子對諸侯的控馭再也無法達到之前的程度。因此，厲王之亂被視爲「西周崩潰的開始」〔註74〕。然而，儘管厲王之亂已經顯示了西周的頹勢，但是從這場動亂的處理以及殘存局面的收拾來看，貴族政治體制並沒有瓦解，也沒有發生大規模的戰爭，更重要的是各諸侯國沒有參與進來。可見，這場動亂的惡劣影響在於削弱了周王作爲諸侯共主的權威，從而削弱了王朝的向心力。其實，就邦國宗族而言，並沒有實質性的影響。

〔註72〕阮元《十三經注疏·毛詩正義》，上海：上海古籍出版社，1997年，第431頁。
〔註73〕李山《詩經析讀》，海口：南海出版社公司，2003年，第259頁。
〔註74〕許倬雲《西周史》，生活·讀書·新知三聯書店，1994年，第306頁。

其次，眞正對邦國宗族、尤其是宗周王畿附近的邦族影響最巨的是西周的滅亡。西周末期，時局危亡到了極點：不僅在朝政上周幽王昏亂愚昧、政治腐敗，而且遇上地震、大旱等天災。天災人禍交迫，民不聊生。終於，西戎鐵蹄席卷宗周，西周淪亡。這一場大動亂不僅殺周王、滅政權，而且掃蕩了宗周一帶，對西周的半壁江山幾乎是毀滅性的打擊。因此，它對邦國宗族尤其是宗周一帶的邦族的影響是可想而知的，首先就是毀滅了他們的生存家園，使其陷入流離失所之中。這一點從發掘的西周青銅器窖藏可以看出來，如在陝西齊家村、張家坡、董家村、莊白村等地發現的一些窖藏，埋藏草率、器物放置淩亂，顯然是「臨時避難而埋藏的」〔註75〕。這些窖藏保留了當初「西周滅亡」的大動亂的痕迹，留下了當時王畿和宗周以西的邦族被迫匆忙遷徙的歷史證據。

宗周滅亡，邦族大量東遷，這是可以推知的。《國語‧鄭語》記載了鄭桓公問大史伯「何所可以逃死」，後者建議「乃東寄帑與賄」於「濟、洛、河、潁」之間。所謂「寄帑」，實際上就有遷徙邦族之義。而且，大史伯還建議其奪虢、鄶之地。這又表明東遷必然會開啓新一輪衝突和爭奪。總之，邦族在流離和痛苦的融合中東遷，這是當時的歷史語境。而這一語境與「雅頌」中的邦族樂歌所歌唱的內容是極爲契合的。所以，我們認爲邦族樂歌當產生於西周東遷的歷史時期。

四、邦族樂歌的禮儀場景

上文已經指出，《鴻雁》、《沔水》、《黃鳥》、《我行其野》是產生於西周滅亡、東遷之際的邦族樂歌。這些詩篇既然歌唱邦族變遷以及邦人與他邦的矛盾衝突，那麼，它們的作者是誰，在何種場景中使用？本文認爲，從詩篇內容來看，這些詩篇乃邦中之人所作，當在邦族內部的儀式歌唱中使用。

首先，這些詩篇均爲第一人稱的口吻。如《鴻雁》曰「維此哲人，謂我劬勞」，可見「我」就是「劬勞」之人，就是上文所謂的「之子」；《沔水》曰「心之憂矣，不可弭忘」，直接抒發了內心情感，可見「嗟我兄弟」、「我友敬矣」的「我」即爲全詩口吻；《黃鳥》、《我行其野》皆曰「復我邦族」，可見作爲此邦之人的「我」是全詩的人稱方式。此四篇均以「我」結篇，而「我」即爲邦中之人，詩篇是以邦人的口吻歌唱的。其次，詩篇當在邦族內部的儀

〔註75〕楊寬《西周史》，上海：上海人民出版社，2003 年，第 846～848 頁。

式歌唱中所用。《鴻雁》曰「維此哲人，謂我劬勞；維彼愚人，謂我宣驕」，此句與《魏風・園有桃》首章相似，其曰「心之憂矣，我歌且謠。不知我者，謂我士也驕」，可見，詩中的「我」實即歌詩之人，又曰「謂我劬勞」，是「我」以自己爲邦族劬勞，所以作歌。由此推測，詩當爲邦族燕勞儀式中所用的樂歌。

結　語

綜上所述，本文認爲《鴻雁》、《沔水》、《我行其野》、《黃鳥》四詩具有一個共同點，就是表現了邦族經歷動亂和遷徙，可以視之爲邦族樂歌。它們當產生於西周滅亡、邦族東遷的歷史語境之中，當爲邦中之人所作的儀式樂歌。

第八章　諷諫用詩

引　言

　　綜合前七章可知，西周詩篇首先被應用於祭祀禮儀、農事禮儀，然後又逐漸廣泛應用於政事禮儀、燕饗禮儀、軍事禮儀之中。隨著西周王朝禮儀制度的發展和完備，詩篇所依存的禮儀場景也變得更加廣泛。在這個過程中，西周中期的昭穆恭時期是一個關鍵的階段。本文認爲，西周禮儀用詩的高潮階段當即西周中期。包括周人祭祀先祖的系列篇章、燕饗樂章等許多古人認爲是西周早期周公所作的詩篇，實際上當產生於西周中期〔註1〕。西周中期是禮儀完備、盛行用詩的時代。這種情況直到西周晚期厲王時期諷諫、怨刺樂歌產生之後，才宣告結束。

　　西周用詩的最大變化是諷諫、怨刺的詩篇大量產生。這些詩篇無論在內容、觀念、思想上，還是在表達方式、風格、語言形式上，都與前中期的詩篇有著巨大的差異。儘管如此，本文認爲它們仍然是禮儀用詩。只不過，這些詩篇應用於禮儀之中的首要目的不再是踐行禮儀，而是完成諷諫。這些詩篇作爲儀式文本，與歌詩諷諫制度結合起來了。所以，本文稱這些詩篇爲諷諫用詩。

〔註1〕　白川靜《西周史略》，袁林譯，西安：三秦出版社，1992年，第125頁。李山先生也提出了這一觀點，參李山《詩經的文化精神》，北京：東方出版社，1997年，第163～209頁。

第一節　周禮的變化與諷諫詩篇的興起

引　言

縱觀周禮的發展軌迹，有三個非常關鍵的時期：一個是周初的「周公制周禮」（《左傳》文公十八年），二是西周中期周禮大備，三是西周晚期夷厲宣幽之際周禮的鬆弛與毀壞。周初周公「制禮作樂」（《禮記‧明堂位》），其實質內容是建立基本的制度框架（如分封制、宗法制）〔註2〕，同時，確立了周禮最基本的精神內涵——「德」的原則。「由是制度，乃生典禮，則經禮三百，曲禮三千也」，周人正是沿著周公確立的制度框架而逐漸架構起一整套洋洋大觀的周禮〔註3〕。

但是，周禮的成熟與完備並不是在周公手裏完成的。古人將《儀禮》、《禮記》中的典禮儀式和《周禮》中的典章制度一併歸於周公，歸於周初，這是不符合歷史事實的。學術界根據傳世文獻與新出土文獻指出，周禮的完善是在西周中期的穆王、恭王、懿王、孝王之時。實際上，在周初，禮制在主體上還是繼承了商代的風格。以青銅禮器爲例，出土的西周前期銅器無論在類型、種類還是在造型、紋飾、風格上，都與商朝後期一脈相承〔註4〕。只有到了西周中期，周禮才形成了具有自身風格特色的體系。白川靜指出，「彝器文化開始顯示西周期特質的，是在昭穆期以後。從這個時候起，原來那種複雜雄偉的器制與充滿古代神秘感的紋樣便逐漸隱沒，而有顯著的定型化與形式化的傾向。」〔註5〕這種彝器上的風格變化，包括了酒器的消失與食器的興起、編鐘的增加等內容，而其內在原因則是「儀式甚至信仰上的重要變化」〔註6〕。總之，學者們相信，周禮是到了西周中期才達到完備的程度。上文提出的大

〔註2〕　清人陳澧認爲周公制禮是「舉其大綱」。參《東塾讀書記‧禮記》。

〔註3〕　王國維《觀堂集林‧殷周制度論》，北京：中華書局，1959 年，第 475 頁。

〔註4〕　日本學者白川靜云「就彝器文化上看，殷末周初，還可以視爲一個連續不分的時期。」白川靜《金文的世界：殷周社會史》，溫天河、蔡哲茂譯，臺北：聯經出版事業公司，1989 年，第 9 頁。

〔註5〕　白川靜《金文的世界：殷周社會史》，溫天河、蔡哲茂譯，臺北：聯經出版事業公司，1989 年，第 10 頁。不少國內學者也持此觀點，如郭寶均認爲，「西周前期的冊命較少，並且沒有形成固定的風格，到了西周中期的穆王時期逐漸形成獨特的風格」，參《商周青銅器群綜合研究》，文物出版社，1981 年，第 159 頁。

〔註6〕　傑西卡‧羅森《中國古代藝術與宗教‧政治家還是野蠻人？——從青銅器看西周》，北京：北京大學出版社，2002 年，第 54～55、143 頁。

量禮儀用詩產生於西周中期，就是對這一觀點的有力佐證。

　　到西周晚期（夷厲宣幽），周禮開始被違背、被破壞，並一步步走向崩塌。由此導致了禮儀用詩隨之發生巨大的變化。下文將著重分析這一內容。

一、「厲始革典」與周禮在西周晚期的新變

1、西周中晚期的違禮現象與王室的衰弱

　　西周滅亡、王朝東遷的巨變，開啓了一個名爲春秋的新的歷史時代，被史家視爲周代歷史發展的關節點。就周禮而言，春秋時期是眾所周知的「禮崩樂壞」的時代。但是，考察歷史可以發現，周禮至西周中期發展完備之後，其盛極而衰、繼而崩壞的轉捩點並非是兩周之際，而是西周晚期的夷厲宣幽時期。周禮在這一時期的鬆動與崩壞可以歸納爲這麼一條線索：肇始於夷王，以「厲王奔彘」爲標誌性事件，在西周滅亡、兩周交替時達到頂點。

　　周禮的變化與鬆動是從貴族社會的上層開始的，特別是周王的違禮現象動搖了周禮存在的合理性〔註7〕。周王室及周王的違禮現象早在西周中期就有了。根據《國語·周語上》、《史記·周本紀》的記載，周昭王「南巡狩不反」而「王道微缺」，周穆王不顧祭公勸阻而征伐犬戎，導致「自是荒服者不至」，周恭王爲納密康公三女而滅密，周懿王時「王室遂衰」，周孝王時兄終弟及，可見西周中期世世有悖逆違禮之事。所謂「王道微缺」、「王室遂衰」，表明了周王的悖禮實際上沉重打擊了作爲周朝統治根基的周禮。

　　但是，西周中期周王室畢竟還掌控著絕對權力，周王作爲天下共主的權威並沒有受到違禮現象的削弱。所以，昭王能夠兩次南征荊楚〔註8〕，穆王能夠「肆其心、周行天下」（《左傳》昭公十二年），周王朝的國力仍然在西周中期達到了最鼎盛的程度。由於周王室的權力強盛一時，因而周禮趨於完備並制度化、常規化〔註9〕。

〔註7〕　常金倉認爲「所以禮崩樂壞的內在動力並不是來自於社會下層，而是從社會上層開始的。」參《周代禮俗研究》，哈爾濱：黑龍江人民出版社，2005年，第179頁。

〔註8〕　參《小子生方尊》、《過伯簋》。唐蘭《西周青銅器銘文斷代史徵》，北京：文物出版社，1988年，第268、271頁。

〔註9〕　白川靜云「大致從穆恭時期開始，出現了廷禮冊命形式的固定風格。」他認爲這一點意味著周人的政治秩序、王朝禮儀已經齊備和固定化。《西周史略》，袁林譯，西安：三秦出版社，1992年，第74、76頁。

周王室權威削弱、周禮根基動搖是從屬於西周晚期的夷王開始的。《左傳》昭公二十六年曰「至於夷王，王愆於厥身，諸侯莫不並走其望，以祈王身」，是說這位身染疾病的天子得到了諸侯擁戴。但這可能是夷王初立的時候，因爲孝王是恭王之弟、懿王之叔，皇叔而非太子繼立，這其中在王室繼立上必有變故。所以，諸侯擁立夷王，不過是恢復王朝的宗法繼統而已。但是，這撥亂反正之間，實際上意味著諸侯干預王位，諸侯的勢力無疑是上升了。崔述《豐鎬考信錄》認爲夷王之立是「朝廷大臣」之事而與諸侯無關，是錯誤的。楊寬先生云「此西周王室已經衰弱，勢力強大的諸侯開始干預王位」，將懿、孝、夷三世王位的遞嬗的動因歸於諸侯的干預，顯然更符合史實〔註10〕。《禮記·郊特牲》云「下堂而見諸侯，天子之失禮，由夷王以下。」夷王對諸侯行「下堂之禮」，就是對此說的佐證。

陳戌國說「西周晚期，王綱趨向鬆弛，……禮制開始出現被破壞的迹象。」〔註11〕確實，西周晚期從夷王開始，周王室的權威遭到削弱，諸侯以及地方豪族的勢力急劇上升，王室對權力的控制開始鬆弛。正是在這種政治背景下，周禮的踐行和發展逐漸陷入了風雨飄搖之中。

2、「厲王奔彘」與「厲始革典」

「王綱」的鬆弛自夷王開始，到了厲王時期則遭受了第一次毀滅性的打擊，其標誌性的事件是「國人暴動、厲王奔彘」。此次事件的糟糕結果是作爲天下共主的周天子從王位上被國人趕跑了，《左傳》說「萬民弗忍，居王於彘」，但是《國語·周語上》記載國人要殺厲王的太子靖，恐怕國人對厲王不是不忍殺而是殺不了。在這一事件中，周王及其太子已經有生命之憂，更遑論其他了。周王的權力完全被剝奪，王室的權威喪失殆盡，此時王綱已經崩壞無疑。這對於周王朝的政治制度、政治命運的打擊是「致命性的」〔註12〕。

這個致命性打擊是周代歷史真正的轉捩點，從此以後，周朝的命運急轉直下，王室一蹶不振。現代學者將周人東遷視爲周代歷史的轉捩點，但是周人自己並不這麼看，而是將厲王之亂視爲王朝命運的轉捩點。《國語·周語下》記載太子晉之言曰「自我先王厲、宣、幽、平而貪天禍，至於今未弭」，將厲王視爲「基禍」之始。因此，就非常有必要追問「厲王奔彘」的嚴重局面是

〔註10〕楊寬《西周史》，上海：上海人民出版社，2003年，第839頁。
〔註11〕陳戌國《中國禮制史》（先秦卷），長沙：湖南教育出版社，1991年，第296頁。
〔註12〕白川靜《西周史略》，袁林譯，西安：三秦出版社，1992年，第147頁。

如何出現的，因爲這關係到「王綱」是如何從夷王時期的被削弱一變而趨於崩壞的問題。

史家對厲王奔彘有說法。《國語・周語上》記載厲王任用榮夷公爲卿士而「專利」，並且暴虐而監謗；《左傳》昭公二十六年記載王子朝之言說「至於厲王，王心戾虐」。看來，厲王爲政可能過於嚴苛，王室也可能聚斂較重，所以《逸周書・芮良夫解》說厲王「專利作威」，就是指這兩方面〔註13〕。也有學者認爲這次動亂的原因是王室內部在王位繼承上產生糾紛，是厲王廢嫡立庶招致國人激憤而引起的〔註14〕。但是，此說並無切實根據。

我們認爲，上述所列觀點對周王朝致命性轉折的解釋過於簡單化了。《國語・周語上》記載太子晉言周的命運云：

> 自我先王厲、宣、幽、平而貪天禍，至於今未弭。我又章之，懼長
> 及子孫，王室其愈卑乎？其若之何？自后稷之始基靖民，十五王而
> 文始平之，十八王而康克安之，其難也如是。厲始革典，十四王矣，
> 基德十五而始平，基禍十五其不濟乎？

其實，這裡太子晉已經對厲王時期王室命運何以發生轉折作出了解釋。這就是「厲始革典」〔註15〕。「革典」是什麼意思呢？「典」原意是「大冊」，是「五帝之書」，後來引申指法則與典章制度〔註16〕。因而，所謂「厲始革典」是指厲王對王朝舊有的典章制度進行變革，即韋昭所云「變更周法」〔註17〕。可見，厲王之所以引起動亂，絕非僅僅由於「戾虐」、「好利」、王位繼嗣等表面問題，而是因爲他可能對先王的典禮制度作出一番較大的變革，所以才引起王朝卿士、諸侯、國人等上上下下的一致反對，而被「居於彘」。並且，國人等欲殺太子、曠缺王位，意味著周王室秉持的政策是各方不可接受的，所以要架空王室，建立新的權力核心，其根源可能就在於王室的新政（「革典」）。

那麼，「厲始革典」的具體內容到底是什麼以致天怒人怨呢？雖然史料不足，但我們仍然可以從中窺知一二。首先是在經濟制度上，厲王可能改變了王室傳統的收入制度，採取榮夷公的「專利」之法，將卿大夫、諸侯、國人

〔註13〕黃懷信等《逸周書彙校集注》，上海：上海古籍出版社，1995 年，第 997 頁。
〔註14〕白川靜《西周史略》，袁林譯，西安：三秦出版社，1992 年，第 147 頁。
〔註15〕徐中舒認爲「從厲王開始對周王朝傳統體制有所變革，主旨就在增加收入，強化王權。」參徐中舒《先秦史論稿》，成都：巴蜀書社，1992 年。
〔註16〕宗福邦、陳世鐃、蕭海波《故訓彙纂・「典」字條》，北京：商務印書館，2003 年，第 199 頁。
〔註17〕徐元誥《國語集解》，北京：中華書局，2002 年，第 100 頁。

的利益強行收入王室囊中。其中的具體辦法不得而知,有的學者據《大雅·桑柔》「好是稼穡,力民代食」一句認爲厲王在租稅方面在原有的力役地租之外剝削農奴分地的收穫物,這也只是推測而已〔註 18〕。不過,王室增加聚斂卻是確定無疑的,其原因並非周王貪利,而可能是王師南征北伐的需要,厲王時期南征淮夷、北征玁狁已經爲金文資料所證實〔註 19〕;而且,這一聚斂行爲極大損害了各方的利益,尤其是王畿國人階層的利益,最終導致了他們的「暴動」。

其次是政治制度上,厲王過於專制,堵塞了言路,將大權獨攬於身。《國語》所載的「國人謗之」不過是臣民激憤的極端例子而已,看來卿大夫、諸侯、國人群體等各方的不滿可能由來已久。而且,厲王使衛巫「監謗」也不僅僅是一次性的行爲,而是新確立的一項制度。這一制度否定了傳統的議政制度和臣下的諷諫制度,並且用商地的巫術製造高壓的政治氛圍。厲王不惜以血腥的手段推進其新的政治制度,從而使王室與各方的矛盾尖銳化。

從以上兩方面可以約略窺知「厲始革典」的部分內容,也許真實情形的「革典」的範圍要大得多,程度也深得多,因而對各方面的衝擊勢必也更大。雖然具體情形不得而知,但是有一點可以肯定的是,厲王「革典」是向先王已有的典章制度開刀,也就是向西周中期剛剛完備和成熟的周禮開刀。本來,周禮的踐行由於王室權力下降已經有所鬆弛,到厲王時期,周王不知鞏固,反而變革禮制,破壞周禮的合理性,最終是親手粉碎周禮的權威。

總之,歷經「厲始革典」、「居王於彘」之後,周王室顏面掃地,周禮的踐行失去了精神依據。此時,王室的力量進一步削弱,諸侯以及卿大夫的勢力上升,終宣、幽之世,可以發現周王需要依賴卿大夫、諸侯的力量才能有所作爲。如號稱「中興」的宣王時期,實際上功勞是南方之申侯、北方之韓侯以及尹吉甫、仲山甫、召虎等諸侯重臣的,而不是宣王的;到了幽王之世,西方申侯就可以聯合異族輕而易舉殺周王而滅王朝了。從中可見,「王室愈卑」自厲王之後就已經是無法逆轉的趨勢了。

在這一歷史背景之下,周禮的崩壞開始了。首先,王室的違禮、棄禮現象更加嚴重。後世贊譽爲「中興之主」的宣王,在對待禮制方面與其父厲王

〔註 18〕孫作雲《詩經與周代社會研究》,北京:中華書局,1966 年,第 226 頁。

〔註 19〕根據金文資料,《宗周鐘》、《鄂侯馭方鼎》、《禹鼎》、《敔簋》、《翏生盨》等器記載了厲王時征伐南淮夷的情形;《多友鼎》記載了征伐玁狁的情形。參馬承源《商周青銅器銘文選三》「厲王時期」,北京:文物出版社,1988 年。

沒有差別：剛即位就「不籍千畝」，棄作為王朝重典的籍田禮如敝屣；繼而橫加干涉魯君的繼嗣問題，廢長立少，冒宗統君統之大不韙；然後又「料民於太原」，廢棄軍事禮制。宣王在農業、政治、軍事等方面恣意悖禮，表明周禮已經失去了現實的有效性和必要性。到了幽王時期，更是有過之而無不及，幽王廢嫡立庶、烽火戲諸侯，昏庸靡亂，從而導致喪命亡國，從而將周禮推入了萬劫不復的境地。

綜上所述，可知從周禮的發展脈絡來看，西周晚期的夷厲宣幽時期是其走向鬆動和崩壞的時代，其中，尤以「厲始革典」為歷史轉捩點。周禮的這種發展脈絡也直接影響了禮儀用詩的嬗變。

二、西周晚期詩歌的新變：諷諫用詩的興起

西周詩篇本為王朝禮制的儀式樂歌。西周晚期，隨著周禮的鬆動和趨於崩壞，詩篇的風貌也發生了急劇的變化：詩的內容由儀式性的描述、頌贊和祝禱變為表達勸誡、哀怨，詩的情感基調亦由莊重、和諧變為不平、憂患、哀怨。諷諫、怨刺詩篇開始興起，並逐漸取代了頌贊、祝禱的詩篇而成為主流。

考察西周晚期的詩篇，雖然宣王時期仍有不少頌贊樂歌，但是縱貫厲王、宣王、幽王三個時期的突出現象是諷諫、怨刺詩篇。據本文整理，《大雅》的《民勞》、《板》、《蕩》、《抑》、《桑柔》、《瞻卬》、《召旻》，《小雅》的《節南山》、《正月》、《十月之交》、《雨無正》、《小旻》、《小宛》、《小弁》、《巧言》、《何人斯》、《巷伯》、《青蠅》、《角弓》、《菀柳》、《都人士》、《白華》、《苕之華》，計二十三篇，都在諷諫怨刺詩篇之列。

顯然，從頌贊祝禱樂歌一變而為諷諫怨刺詩篇，詩文本無論在內容、風格還是在語言形式上都發生了巨大的變化。學術史流行著一個說法，用以形容這一巨變。這就是所謂「正變」說。理清這一說法，有助於認識西周晚期詩歌嬗變的本質和內在原因。

「正」、「變」作為一對描述性的概念，成型於鄭玄之手。他在《詩譜序》中將《詩經・雅頌》中的頌贊祝禱樂歌以及「二南」稱為「正經」（他認為這些詩篇均成於周公成王時期），而將厲幽之間的怨刺詩篇以及十三國風稱為「變雅」、「變風」〔註20〕。從此，正風變風、正雅變雅遂成為後世學者廣泛

〔註20〕阮元《十三經注疏・毛詩正義》，上海：上海古籍出版社，1997 年，第 262～

使用的概念。當然,「正變」之說並非鄭玄首創,而是始於《詩大序》「至於王道衰,禮義廢,政教失,國異政,家殊俗,而變風變雅作矣」〔註21〕,鄭玄不過將《大序》的本義抽繹成一對概念而已。

從《詩大序》的本義看,它提出了「變風變雅」的概念,實際上不過是用以描述西周詩歌的某種變化規律——詩篇的風貌隨著周王朝禮制政教的變化而變化。結合西周詩篇的發展軌迹來看,「正變」之說確實道出了某一層面的眞實性:如果我們不在「正」、「變」之間作價值高低、道德優劣的評判的話,只是僅僅將厲幽之間的諷諫怨刺詩篇與此前的頌贊祝禱樂歌作對比的話,其中之「變」是一目了然的。換言之,將西周晚期的詩篇嬗變形容爲「變詩」的興起,並無不妥。

然而,「正變」說卻遭到了古今一些學者的否定。明代何楷認爲「正變」之說未可信,清代姚際恒也否認「正變」的存在(「詩無正變」)〔註22〕,現代學者顧頡剛也認爲「正變」不過是漢儒「妄意揣測」的產物〔註23〕。但是,細究這些學者的觀點,可以看出其實他們所反對的不是「正變」描述詩歌嬗變的功能性,而是反對漢儒根據「正變」將詩篇時代、編排順序與政治優劣、時代早晚僵化地對應起來的做法。如宣王時期之詩必定爲「變」,包括那些頌歌;如根據今本《詩三百》的編排順序確定正、變的年代次序:以《小雅》爲例,自《鹿鳴》至《菁菁者莪》爲成王時期之詩,自《六月》至《無羊》爲宣王時期之詩,自《節南山》以下爲幽王之詩。這些做法是極其荒謬的〔註24〕,而古人的「正變」說又往往以此爲根基。所以,顧頡剛說「漢儒愚笨到了極點,以爲『政治盛衰』、『道德優劣』、『時代早晚』、『詩篇先後』四者是完全一致的」,確實指出了其中的謬誤根源〔註25〕。

---

263 頁。

〔註21〕阮元《十三經注疏‧毛詩正義》,上海:上海古籍出版社,1997 年,第 271 頁。

〔註22〕何楷《詩經世本古義》,《影印文淵閣四庫全書》第 81 冊,臺北:臺灣商務印書館,1986 年,第 12 頁。姚際恒《詩經通論》,北京:中華書局,1958 年,第 12 頁。

〔註23〕顧頡剛《論詩經所錄全爲樂歌》,《古史辨》第三冊下編,北平:樸社出版,民國 24 年,第 654 頁。

〔註24〕此處可參拙文《〈詩經‧雅頌〉斷代的三個體系性見解》,《詩經研究叢刊》第十六輯,北京:學苑出版社,2009 年,第 36～79 頁。

〔註25〕顧頡剛《論詩經所錄全爲樂歌》,《古史辨》第三冊下編,北平:樸社出版,民國 24 年,第 654 頁。

　　可見，「正變」說被附加了過多的學術判斷：道德優劣、詩篇次序先後、時代早晚等。如果將這些附加的東西剝離掉，只留下對詩歌嬗變現象的描述的話，我們認爲否定「正變」說是完全沒有必要的。儘管今本《詩三百》中「正詩」、「變詩」次序與時代已經混亂，但是，由「正」而「變」還是非常形象地描述出西周晚期詩歌的新變：由頌贊性、和諧情調變爲怨刺性、哀怨不平的情緒。

　　其實，「正」、「變」不僅僅是一對描述性的概念，還是一對指示性的概念。我們可以從由「正」而「變」來理解西周晚期詩歌嬗變現象的本質及其深刻動因。如果將頌贊性、祝禱性的詩篇視爲「正詩」，將規諫性、哀怨性的詩篇視爲「變詩」，那麼「正詩」與「變詩」的區別在哪呢？

　　首先，根據《詩大序》的說法，二者的首要區別是歷史背景的不同。所謂「至於王道衰，禮義廢，政教失，國異政，家殊俗」，說的就是「變詩」所依託的歷史文化語境。據此，「正詩」的產生背景當爲「王道盛，禮儀興，政教行，國一政，家統俗」了。考察「雅頌」具體篇章可以發現，這一點是正確的。那些表現祭祀、朝會、燕享的頌贊性樂章確實主要產生於西周前中期，那時的周王朝典章逐漸完備、國力強盛；那些表現敗政、亂離的怨刺性詩篇確實主要產生於西周晚期，那時周禮開始鬆動與廢弛，王室權威衰弱。從這一點看，詩歌的「正」、「變」遞嬗確實是與「政治興衰」聯繫在一起的。當然，值得補充的是，這種聯繫是從總體趨勢而言的。實際上，「變詩」興起之後，「正詩」並沒有因此滅絕，而是仍然繼續誕生，只不過漸漸難乎爲繼罷了。宣王朝產生的燕享樂章、軍禮樂歌就是「變詩」時代的頌贊樂章，其中所表現的張揚氣勢（《常武》）、對人物的著意歌唱（如《崧高》、《烝民》）、天災人禍（如《雲漢》、《鴻雁》）等，其實就是那個「變」的時代所賦予的。

　　其次，由於處於不同的歷史境遇，二者的內容與主題有很大的差異。根據本文前幾章的考察可知，「正詩」是西周前中期的禮儀用詩，分別用於祭祀禮儀、農事禮儀、燕享禮儀、政事禮儀、軍事禮儀之中，用以歌唱行禮者、神靈和行禮的行爲本身，其主要內容是儀式中的頌贊祝禱。而「變詩」就與此大相徑庭了，它的內容集中在政事和時局上，用以勸誡當政者或表達自己的憂慮愁苦，其中既表現當政者的昏庸荒殆、政事的敗壞、時局的惡化、宗周的覆滅、生靈塗炭，也表現了卿大夫的諄諄告誡、滿腔憂慮以及「蹙蹙靡所騁」的流離之感。可見，如果說「正詩」主要表現的是一種禮儀化的社會生活方式的話，那麼「變

詩」就是表現對這種方式被毀壞的不平、憂慮、哀怨〔註26〕。

再次，二者不僅內容迥異，風格情調也完全不同。「正詩」展現的是一種天經地義的禮儀生活內容，「或歡欣和悅以盡群下之情，或恭敬齊莊以發先王之德」，所以其風格是莊重、和諧、雍容的，情調是「安以樂」。「變詩」由於表現的是「政教尤衰，周室大壞」而個人被置於動亂的局勢、顛沛的命運之中的情形，所以其風格是迫切、衝突、絕望，情調是「怨以怒」〔註27〕。

綜上可見，詩篇「正」、「變」之別首先體現的是詩篇的產生背景、內容、風格情調上的差異。隨著時代的變化，詩篇的風貌隨之改變了，這就是由「正」而「變」的合理性。但是，如果僅僅從這些方面理解「正」、「變」的差異就流於表面了。因為，一個不得不追問的問題是上述「正詩」、「變詩」的差異的根源在哪？

其實，「正詩」、「變詩」的區別更主要的是體現在二者的產生方式上。歷史文化背景只是詩篇的題材來源而已，前者的變化未必能直接反映到詩篇本身上，比如宣王時就有頌贊樂章。直接影響詩篇的內容與形式的是它的產生方式，如創作者、應用場合、使用方式等方面的因素。本文認為，「變詩」之所以是規諫性、哀怨性，是因為它的產生依託於西周的歌詩諷諫制度，並且，它們在創作者與使用方式方面也與「正詩」有了較大的差異。這就是下文重點分析的兩個內容：一、歌詩諷諫制度；二、諷諫詩篇的使用方式。

第二節 「是用大諫」與歌詩諷諫制度

引 言

「變雅」雖然是西周晚期王室衰弱、周禮趨於崩壞的歷史產物，但它們之所以在內容和風格上區別於「頌詩」、「正雅」，原因還在於產生方式的不同。我們知道，西周詩篇是禮儀性文本，「頌詩」和「正雅」是周王朝的樂官根據禮制的需要而創作出來的，本文前幾章已經從內容、主題、語言形式等方面考證了這一點。換言之，「頌詩」和「正雅」是從禮儀儀式之中產生出來的。那麼，「變雅」是否也是如此呢？

〔註26〕李春青《詩與意識形態》，北京：北京大學出版社，2005年，第73頁。
〔註27〕劉冬穎《變風變雅論》，《學術交流》，2000年，第2期，第114～117頁。

本文認爲，從根本上說，「變雅」也是禮儀用詩，因爲規諫之詩、哀怨之詩最終也是要入樂的，也是要應用於一定的儀式之中，才能實現它的諷諫功能。但是，與「正雅」不同的是，「變雅」的首要目的不是展現禮儀化的社會生活，而是爲了完成諷諫的目的，是爲了實現卿大夫的言說要求，儀式只是它的實現方式而已。因而，諷諫詩篇的產生不僅僅依託於儀式（這一因素仍必不可少），而且還要依託於當時的諷諫制度。諷諫制度是西周王朝政治制度中的固有內容，西周中期銅器《大盂鼎》的命辭記載周王命盂「敏朝夕入諫」，《周禮》記載「保氏」一職有「掌諫王惡」的內容，就是明證〔註28〕。當然，諷諫的方式有很多種，歌詩是其中最重要、最具有時代特點的一種。諷諫詩篇就是歌詩諷諫制度的文本，它的來源、加工以及最終的使用都只能聯繫這一制度才能解釋清楚。

一、「是用大諫」考──諷諫傳統與歌詩諷諫

諷諫是周人議政的重要方式。而且，在周王鼓勵臣下「敏朝夕入諫」的政治氛圍中，周人其實已經形成了自己獨特的進諫方式。這一方式在「雅頌」被明確提及，即《大雅・民勞》、《板》所說的「是用大諫」。所謂「是用大諫」，是特指產生於西周禮樂文明背景下的諷諫方式──歌詩諷諫。本文認爲，歌詩諷諫是古老的諷諫傳統與周代禮樂制度「偶合」的歷史產物，是具有周人特色的諷諫方式。我們不妨追溯一下諷諫的歷史演變。

從已有的材料看，諷諫有著古老的傳統，並非始於周代。《左傳》襄公十四年載師曠之語引《夏書》曰「遒人以木鐸徇於路。官師相規，工執藝事以諫」〔註29〕，可知「諫」的行爲早至夏代已有，淵源甚古〔註30〕。這裡的

〔註28〕 唐蘭《西周青銅器銘文斷代史徵》，北京：文物出版社，1988 年，第 170 頁。

〔註29〕 李學勤《十三經注疏・春秋左傳注疏》，北京：北京大學出版社，1999 年，第927〜928 頁。此句亦見於《尚書・夏書・胤征》，但《胤征》晚出，仍以《左傳》爲本。參李學勤《十三經注疏・春秋左傳注疏》，北京：北京大學出版社，1999 年，第 182 頁。

〔註30〕 筆者沒有找到甲骨文的「諫」字，但金文中已有此字。根據陳初生《金文常用字字典》，「諫」在金文中有兩個內涵：一是人名，如《諫簋》；一是規勸之意，如《番生簋》「用諫四方」，《叔夷鐘》「諫罰朕庶民左右」等。陳氏特別指出，與文獻記載中「諫」下對上不同，金文中「諫」往往是用於上對下，這一點與《民勞》、《板》符合。陳初生《金文常用字字典》，陝西人民出版社，2004 年，第 254〜255 頁。

「諫」是由「工」完成的，「工」指百工，是專掌某種技藝的技術人員，如《周禮‧考工記》所載的「輿人」、「弓人」等。百工「執藝事以諫」，這裡進諫的方式不是言辭或歌詩，而是一種職業性的展演活動，即杜注所謂的「獻藝」，也即《國語‧周語上》「百工諫」韋注所云「百工，執技以事上者也。諫者，執藝事以諫，謂若匠師慶諫魯莊公丹楹刻桷也」〔註31〕（《尚書正義》孔傳亦同〔註32〕）。

所謂「匠師慶諫魯莊公丹楹刻桷」，《國語‧魯語上》有記載：

> 莊公丹桓宮之楹，而刻其桷。匠師慶言於公曰「臣聞聖王公之先封者，遺後之人法，使無陷於惡。其爲後世昭前之令聞也，使長監於世，故能攝固不解以久。今先君健而君侈，令德替矣。」公曰「吾屬欲美之。」對曰「無益於君，而替前之令德，臣故曰庶可已矣。」公弗聽。

「匠師慶」即《周禮‧考工記》所載的「匠人」的首領，掌「宮室」、「都鄙」之規制。匠師慶進諫魯莊公，實際上就是「工執藝事以諫」的典範例子。儘管體現在《國語》的記載上的只是一段言辭，但是「匠師慶」之所以能接近莊公並獲得進言的機會，就是因爲在莊公「丹桓宮之楹而刻其桷」之時，匠師慶獲得了展演技藝的機會。莊公正是在觀覽這一具有技術權威性的表演之後，才接受匠師的進諫的。匠師之所以敢於進諫，也是因爲手握技術權威。這就是所謂「執藝事以諫」的含義。

《說文》云「諫，正也」，百工由於是各行各業專業技能的掌握者，因而能夠憑技術權威糾正別人，這就是進諫行爲的起源。人類初民本無政治行爲，所以一開始的「諫正」可能僅僅是技藝上的，但是隨著社會的發展、政治的萌芽，最終「諫正」行爲從技藝方面流佈至政事領域，從而成爲後代所謂「諷諫」產生的歷史根源。由此可見，百工的「藝事以諫」乃「諫」最早的方式，這是一種行爲之諫，技藝展演是進諫的手段。

然而，「百工執藝事以諫」畢竟只是原始的進諫方式，後來，隨著文明的發展、政治行爲的成熟，「諫」就從普遍適用的技藝行爲逐漸發展成爲一種議政方式，專門應用於政治領域中。並且，「諫」的專屬化也導致了「諫」的方

〔註31〕 徐元誥《國語集解》，北京：中華書局，2002年，第11～12頁。
〔註32〕 孔傳「百工各執其所治技藝以諫，諫失常。」李學勤《十三經注疏‧《尚義正義》》，北京大學出版社，1999年，第182頁。

式的專業化。這種專業化的方式可以分為兩個階段：

　　一個是言辭之諫的階段。首先，進諫當屬於朝廷的職官之責，《周禮・秋官・保氏》曰「掌諫王惡」，《司諫》曰「掌糾萬民之德而勸之朋友」，鄭玄注云「諫者，以禮義正之」，引《禮記・文王世子》曰「保也者，慎其身以輔翼之，而歸諸道者也。」〔註33〕「保氏」為國子之師，它以師者的身份、以「禮義」、「道」的內容進諫周王。顯然，他的進諫方式當為言辭，可稱之為執言以諫。《管子・小匡》篇記載「為大諫」的鮑叔牙，《呂氏春秋・勿躬篇》「置以為大諫臣」的東郭牙，看來都身負「保氏」的職官身份〔註34〕。可見，最初「執言以諫」的人可能僅僅局限於「保氏」一類，只有具有「師」的身份方能執言進諫。這與「百工」執藝事進諫是一脈相承的，因為最初的「師」正是百工。

　　但是，後來隨著「諫」的制度化，執言以諫的人慢慢地不僅限於「保氏」、「司諫」等具有師者身份的人。那些德高望重、堪為帝王之師的大臣，也能夠執言進諫。如《國語・周語》記載的祭公謀父、邵公、芮良夫、虢文公、仲山甫、伯陽父等就是如此，書中大段大段的記言內容其實就是史官對「執言以諫」的文辭的記錄。

　　總之，執言以諫確為古代進諫的一個重要階段，它從專有的職官開始，然後漸漸發展至朝廷重臣，最後，又擴展至所有的廷臣，成為古代政治制度中的一個議政方式。秦漢以降，朝廷既有「諫議大夫」、「御史」等言官系統，又不廢廷臣諫言，就是上古「執言以諫」傳統的延續和發展〔註35〕。

　　然而，如果就進諫方式的專業化而言，言辭的專屬程度是不高的；其實，它的專屬性是通過進諫者身份的專屬性來實現的。因而，「執言以諫」還不足以接續淵源最古的「百工執藝事以諫」。在這兩者之間，還有另外一個階段，即歌唱以諫的階段。在這個階段，進諫的內容是韻文，方式是誦唱。如《左傳》襄公十四年的「工誦箴諫」，《國語・周語上》的「師箴」、《楚語上》的

〔註33〕阮元《十三經注疏・周禮注疏》，上海：上海古籍出版社，1997 年，第 731頁。

〔註34〕孫詒讓曰「大諫臣疑即此保氏之職。」參《周禮正義》，北京：中華書局，1987年，第 1010 頁。

〔註35〕學者有古代諫官制度始於周代「保氏」一職的說法。參趙映誠《中國古代諫官制度研究》，《北京大學學報》（哲學社會科學版），2000 年第 3 期，第 97～104 頁；郝文勉《中國古代參謀言諫制度史論》，《河南大學學報》（社會科學版），1998 年第 2 期，第 74～80 頁。

「必誦志而納執」等都是誦讀韻文以達成諷諫。這裡的「工」已經不是百工，而專指「樂工」，所以，所謂「諫」已經衍生出一種專門的行為，即孔疏所謂「誦箴諫之辭」〔註36〕。那麼，「箴諫之辭」到底指什麼呢？

孔《疏》云「詩辭自是箴諫，而箴諫之辭，或有非詩者，如《虞箴》之類，其文似詩而別。」《虞箴》何許物？《左傳》有載：

> 芒芒禹迹，畫為九州，經啓九道。民有寢廟，獸有茂草，各有攸處，德用不擾。在帝夷羿，冒於原獸，忘其國恤，而思其麀牡。武不可重，用不恢於夏家。獸臣司原，敢告僕夫。』

可知「箴諫之辭」是與詩相類的整齊而押韻的文本，但不一定為詩歌。從《左傳》「工誦箴諫」與「瞽為詩」並列，可見「箴諫之辭」應該是與詩不同的整齊言詞（可誦讀但不入樂），它可能是古代生活中流傳的一些諺語或格言，也可能是古代流傳的故事、時世如《虞箴》之類的等。

韻文誦讀要依照一定的韻律和節奏，而韻律、節奏正是樂工專掌。顯然，韻文的專屬性類似於百工的技藝，而高於言辭。由此可見，「諫」之行為漸漸從百工之諫發展成為樂工之諫。樂工之諫首先是一種韻文之諫，是由樂工誦讀前代的格言或時世故事以諷諫君上的一種行為〔註37〕。從本質上看，這種諷諫方式的最大特點在於諷諫手段是韻文，它的專屬性從各種技藝彙集到韻律、節奏上，表現在音樂文辭上。而最能代表這種進諫方式的就是歌詩諷諫。

歌詩以諫在周代的史籍中有明文記載：

> 自王以下，各有父兄子弟，以補察其政。史為書，瞽為詩。（《左傳》襄公十四年）

> 故天子聽政，使公卿至於列士獻詩，瞽獻曲，史獻書，師箴，瞍賦，矇誦。（《國語‧周語上》）

《左傳》所謂「瞽為詩」、《國語》所謂「瞽獻曲」，就是指樂工在「天子聽政」的場合中歌詩奏曲進行諷諫。顯然，這是以音樂為手段的進諫方式。然而，更值得注意的是這裡的奏樂不僅僅有聲律，還有歌詞。所謂「瞽為詩」，是說瞽矇不僅奏樂，而且唱詩。根據《周禮‧春官‧太師》、《瞽矇》的記載，「瞽」

〔註36〕 李學勤《十三經注疏‧春秋左傳注疏》，北京：北京大學出版社，1999 年，第 927～928 頁。

〔註37〕 《國語‧晉語六》「故興王賞諫臣，逸王罰之。吾聞古之王者，政德既成，又聽於民，於是乎使工誦諫於朝，……」，韋昭注「工，瞽矇也；誦，誦讀前世箴諫之語」。徐元誥《國語集解》，北京：中華書局，2002 年，第 387～388 頁。

一職既掌「播樂」，又掌「歌詩」。瞽矇歌詩不僅僅發生於「大祭祀」、「大射」等典禮之上，還發生於「天子聽政」或「補察其政」的政治場合。

關於以詩諷諫，《左傳》昭公十二年記載了一個實例「昔穆王欲肆其心，周行天下，將皆必有車轍馬迹焉。祭公謀父作《祈招》之詩，以止王心，王是以獲沒於祇宮。」那首《祈昭》全文爲：

祈招之愔愔，式昭德音。思我王度，式如玉，式如金。形民之力，
而無醉飽之心。

此詩形式上張弛有度，韻律整齊和諧，我們認爲此詩初獻的時候，極有可能不是徒詩，而是配樂而唱的〔註 38〕。對此，最有利的證據莫過於《詩》中的詩。《詩・大雅》中出現了三個「諫」字〔註 39〕，包含兩種含義：《思齊》「不聞亦式，不諫亦入」中的「諫」乃泛指諷諫行爲，而《民勞》和《板》中「是用大諫」的「諫」則有著特殊的含義。其中，「是」作爲代詞指的就是這兩首詩本身，因而這裡的「諫」就是以詩篇爲手段的諷諫。另外，《大雅・桑柔》曰「雖曰匪予，既作爾歌」，《小雅・節南山》云「家父作誦，以究王訩」，《何人斯》「作此好歌，以極反側」等，都從中可以看出詩爲「誦」、「歌」以規諫的特點〔註 40〕。

由此可見，《民勞》、《板》的「是用人諫」就是《左傳》、《國語》所謂「瞽爲詩」、「瞽獻曲」的方式，就是樂工歌詩諷諫的實例，其歌唱文本就是諸如《祈昭》、「變雅」之類詩篇。所以，所謂「是用大諫」實際上代表了諷諫的新形式，其背後隱藏著一個古老的諷諫傳統。

一個值得追問的問題是既然至遲穆王時期已有諷諫詩篇誕生，爲何在厲王以後諷諫詩突然呈暴漲之勢？本文認爲，這一現象固然與厲王、幽王之際政治文化空間急劇惡化、卿大夫階層更加關注政治有關，但更重要的恐怕還

〔註 38〕《國語・周語上》記載了祭公謀父進諫穆王征犬戎，我們懷疑這就是《楚語》所謂穆王欲「周行天下」的行動。這一點可以從記載穆王西遊的《穆天子傳》（實即穆王西征的記錄）得到證明。楊寬《西周史》，上海：上海人民出版社，2003 年，第 609 頁。由此可見，祭公諫穆王，言辭方面見於《國語》、《逸周書・祭公解》，而《祈昭》可能就是儀式樂章。

〔註 39〕李學勤《十三經注疏・毛詩正義》，北京：北京大學出版社，1999 年，第 1014、1143、1144 頁。

〔註 40〕一些學者認爲諷諫詩篇是採用「諷誦」或「徒歌」的方式，筆者不敢苟同，因爲詩中已經明確提及「作歌」。參馬銀琴《兩周詩史》，北京：社會科學文獻出版社，2006 年，第 15 頁。

與厲王革典中的「監謗」行爲有關。

上文指出，導致周王朝命運急轉直下的是周厲王的「革典」行動，即對王朝舊有典制的變更。體現在政治方面，最爲突出的就是堵絕言路，否定傳統的議政諷諫制度，並任用衛巫，實行高壓的政治統治。這一措施雖然取得了暫時的效果，但是，最終厲王被國人趕跑，王位曠缺長達十四年，「監謗」之策自然中斷無疑。不僅如此，正如邵公所言「防民之口，甚於防川，川壅而潰，傷人必多」，「監謗」之策非但沒有鉗制臣民之口，反而進一步刺激了臣民諫言的欲望，推動了臣下進諫熱情的高漲。另外，周王室被架空，王權掌握在大臣或諸侯手裏，這樣的政治環境也有利於批評性、直言性的諫言文本的產生。總之，正是「厲王監謗」以及隨後的「厲王奔彘」，才創造了諷諫行爲興起的主觀動因和客觀條件，從而導致了諷諫詩篇的大量產生。

總而言之，歌詩諷諫制度的演進以及時局的變化，到了西周厲王以後，終於導致了諷諫詩篇的興起，並逐漸取代禮儀用詩成爲用詩的主流。那麼，歌詩諷諫的制度到底是如何運作的？它是如何影響規諫之詩、怨刺之詩的？

本文認爲，歌詩諷諫制度的運行主要包括以下三個環節：一是公卿至於列士的各級貴族作詩和獻詩，這是諷諫詩篇的來源；二是包括瞽、瞍、矇等在內的樂官將詩入樂，比於聲律；三是在某些儀式中由瞽矇誦唱詩篇，完成諷諫〔註41〕。可見，作詩者、音樂人員、儀式是其中最主要的因素。本節著重關注前兩個因素，第三個因素放在第三節論述。

二、諷諫詩歌的來源：公卿列士

首先，歌詩諷諫的首要因素是詩歌來源於「公卿至於列士」的創作〔註42〕。卿大夫作詩，是歌詩諷諫的起點。這一點可以從兩方面得到說明：

〔註41〕張樹國《宗教倫理與上古祭歌形態研究》第六章對「獻詩」的論述已經涉及
　　　　到了這三個環節，筆者深爲贊同。但是，他認爲「獻詩」的範圍不僅包括「變
　　　　雅」，也包括「正雅」。這是我們不能苟同的，我們認爲「獻詩」還是僅僅針
　　　　對諷諫而言的，因爲關於「獻詩」的基本材料都指向「諷諫」這一核心，與
　　　　「正雅」的禮儀之用迥不相侔。參張樹國《宗教倫理與上古祭歌形態研究》，
　　　　北京：人民出版社，2007年，第362頁。
〔註42〕馬銀琴認爲諷諫之詩的來源除了「獻詩」之外，還有瞽矇的「采詩」，這是針
　　　　對《國風》中的「變風」而言的。這是有道理的。但是，就「變雅」而言，
　　　　其來源還只是「獻詩」。參馬銀琴《兩周詩史》，北京：社會科學文獻出版社，
　　　　2006年，第81頁。

　　其一，史書上明確記載了周代卿大夫採用「獻詩」的方式參與政治。《國語·周語上》曰「故天子聽政，使公卿至於列士獻詩……而後王斟酌焉」，《楚語上》又曰「吾聞古之王者……在列者獻詩使勿兜」，都記載了君臣之間有所謂「獻詩」參政的方式。韋昭注「獻詩」云「公以下至上士，各獻諷諫之詩」，又云「列，位也，謂公卿至於列士獻詩以諷也」，指出各級貴族「獻詩」參政時，獻的就是諷諫詩篇〔註43〕，即通過諷諫樂歌諫正君上的政治過失。在這裡，諷諫詩篇成為周代卿大夫參政的一個很有特色的方式。對此，《左傳》昭公二十六年祭公謀父作《祈昭》之詩諫穆王「周行」天下，就是典型的例子。

　　其二，不僅史書記載諷諫詩篇為卿大夫所作，而且詩篇本身也留下了作者的痕迹。考察西周晚期的詩篇，卿大夫作詩已經不限於諷諫詩篇了。《大雅·崧高》曰「吉甫作誦，其詩孔碩」，《烝民》曰「吉甫作誦，穆如清風」，都指明了詩的作者是宣王朝著名的大臣尹吉甫〔註44〕。《崧高》、《烝民》是冊命典禮之後贈行儀式上歌唱的樂歌，是禮儀用詩，可見宣王時期卿大夫已經參與禮儀用詩的創作了。但是，挑明作意的更多是怨刺詩篇。如：

　　　家父作誦，以究王訩。（《小雅·節南山》）

　　　曾我暬御，憯憯日瘁。凡百君子，莫肯用訊。聽言則答，譖言則退。
　　　（《小雅·雨無正》）

　　　作此好歌，以極反側。（《小雅·何人斯》）

　　　寺人孟子，作為此詩。凡百君子，敬而聽之。（《小雅·巷伯》）

　　　王欲玉女，是用大諫。（《大雅·民勞》）

　　　猶之未遠，是用大諫。（《大雅·板》）

　　　聽言則對，誦言如醉。……雖曰匪予，既作爾歌。（《大雅·桑柔》）

其中，指明作者身份的是《節南山》的「家父」和《巷伯》的「孟子」。家父不知何人，《毛傳》云「大夫也」，是說家父具有大夫的身份〔註45〕，鄭玄云「大夫家父作此詩而為王誦也」，看來能夠「以究王訩，式訛爾心，以畜萬邦」

〔註43〕 徐元誥《國語集解》，北京：中華書局，2002年，第10～11頁。
〔註44〕 尹吉甫實即《兮甲盤》中的兮甲。參馬承源《商周青銅器銘文選三》，北京：文物出版社，1988年，第306頁。
〔註45〕 阮元《十三經注疏·毛詩正義》，上海：上海古籍出版社，1997年，第440頁。

的人不會是一般的士子，毛氏的說法可能是有根據的。《春秋》桓公八年有「天王使家父來聘」的記載，杜注云「家父，天子大夫」，儘管尚不知這兩個「家父」的關聯，但二者的身份都是天子之大夫〔註46〕。孟子亦不知爲何人，鄭玄認爲他的「寺人」身份即《周禮・天官》之「寺人」，是司掌宮中女奴的官名，類似於後世的閹官、太監〔註47〕。但是，根據詩篇內容，「寺人孟子」當即與詩中「驕人」相對應的「勞人」，是受到「譖人」讒害之人。由此而言，「孟子」並非閹人，而是作爲卿大夫的君子之流。

　　總之，從詩篇語句來看，「作歌」、「作誦」、「用諫」之人應爲當朝的卿大夫，是處於政治圈中的高級貴族。如《小雅・雨無正》中的作詩者的「我」慨歎——「正大夫離居，莫知我勩」，又曰「曾我暬御，慘慘日瘁」，朱熹云「暬御，近侍也」，可見「我」乃周王的近臣，具有大夫的身份〔註48〕。又如《大雅・民勞》、《板》中的「我」顯然是朝中的老臣，其稱勸誡對象爲「小子」，又曰「我雖異事，及爾同僚」，「老夫灌灌，小子蹻蹻」，充分證明了「我」的身份。又如《大雅・桑柔》中的「我」也是具有爵位領地的卿大夫，其曰「憂心殷殷，念我土宇。我生不辰，逢天僤怒」，又曰「嗟爾朋友！予豈不知而作」，說明「我」與「貪人」同朝爲官。

　　由此可見，諷諫詩篇當係出於周代卿大夫之手。宋代蘇軾談及「變雅」曰：

> 大雅之變，作於大臣召穆公、衛武公之類是也，其言天人之際，婉曲之中直體存焉，故其辭廣；小雅之變，作於群臣家父、孟子之類是也，其言天人之際，雖若迫切而猶雍容。何者？士大夫言辭氣象，終與凡民異爾〔註49〕。

這段言論是說從「變雅」的詩體風貌即可推定它們作於朝廷大臣、士大夫之

〔註46〕楊伯峻對此有辨析。參《春秋左傳注》，北京：中華書局，1981年，第120頁。

〔註47〕阮元《十三經注疏・毛詩正義》，上海：上海古籍出版社，1997年，第456頁。

〔註48〕鄭玄以「暬御」爲近侍的左右小臣，不確。我們認爲，這裏的「暬御」是形容「我」與周王的親密關係，「我」當即周王近臣。李學勤《十三經注疏・毛詩正義》，北京：北京大學出版社，1999年，第735頁。朱熹《詩集傳》，南京：鳳凰出版社，2007年，第157頁。

〔註49〕轉引自何楷《詩經世本古義》，《影印文淵閣四庫全書》第81冊，臺北：臺灣商務印書館，1986年，第12頁。

手，是與民間風謠不同的「士大夫言辭」。其實，不僅在詩體風格上，在表現內容上也可看出這一點。厲幽之際的「變雅」詩篇，不是表現時局動亂、政治敗壞、朝廷混亂，就是涉及讒人並進、賢臣疏遠、憂患重重、處境艱難等，都是「王道衰，禮義廢，政教失」的政治性話題，以及為政者在這一境遇中的不同表現。如此的表現內容自然只能出於身陷政治漩渦的卿大夫之手。朱熹《詩經傳序》云「《雅》之變者，亦皆一時賢人君子閔時病俗之所為」，所謂「閔時病俗」的「賢人君子」就是卿大夫〔註50〕。

綜上所述，諷諫詩篇首先來源於卿大夫的創作，歌詩諷諫的第一步始於卿大夫的「作詩」和「獻詩」。但是，卿大夫要完成諷諫，僅僅獻詩是不夠的；用以諷諫的詩篇不同於言辭，不能直接呈現於聽政者之前。詩篇是具有音樂性質的，它需要入樂，並由樂官唱誦於儀式之上。在這個過程中，樂官發揮了關鍵性的作用。

三、瞽矇等樂官在歌詩諷諫中的作用：譜曲與唱誦

獻詩諷諫的達成離不開瞽矇等樂官的參與。我們之所以認定樂官參與了獻詩諷諫的過程，是基於以下兩點證據：

首先，根據史籍記載，瞽、矇、瞍等樂官確實參與了諷諫的行為。《國語·周語上》云「故天子聽政，使公卿至於列士獻詩，瞽獻曲，史獻書，師箴，瞍賦，矇誦」，《左傳》襄公十四年云「自王以下，各有父兄子弟，以補察其政，史為書，瞽為詩」。據此可知，在周王朝卿大夫諷諫議政的過程中，瞽矇等樂官既「獻曲」，又「為詩」，還有「賦」、「誦」的行為。那麼，如何認識這些行為呢？

「瞽獻曲」，韋昭注云「瞽，樂師，曲，樂曲」，「公以下至上士，各獻諷諫之詩，瞽陳樂曲獻之於王」〔註51〕，可見樂官「獻曲」與公卿「獻詩」同時進行。那麼，這兩者有沒有聯繫呢？我們認為是有的，「瞽獻曲」實即公卿列士所獻之詩的樂譜，二者實際上是一體的。所以《左傳》的記載是「瞽為詩」，「詩」、「曲」本來就是合一的。杜預注「瞽為詩」曰「瞽，盲者，為詩以風刺」，如果以「為詩」為作詩那就錯了，孔穎達云「采得民詩，乃使瞽人

〔註50〕 朱熹《詩序辨說》，《朱子全書》第三冊，上海古籍出版社&安徽教育出版社，2002年，第351頁。
〔註51〕 徐元誥《國語集解》，北京：中華書局，2002年，第10～11頁。

爲歌以風刺，非瞽人自爲詩也」，就是說「瞽」不過是「爲歌」，即作曲、歌唱，而非作詩〔註52〕。總之，在以詩進諫的行爲中，瞽矇等樂官已參與其中。

其次，根據詩篇內容可知，諷諫詩本爲入樂之歌。這一點可以從兩方面得到說明：首先，有些詩句顯示了詩篇爲樂歌的性質。《大雅‧桑柔》曰「雖曰匪予，既作爾歌」，《小雅‧節南山》曰「家父作誦」，《何人斯》曰「作此好歌」。其中，「歌」爲樂歌，這是毫無疑問的。「誦」是否是歌辭呢？《說文‧言部》云「誦，諷也」，段玉裁云「誦非直爲背文，又爲吟詠之聲節之」，有「以聲節文」即誦讀之意，根據《大雅‧崧高》「吉甫作誦，其詩孔碩，其風肆好」，「誦」亦有聲律無疑〔註53〕。其次，《詩三百》各部均爲入樂之歌，這一點已成定讞。《左傳》襄公二十九年記載吳公子季札聘魯觀「周樂」，其中歌《小雅》曰「思而不貳，怨而不言，其周德之衰乎」，「怨而不言」就是指「變雅」而言〔註54〕，由此可見，「變雅」即爲可「歌」之樂。另外，《墨子‧公孟篇》的「弦詩三百，歌詩三百」，《史記‧孔子世家》的「三百五篇孔子皆弦歌之，以求合韶武雅頌之音」，都表明先秦之時《詩三百》各部都是入樂之歌〔註55〕。由以上兩點可知，諷諫詩篇亦爲入樂之歌，既然是樂歌，就只能由樂工譜曲和誦唱，朱熹云「其誦詩以諫，乃太師之屬，瞽矇之職也」〔註56〕。

綜上可知，無論是從詩篇內證，還是從史籍記載，都可得知公卿列士的「獻詩」諷諫離不開樂官的參與。那麼，樂官在其中到底做了哪些工作呢？概括起來，主要有兩個方面：一是將詩篇譜曲入樂，二是在儀式中誦唱詩篇。

考察作爲樂官的「瞽矇」一職，在《周禮》系統中屬於「大師」一系，包括「上瞽四十人，中瞽百人，下瞽百有六十人」。其職責爲：

> 掌播鼗、柷、敔、塤、簫、管、弦、歌。諷誦詩，世奠繫，鼓琴瑟。

〔註52〕阮元《十三經注疏‧春秋左傳正義》，上海：上海古籍出版社，1997 年，第1958 頁。

〔註53〕段玉裁《說文解字注》，上海：上海古籍出版社，1988 年，第 90 頁。

〔註54〕服虔謂「周德之衰」疑其爲幽王、厲王之政。轉引自楊伯峻《春秋左傳注》，北京：中華書局，1981 年，第 1164 頁。

〔註55〕《詩三百》中有不入樂之徒詩的說法，源於宋代的程大昌、清代的顧炎武，但其說經不起辯駁。參顧頡剛《論詩經所錄全爲樂歌》，《古史辨》第三冊下編，北平：樸社出版，民國 24 年，第 609 頁。

〔註56〕朱熹《詩傳綱領》，《朱子全書》第三冊，上海古籍出版社&安徽教育出版社，2002 年，第 346 頁。

掌九德、六詩之歌，以役大師。

概括起來，其實主要有兩種職能：一掌奏樂（手上功夫），二掌誦歌（嘴上功夫）。所謂「掌播鼗、柷、敔、塤、簫、管、弦、歌」、「鼓琴瑟」，即以樂器奏樂，屬於第一種職能；所謂「諷誦詩，世奠繫，掌九德六詩之歌」，包括誦讀、歌唱兩方面的內容，屬於第二種職能〔註 57〕。瞽矇的這兩種職能均來自於他們的「教師」——「大師」、「小師」。「小師」一職曰「掌教鼓鼗、柷、敔、塤、簫、管、弦、歌」，鄭玄注云「教，教瞽矇也」，點明了瞽矇奏樂技能的來源；「大師」一職曰「教六詩，曰風，曰賦，曰比，曰興，曰雅，曰頌；以六德爲之本，以六律爲之音」，注云「教，教瞽矇也」，所謂「六詩」實際上是六種傳述詩的方式，點明了瞽矇誦讀、歌唱技能的來源〔註 58〕。

顯然，瞽矇的這兩種職能在「獻詩諷諫」的過程中都發揮了重要作用。首先來看譜曲入樂。上文已經指出，西周晚期的「變雅」都是入樂之歌，是所謂的「誦」（《節南山》）和「歌」（《何人斯》），而不是無所依傍的詩詞。然而，卿大夫只是作詩、獻詩而已。聲律、樂曲是專門之學，恐怕卿大夫也沒有能力完成將詩譜曲入樂的工作。所以，將他們的「獻詩」比於聲律、播於樂器，只能由當時的樂官群體完成。因此，《國語·周語上》對諷諫的記載是「公卿至於列士獻詩，瞽獻曲」，正是透露了瞽矇將「獻詩」譜曲入樂的歷史事實。顧頡剛曾經討論了周代的徒詩是如何變成歌謠的，其中包括三個過程：

> （1）原爲民間徒歌或民間樂歌，（2）爲貴族蓄養的樂工所采、被之管弦、成爲正則的樂歌，（3）貴族更制其樂或更制其詞、後遂守之不變〔註 59〕。

這裡顧先生針對的是《詩經·國風》中包含的民間歌謠，討論它們是如何被采集和入樂的。我們認爲，周代卿大夫的「獻詩」何嘗不是如此，所獻之詩

〔註 57〕對於「諷誦詩」歷來有不同的看法，孫詒讓有考辯。參孫詒讓《周禮正義》，北京：中華書局，1987 年，第 1865、1866 頁。

〔註 58〕王小盾認爲「風」是方音誦，「賦」是雅言誦，「比」是廣歌，「興」是和歌，「雅」是樂歌，「頌」是舞歌，「六詩」是六種傳述詩的方式。我們認爲，這六種方式概括起來其實反映了瞽矇的兩種職能——誦讀與歌唱而已。參《中國早期藝術與宗教·詩六義原始》，上海：東方出版中心，1998 年，第 216 頁。

〔註 59〕顧頡剛《論詩經所錄全爲樂歌》，《古史辨》第三冊下編，北平：樸社出版，民國 24 年，第 639 頁。

必然也經歷了類似的程序：（1）貴族作詩（如「寺人孟子，作爲此詩」等）並獻與王朝的樂官機構，（2）樂官將其被之管弦、比於聲律，（3）在儀式中誦唱、完成諷諫。由此可見，樂官譜曲使詩篇入樂，這是詩具備音樂屬性而獲得應用功能的關鍵因素。這是周朝禮樂制度的客觀要求，也是歌詩諷諫與後世的言辭諷諫不同的地方。

其次是誦唱於儀式之中。卿大夫的獻詩、瞽矇的陳曲，只是具備了諷諫的條件而已。諷諫的完成，還要依賴瞽矇誦唱詩篇於儀式之中。諷諫詩篇由樂官來誦唱，這一點可以從《左傳》記載的兩個實例中窺知：

> 孫文子如戚，孫蒯入使。公飮之酒，使大師歌《巧言》之卒章。大師辭，師曹請爲之。初，公有嬖妾，使師曹誨之琴，師曹鞭之。公怒，鞭師曹三百。故師曹欲歌之，以怒孫子，以報公。公使歌之，遂誦之。（《左傳》襄公十四年）

> 叔孫穆子食慶封，氾祭。穆子弗說，使工爲之誦《茅鴟》，亦不知。（《左傳》襄公二十八年）

這兩則材料雖然是春秋時貴族宴食用詩之例，而且所用之詩並非就詩篇的本義而言，但仍然提供了關於樂官用詩的重要信息：首先，用詩必須通過樂工，是樂工的專屬之事。無論是諸侯宴請大夫，還是大夫宴賓客，都是如此。從中可知，不僅僅周王朝有樂工，諸侯國君與大夫均有樂工。而且，從大師辭歌《巧言》、師曹故意誦《巧言》可知，樂工不僅專掌詩篇的聲律，而且熟知詩篇的內容。另外，諸侯樂工還掌教音樂（「使師曹誨琴」）。

其次，樂工用詩既有「歌」的方式，也有「誦」的方式，但正式的方式應是「歌」。師曹公報私仇而誦《巧言》卒章，叔孫穆子爲讓慶封理解而使樂工誦《茅鴟》，都表明了樂官對詩篇有誦與歌兩種用法。但是，從中也可以發現，「誦」作爲簡單易懂的用詩方式，原本可能只是樂教的階段使用的，在正式場合中則是臨時變通才使用的；儀式中的用詩的方式，當爲「歌」。如衛獻公一開始就讓大師歌《巧言》卒章，魯國食慶封一開始也是賦《相鼠》（《左傳》襄公二十七年），可見儀式用詩本當歌詩，而非誦詩。《左傳》襄公二十九年記載了吳公子季札聘魯時「請觀周樂」，「使工爲之歌《小雅》」等，可知作爲「雅詩」一部分，「變雅」也是入樂可歌的〔註60〕。既然是入樂之歌，則

〔註60〕楊伯峻注「歌」字曰「此弦歌也，即以各國之樂曲伴奏歌唱。」《春秋左傳注》，

當其用於諷諫時，就只能由樂工歌唱，正如大師本應歌《巧言》卒章一樣。

綜上可知，在卿大夫獻詩諷諫的過程中，樂官發揮了重要作用。他們不僅負責將詩篇譜曲入樂，使之可歌，還要在儀式中誦唱這些詩篇，從而將詩篇內容呈現於聽政者之前。王小盾云「樂教服務於諷諫這一詩歌功能」，意思是說瞽矇等樂官接受「大師」、「小師」教育的時候，本身就得學會以詩諷諫的技能〔註61〕。我們認為，樂官也許本身就有諷諫的能力，但是從西周晚期的情況看，諷諫詩篇來源於「公卿至於列士獻詩」，樂官只是基於他們的技術能力而促成獻詩諷諫而已。另外，除了上述的作詩者（卿大夫）、用詩者（瞽矇）之外，歌詩諷諫還有第三個因素（儀式），這將在下一節中考察。

第三節　諷諫用詩入於無算樂考

引　言

《雅》中保留的西周晚期的怨刺之詩、哀怨之詩，是出於諷諫的目的，依託於周代獻詩諷諫制度而產生的。其中，「公卿至於列士獻詩」提供了諷諫的歌詞，瞽、矇、瞍等樂工則負責將歌詞譜曲入樂，並在儀式中加以誦唱。這是獻詩諷諫的基本程序。如果將這一諷諫方式與後世流行的言辭進諫相比的話，二者在「諫」的主客體方面是一樣的（即臣下對君上），不同之處在於「諫」的方式上。言辭進諫的基本方式是「廷諍」或「上封事」，即在朝廷上以口頭或書面的言辭進諫君上，即《管子・小匡》所謂「犯君顏色，進諫必忠，不辟死亡，不撓富貴」〔註62〕。而獻詩諷諫則以一種禮樂的方式進行諷諫。這種方式有兩層內涵：一是進諫的內容是樂歌，是音樂性的文本，這一點上文已經作了分析；二是進諫過程發生於儀式之中，由瞽矇歌唱完成。這裡就有一個很重要的問題需要回答：諷諫詩篇應用於什麼樣的儀式場景之中？

本文認為，可以從兩個層面回答這個問題：第一，諷諫詩篇與「正詩」

北京：中華書局，1981年，第1161頁。

〔註61〕王小盾《中國早期藝術與宗教・詩六義原始》，上海：東方出版中心，1998年，第257頁。

〔註62〕趙映誠《中國古代諫官制度研究》，《北京大學學報》（哲學社會科學版），2000年第3期，第97～104頁。

不同，它們入於散樂，應用於典禮的無算樂儀式之中；第二，帶有無算樂儀式的典禮包括祭祀禮儀、宴居禮儀、朝會禮儀等，聯繫詩篇的內容，可以推斷詩篇所涉及的禮儀。下文分而析之：

一、「變雅」的音樂屬性：「變雅」入無算樂考

1、「變雅」在音樂性上屬於「散樂」

「變雅」儘管也在「周樂」之列（《左傳》襄公二十九年），但是，由於它們在內容、旨意、格調、語言、時代背景等方面與「正詩」大相徑庭，所以人們普遍認爲它們的音樂屬性肯定不同於後者。那麼，「變雅」與「正詩」的音樂屬性差別在哪呢？

首先得從「正詩」的音樂屬性談起。根據前幾章的論述可知，《周頌》、「正大雅」等「正詩」均爲典禮儀式中的樂歌。古人稱這種儀式樂歌爲「正歌」或「正樂」。《儀禮·鄉飲酒禮》、《鄉射禮》、《燕禮》所載的儀式用詩均曰「正歌備」，鄭玄注云「堂上正樂畢也」，可見「正詩」的音樂屬性可籠統稱之爲「正樂」〔註63〕。後來，春秋以降的人所豔稱的「《雅》《頌》之樂」、「古樂」、「雅樂」就是「正詩」所具有的「正樂」，《禮記·樂記》所載魏文侯所說「端冕而聽古樂」就是此義，鄭玄注云「古樂，先王之正樂也」〔註64〕。

從西周禮儀用詩以及禮書看，「正詩」之所以具有「正樂」的性質，源於它用於典禮的核心儀節，也即與典禮儀式關係緊密。「正詩」既然是「正樂」，那麼，「變詩」有「變」，自然有所不同。清代魏源曰「詩有爲樂作、不爲樂作之分，且同入樂而有正歌、散歌之別也」，將「變詩」的音樂屬性定爲「散歌」、「散樂」，而與「正詩」的「正歌」、「正樂」相對，此說得到許多學者的信從〔註65〕。王小盾說「所謂『正變』，大抵代表了詩文本中用於正樂和用於散樂這兩部分詩歌的區別。」〔註66〕

〔註63〕阮元《十三經注疏·儀禮注疏》，上海：上海古籍出版社，1997年，第996頁。
〔註64〕需要補充說明的是，戰國秦漢之際人所謂的「雅樂」、「古樂」本來是針對「鄭聲」、「鄭衛之音」而說的，因而其外延實際上要比儀式樂歌寬泛一些。但是，所謂「雅樂」的內涵無疑正是從西周儀式用樂提煉出來的。阮元《十三經注疏·禮記正義》，上海：上海古籍出版社，1997年，第1538頁。
〔註65〕魏源《詩古微·詩樂篇》，《魏源全集》，長沙：嶽麓書社，1989年，第27頁。
〔註66〕王小盾《中國早期藝術與宗教·詩六義原始》，上海：東方出版中心，1998年，第281頁。

「散樂」一詞最早出現於《周禮·春官·旄人》「旄人掌教舞散樂，舞夷樂」，孫詒讓注云「今考此為雜樂，亦取亞次雅樂之義」〔註67〕。可見，所謂「散」，指的是它的禮樂地位較低，不如「正樂」。所以，「散樂」與典禮儀式的密切程度不如「正樂」，不是用於典禮的核心儀節之中。質言之，「散」與「正」的差異更多的是典禮中應用於不同儀節的差異，由於禮儀應用的不同，所以形成了音樂特徵、功能的不同。

可見，「正詩」與「變詩」、「正樂」與「散樂」的差別，根源在於它們儀式應用的不同。那麼，二者又是如何應用的呢？這還得從禮書記載的用樂情形談起。顧頡剛先生曾指出「典禮中所用的樂歌有三種：（1）正歌，（2）無算樂，（3）鄉樂。」〔註68〕這一概括來自於《儀禮·鄉飲酒禮》、《鄉射禮》、《燕禮》三篇的用樂記載，以鄉飲酒禮為例：

> 工歌《鹿鳴》、《四牡》、《皇皇者華》。……笙入堂下，磬南，北面立，樂《南陔》、《白華》、《華黍》。……乃間歌《魚麗》，笙《由庚》；歌《南有嘉魚》，笙《崇丘》；歌《南山有臺》，笙《由儀》。……乃合樂：《周南·關雎》、《葛覃》、《卷耳》，《召南·鵲巢》、《采蘩》、《采蘋》。工告於樂正曰「正歌備。」……

> 說屨，揖讓如初，升，坐。乃羞。無算爵。無算樂。……

> 徵唯所欲，以告於先生、君子可也。賓、介不與。鄉樂唯欲。

應該說，顧氏的概括是符合典禮的主要儀節的。但是嚴格來講，還應加上（4）專門樂歌，如賓至奏《肆夏》，賓退奏《陔》，節射奏《騶虞》，有舞奏《勺》，以及投壺樂曲等等，只不過它們分散於典禮儀節的間隙，不在主要的用樂儀節上。從以上四種用樂來看，顯然「正歌」和專門樂歌屬於典禮的核心儀節，而無算樂、鄉樂不過是典禮的補充環節而已。從禮書所記載的用詩篇目可知，「正詩」正是用於典禮的「作樂」儀節以及專門的儀式之中，本文前幾章對「正詩」的考訂也充分說明了這一點。

問題的關鍵在於，「變雅」中的那些諷諫詩篇是否入於無算樂，用於典禮

〔註67〕鄭玄云「散樂，野人為樂之善者，若今黃門倡矣，自有舞」，賈《疏》云「以其不在官之員內，謂之散也」，其說不如孫氏合於周代的歷史語境。孫詒讓《周禮正義》，北京：中華書局，1987年，第1902頁。
〔註68〕顧頡剛《論詩經所錄全為樂歌》，《古史辨》第三冊下編，北平：樸社出版，民國24年，第652頁。

之後的宴樂儀式之中呢？答案是肯定的。

2、從春秋「賦詩」得到的啟示

「變詩」用於無算樂，不少學者早已作出這樣的論斷。孔穎達云「變者雖亦播於樂，或無筭之節所用，或隨事類而歌」，已經明確指出「變詩」可能用於無算樂〔註 69〕。魏源亦指出「變雅」可能用於以下三個場合「一用於賓祭無算樂，再用於矇瞍常樂，三用於國子弦歌」，後二者屬於樂教範疇，所謂「賓祭無算樂」才是詩篇的禮儀之用〔註 70〕。但是，諸如孔氏、魏氏所作的判斷，其實都只是對《儀禮》用樂儀節的邏輯推論，並沒有給出理由。

本文認爲，要證明「變雅」入於無算樂，要考察一個重要的用詩現象，這就是春秋賦詩。「賦詩」是春秋時期很突出的文化現象，指的是卿大夫或使臣在外交場合中以歌詩的方式表達意思的一種交際方式。顧頡剛先生說「賦詩是交換情意的一件事，他們在宴會中各自揀了一首合意的樂詩叫樂工唱，使自己對對方的情意在詩裏表出，對方也是這等的回答。」這是對賦詩最爲通俗易懂的解釋〔註 71〕。關於「賦詩」，《左傳》、《國語》中有大量的實例，試舉其中典型的一例：

> 鄭伯享趙孟於垂隴，子展、伯有、子西、子產、子大叔、二子石從。趙孟曰「七子從君，以寵武也。請皆賦以卒君貺，武亦以觀七子之志。」子展賦《草蟲》，趙孟曰「善哉！民之主也。抑武也不足以當之。」伯有賦《鶉之賁賁》，趙孟曰「床第之言不逾閾，況在野乎？非使人之所得聞也。」子西賦《黍苗》之四章，趙孟曰「寡君在，武何能焉？」子產賦《隰桑》，趙孟曰「武請受其卒章。」子大叔賦《野有蔓草》，趙孟曰「吾子之惠也。」印段賦《蟋蟀》，趙孟曰「善哉！保家之主也，吾有望矣！」公孫段賦《桑扈》，趙孟曰「『匪交匪敖』，福將焉往？若保是言也，欲辭福祿，得乎？」卒享。

從此例中，並綜合史書中的其他賦詩之例，可以看出賦詩具有以下幾個特點：首先，賦詩的主體往往是諸侯國君、卿大夫與來聘的使臣，如鄭伯君臣

〔註 69〕 阮元《十三經注疏·毛詩正義》，上海：上海古籍出版社，1997 年，第 402 頁。
〔註 70〕 魏源《詩古微·詩樂篇》，《魏源全集》，長沙：嶽麓書社，1989 年，第 27 頁。
〔註 71〕 顧頡剛《論詩經所錄全爲樂歌》，《古史辨》第三冊下編，北平：樸社出版，民國 24 年，第 328 頁。

與趙孟、鄭六卿與韓宣子（《左傳》昭公十六年）等。其次，賦詩發生於政治外交的場合，發生於宴享使臣的禮儀中，據筆者統計，《左傳》所載賦詩中提及「享」的次數占總數的三分之二以上。再次，賦詩的方式是以歌詩達意，《左傳》襄公十四年「使大師歌《巧言》之卒章」、「使工爲之誦《茅鴟》」就是明證〔註72〕。

由此可知，賦詩的用詩方式是樂工歌詩。尤其值得注意的是，這種歌詩方式發生於宴享正禮結束以後的儀節中。我們可以分兩個層面說明這一點：一是根據《儀禮》和其他文獻，享燕正禮並無賦詩的儀節，但賦詩卻又發生於享燕禮儀中，因而賦詩可能發生於正禮之後。二是《左傳》關於賦詩的一些記載，表明了賦詩當發生於享燕行將結束的時候，如：

> 晉范宣子來聘，且拜公之辱，告將用師於鄭。公享之，宣子賦《摽有梅》。季武子曰「誰敢哉！今譬於草木，寡君在君，君之臭味也。歡以承命，何時之有？」武子賦《角弓》。賓將出，武子賦《彤弓》。（襄公八年）

> 鄭伯享趙孟於垂隴，子展、伯有、子西、子產、子大叔、二子石從。趙孟曰「七子從君，以寵武也。請皆賦以卒君貺，武亦以觀七子之志。」子展賦《草蟲》，趙孟曰「善哉！民之主也。抑武也不足以當之。」（襄公二十七年）

> 楚薳罷如晉蒞盟，晉將享之。將出，賦《既醉》。（襄公二十七年）

在第一則材料中，「賓將出」三個字表明季武子賦《角弓》、范宣子賦《彤弓》是在聘享禮儀接近尾聲的時候。在第二則材料中，趙孟云「請皆賦以卒君貺」，「君貺」即鄭伯宴享之賜，「賦以卒君貺」即以賦詩完成鄭君之禮，亦可說明賦詩發生於享禮的末尾。第三者的「將出」與第一則材料類似，同樣表明賦《既醉》當在享禮將要結束的時候。

由以上兩方面可知，賦詩當發生於宴享正禮結束之後。其實，主賓雙方的禮尚往來已經在正禮的獻、酬、酢等儀式中完成了，賦詩不過是再一次以樂工歌詩的方式確認雙方的意思罷了。然而，賦詩這一現象所顯示的用詩方

〔註72〕李春青先生認爲「賦詩」是歌詩，但不是有器樂伴奏的歌唱，而是「拉長聲調」、「略有曲調」的清唱，即「徒歌」。我們認爲此說不確，《左傳》已明言樂工歌詩，正是賦詩爲歌唱的確證。李春青《詩與意識形態》，北京：北京大學出版社，2005年，第117頁。

式、用詩的程序不正好與《儀禮》中所載的無算樂如出一轍嗎？以《鄉飲酒禮》爲例：

> 眾賓皆降。說屨，揖讓如初，升，坐。乃羞。無算爵。無算樂。

也就是說，無算樂進行是在「眾賓皆降」之後，是在作爲正禮的獻、酬、酢、作樂等儀節完成之後進行，其目的在於娛賓。並且，無算樂用詩方式是「或閒或合，盡歡而止」，即可以點播（賦）各種類型的詩篇〔註73〕；當然，這種點播不會是任意的，而應該是典禮的賓客指定的。由此可以想見，無算樂的用詩正如「點戲」，與春秋賦詩非常類似。清人方苞談及無算樂時認爲「疑若《春秋傳》所載，賓各賦詩，工以瑟以笙應之，其不歌者亦聽，以無定數，故謂之無算耳。」〔註74〕這種觀點是非常有道理的。

考察西周禮樂的發展軌迹，無算樂可能早至西周中期已經有了，而賦詩則是到春秋時期才興起〔註75〕。由此可知，賦詩顯然就是從西周典禮儀式的無算樂儀節發展而來的。何定生指出，「故春秋時代的『賦詩』風氣，也可視爲『無算樂』的一種轉型活動，或與樂歌兼行，有時也替代了『無算樂』的節次」，正是對周代用詩從無算樂到賦詩的演變的準確概括〔註76〕。總之，西周典禮的無算樂與春秋「賦詩」具有相似的、前後關聯的禮樂性質。

3、「變雅」入於無算樂

正是這一結論，爲我們開啓了探討無算樂所用詩篇的思路。因爲春秋賦詩的篇目載在典籍，由此可以推斷西周典禮無算樂的用詩篇目。考察春秋賦詩所用的六十多首詩，《頌》的部分只有一首，《國風》和《雅》各占半壁江山。其中，最值得注意的是賦詩所用的「雅詩」，不僅包括「正雅」詩篇，還包括「變雅」之詩，如《大雅·板》、《小雅·節南山》、《小宛》、《巧言》等篇，都是「變雅」的典型篇章。這表明，「變雅」在卿大夫賦詩的春秋時期，已經是入樂之篇了。但是，可以肯定的是，最遲在周厲王時期就已產生的「變

〔註73〕鄭玄認爲《左傳》襄公二十九年所載「季札觀樂」就是「無算樂」的例子。阮元《十三經注疏·儀禮注疏》，上海：上海古籍出版社，1997年，第989頁。

〔註74〕轉引自胡培翬《儀禮正義》，南京：江蘇古籍出版社，1993年，第407頁。

〔註75〕據沈文倬的考察，儘管《儀禮》成書於春秋晚期，但是它所載的禮典確實在西周時期踐行過。參《宗周禮樂文明考論》，杭州：浙江大學出版社，1999年，第6頁。

〔註76〕何定生《詩經與樂歌的原始關係》，《定生論學集》，臺北：臺灣幼獅文化事業公司，1978年，第75頁。

雅」顯然不會遲至春秋中期才入樂〔註77〕。

本文認爲，從賦詩與無算樂的相似相承的禮樂關係來看，「變雅」之入樂始於西周典禮儀式的無算樂儀節。從無算樂的特徵來看，一是沒有節制、「盡歡而止」，二是由賓客點播，具有滿足主觀性（娛賓）的特點。正是這種由賓客點播、具有主觀性的用樂特點，爲「變雅」的入樂開闢了道路。眾所周知，「正詩」服務於典禮儀式，是站在行禮者的角色（如神靈、與祭者、賓客等）進行言說的。「正詩」的內容、言說方式都與禮儀緊密相連。爲了促成的行禮的完成，「正詩」的內容方面不可能出現所謂的怨刺、哀思、不滿等等的情緒。

但是，「無算樂」與「正歌」就不同了，它是賓客擺脫禮儀的束縛、唯欲而奏的樂歌。換言之，與「正歌」多出於禮儀需要不同，「無算樂」的演奏更多是出於個人意願。這就爲那些表達個人主觀意圖的「變雅」入樂演奏提供了儀式的合法性。李春青談到賦詩時說：

> 這種最初由娛樂目的而發展開來的「點戲」行爲，在西周末、春秋
> 之時漸漸脫離宴享娛樂的範圍，而演變爲一種借詩歌之意來表達意
> 見或情緒的方法。「點戲」的形式也由樂工奏唱變爲點戲者自己來
> 「賦」了〔註78〕。

其實，李氏所說的情形更適合於描述西周卿大夫「獻詩」的興起：典禮的「無算樂」本是用於娛賓，但是這種最初用於娛樂而發展起來的「隨興所之」、「盡歡而止」的用樂行爲，在西周晚期「王室遂衰」的歷史文化語境中不再局限於宴享娛賓的範圍，而演變爲一種通過「獻詩」來諷諫君上或表達己見的方法；同時，所用詩篇也從原有的正歌變爲賓客的「獻詩」了。換言之，用以諷諫的「歌詩」就是發生於典禮無算樂的場合中。

這一點還可以從「變雅」本身的內容特點來說明。「變雅」中體現的不滿、怨恨、哀思乃至於痛恨和詛咒等主觀情緒是極爲明顯的，用顧頡剛的話來說，這都是一些「罵人的話」。那麼，這種「罵人」的話是如何能夠呈現於有權有勢的君上面前呢，何況還有周厲王那樣「監謗」的暴君、周幽王那

〔註77〕 我們認爲《左傳》所載的賦詩最早的一例是魯僖公二十三年的「公子賦《河水》，公賦《六月》」。像此前魯隱公元年的「公入而賦」、三年的衛人賦《碩人》、閔公二年的「許穆夫人賦《載馳》」、鄭人賦《清人》等等所謂的「賦」其實是創作的意思，與賦詩無涉。

〔註78〕 李春青《詩與意識形態》，北京：北京大學出版社，2005年，第123頁。

樣的昏君？唯一合理的解釋是，這些罵人的詩篇並非直接誦讀給君上聽，而是通過一種合情合法的方式呈現出來的。顧頡剛先生云：

> 固是這種罵人的詩未必直接送與所罵的人看，但若是別人聽到了，
> 轉達與所罵的人，也可以促成他的反省，所謂「師箴、瞍賦、矇誦」，
> 就是要使瞎子樂工做轉達的人〔註79〕。

可見，諷諫詩篇的呈現必然是以一種迂迴的方式實現自己的「合情合法」。所謂「合情」，就是詩篇已經過樂工入樂的粉飾，所以其呈現出來的是音樂的面貌，已經大大掩蓋了語詞的內容，使詩篇變得基本可以接受；所謂「合法」，就是詩篇是在滿足賓客主觀欲望的無算樂儀節演奏的，具有禮儀根據。

綜上所述，從春秋賦詩的用詩情形出發，結合「變雅」本身的內容特徵，可以推知「變雅」在音樂屬性上當爲「散樂」，在使用上當入於典禮的無算樂〔註80〕。這是「變雅」詩篇在用樂方面的主要特徵。

二、無算樂所繫的禮儀類型

上文考證了「變雅」的用樂特點，認爲它入於「散樂」，用於典禮的無算樂儀節。這是從總體上論「變雅」的，對於「雅頌」中所保留的二十幾首規諫樂歌、哀怨樂歌，它們到底應用於何種禮儀的無算樂儀式中，這是下面要探討的內容。

1、無算樂用於宴樂無算爵的儀式中

無算樂只是用樂形式，而用樂一般是不會單獨存在的，而是發生於典禮的某個儀節。與無算樂相聯繫的是無算爵的宴飲儀式，從禮書上看，二者互相搭配、同時發生，都是在典禮的尾聲用於娛賓。如：

> 眾賓皆降。說屨，揖讓如初，升，坐。乃羞。無算爵。無算樂。賓
> 出，奏《陔》。（《儀禮·鄉飲酒禮》）
>
> 主人以賓揖讓，說屨，乃升。大夫及眾賓皆說屨，升，坐。乃羞。
> 無算爵。……無算樂。賓興，樂正命奏《陔》。賓降及階，《陔》作，

〔註79〕 顧頡剛《詩經在春秋戰國間的地位》，《古史辨》第三冊下編，北平：樸社出版，民國 24 年，第 321 頁。

〔註80〕 「變雅」入於無算樂，「變風」則既可能入於無算樂，又可能入於鄉樂。王小盾《中國早期藝術與宗教·詩六義原始》，上海：東方出版中心，1998 年，第 280 頁。

賓出。(《儀禮·鄉射禮》)

無算爵。……無算樂。(《儀禮·燕禮》)

無算爵。……無算樂。(《儀禮·大射儀》)

由此可見，無算樂就是發生於典禮「旅酬」之後的無算爵階段。所謂無算爵，鄭玄云「賓主燕飲，爵行無數，醉而止也」，是指賓主之間沒有次數限制、盡歡而飲的儀節〔註81〕。我們知道，典禮的飲酒行爵是有次數和程序的嚴格規定的，如「一獻之禮」的獻、酢、酬就是最典型的例子，其程序的繁複、次數的限定一方面是爲了體現賓主行禮的意義，另一方面也是爲了避免酒多亂性。但是，這些規定將使賓主等人疲憊不堪，無疑大大降低了典禮的娛賓功能〔註82〕。顯然，無算爵的「無算」、「盡歡」的娛賓功能，就是針對典禮正禮的嚴格限制而設定的，也是對後者的一種補充。

據此，我們可以想見無算爵的儀式場景：主賓「脫屨升坐，受爵不拜」〔註83〕，盡情勸酒而飲，同時指點樂工根據賓主之意歌詩，觥籌交錯，詩酒並行，而且堂堂上下人員均參與，形成一派歡宴和樂的情景〔註84〕。

不過，儘管無算樂也是用於宴飲的樂歌，但與作爲「正歌」的宴禮樂章如《鹿鳴》三章、《關雎》三章等完全不同，它僅僅只是爲了娛賓而演奏。與「正歌」是服務於禮儀的需要不同，無算樂更多的是滿足賓客的某些需求（如娛樂、表達），而與禮儀的特質並無緊密關聯。換言之，典禮「正歌」用什麼詩，取決於典禮的類型與性質，如鄉飲酒禮、鄉射禮、燕禮、大射均用所謂「工歌」、「笙奏」、「間歌」、「合樂」的詩章，而祭祀禮儀用的是則是諸如《清廟》三章、《大武樂章》等樂歌；總之，禮儀類型和性質的不同，決定使用不同的樂章。這是典禮「正歌」的用樂情況，本文前幾章考察的正是不同類型的典禮用詩。

〔註81〕阮元《十三經注疏·儀禮注疏》，上海：上海古籍出版社，1997 年，第 989 頁。

〔註82〕淩廷堪云「至此盛禮俱成，酒清殽乾，賓主百拜，強有力者猶倦焉。」參《禮經釋例》，《叢書集成初編》，上海：商務印書館，民國 20 年，第 97 頁。

〔註83〕賈公彥云「謂賓主初入，揖讓而升堂，升堂雖同，前則升堂立，此則即席坐，與前異也。」阮元《十三經注疏·儀禮注疏》，上海：上海古籍出版社，1997 年，第 989 頁。

〔註84〕參《禮經釋例》「凡無算樂皆說屨升坐乃羞」、「凡無算爵不拜、唯受爵於君者拜」、「凡無算爵堂上堂下執事者皆與」條。《禮經釋例》，《從書集成初編》，上海：商務印書館，民國 20 年，第 97～99 頁。

無算樂則與此不同。對於無算樂而言，只要典禮有無算爵的儀式，無算樂就可以演奏，至於用什麼詩，則更爲自由，既可以是「正歌」用過的詩篇，也可以是「正歌」不能用的詩篇，如「變風變雅」。從這一點看，無算樂的應用實際上只取決於無算爵而已，只要哪個典禮有無算爵的儀節，就有無算樂的演奏，所謂「爵行則樂奏，爵止則樂闋，故爵無算而樂亦無算也。」〔註85〕因此，要考察無算樂所繫的典禮類型，首先就要理清具有無算爵儀節的典禮類型。

2、宴飲無算爵的禮儀類型

根據上文對禮書的徵引可知，鄉飲酒禮、鄉射禮、燕禮、大射禮皆有無算爵的儀節。由此可知，周人行無算爵的典禮至少有燕飲禮儀、射禮這兩類。禮書有缺，其實行無算爵的典禮遠不止這兩類。這一點有兩個理由：

首先，從邏輯上看，無算爵的儀節是爲了娛賓、酬賓而設的。從禮書所載的典禮儀節來看，其行禮之繁複、規矩之瑣細、持續時間之長是有目共睹的。因而，對於一直站立行禮的主賓、行禮人員來說，這不僅僅是一次漫長的精神考驗，也是一次嚴峻的體力考驗。所謂「文武之道，一張一弛」，無算爵的歡飲就是爲了使主賓以及其他人員放鬆，享受「宴以合好」的禮儀之賜而進行的。由此看來，無算爵的儀節具有一定意義上的普遍性。也即，只要典禮進行中有賓客，有大量執事人員的參與，那麼，無算爵的儀節就有可能存在。

其次，從現有的文獻資料可以發現其他類型的典禮有無算爵的儀節。最明顯的一例就是祭祀禮儀。《儀禮·特牲饋食禮》、《少牢饋食禮》、《有司徹》三篇分別記載士、卿大夫兩級貴族的祭祖典禮儀節〔註86〕。這兩個典禮都有無算爵的內容：

> 兄弟弟子洗酌於東方之尊，阼階前北面，舉觶於長兄弟，如主人酬賓儀。……爵皆無算。（《特牲饋食禮》）

> 賓及兄弟交錯其酬，皆遂及私人，爵無算。……賓、兄弟交錯其酬。無算爵。（《有司徹》）

第一則材料的「爵皆無算」是指「士」的「饋食祭祖」典禮在旅酬儀節之後

〔註85〕 胡培翬《儀禮正義》，南京：江蘇古籍出版社，1993年，第407頁。
〔註86〕 沈文倬《宗周禮樂文明考論·宗周歲時祭考實》，杭州：浙江大學出版社，1999年，第87頁。

所進行的儀節。所謂「旅酬」，本指在祭祖典禮的「九飯」（饋食於神尸）、「三獻」（主祭者夫婦與賓客互敬酒）的正禮儀式之後，主祭者的兄弟們與賓客互相敬酒的儀節。由於是在正禮之後，「旅酬」已經簡化程序（「禮殺」），是「賓主坐燕而自由自在地喝酒作樂」〔註87〕。因而，「旅酬」之後的無算爵則肯定更加自由，不同於典禮正禮。同樣的，第二則材料所顯示的卿大夫饋食祭祖典禮的「爵無算」也是如此。由此可知，祭禮同樣具有無算爵儀式。

不過，禮書中並沒有記載無算爵的儀節用樂，這裡的無算爵沒有無算樂與之搭配。沈文倬云「士大夫歲時祭不用樂，『無算爵』時沒有『無算樂』來搭配了」〔註88〕。然而，禮書不載無算樂，並不意味著無算樂不用於祭祀的典禮中。

本文認為，無算樂仍然行於祭祖典禮之中，只不過並非行於旅酬時的無算爵。其實，祭祖典禮的整個過程中不止行過一次無算爵，如上面徵引的《少牢饋食禮》、《有司徹》中，卿大夫歲時祭就有兩次「無算爵」，而禮書中所載的無算爵都是「旅酬」階段所用，此時，神尸還在場，鼎俎也沒有撤掉。因而，此時的無算爵只行於堂下，其內涵在於「欲神惠之均於在庭」〔註89〕。由此可見，旅酬時的無算爵雖然有娛賓的客觀作用，但其主觀上仍然是服務於禮儀。然而，無算爵還不止行於旅酬。

本文認為，在神尸退席、撤俎之後，祭祖典禮還有所謂「燕私」的環節。這明確載於《詩經‧小雅‧楚茨》中：

> 鼓鐘送尸，神保聿歸。諸宰君婦，廢徹不遲。諸父兄弟，備言燕私。

> 樂具入奏，以綏後祿。爾殽既將，莫怨具慶。既醉既飽，小大稽首。

對於其中的「備言燕私」，《毛傳》云「燕而盡其私恩」，鄭玄云「祭祀畢，歸賓客之俎，同姓則留與之，燕所以尊賓客，親骨肉也」。〔註90〕意思是說，周人祭祖在送尸撤俎之後，還要燕飲同姓〔註91〕。《尚書大傳》云「宗室有事，

〔註87〕　沈文倬《宗周禮樂文明考論‧宗周歲時祭考實》，杭州：浙江大學出版社，1999年，第92頁。

〔註88〕　沈文倬《宗周禮樂文明考論‧宗周歲時祭考實》，杭州：浙江大學出版社，1999年，第92頁。

〔註89〕　《儀禮‧特牲饋食禮》「眾賓長為加爵，如初，爵止」鄭玄注。參阮元《十三經注疏‧儀禮注疏》，上海：上海古籍出版社，1997年，第1187頁。

〔註90〕　阮元《十三經注疏‧毛詩正義》，上海：上海古籍出版社，1997年，第469頁。

〔註91〕　《小雅‧湛露》其實就是一首贊頌「燕私」的樂歌，參本文第五章第三節。

族人皆侍終日，大宗已侍於賓奠，然後燕私。燕私者，何也？已而與族人飲也。」〔註92〕「有事」即祭祀之事，「已而與族人飲」表明是在尸歸撤俎、祭祀典禮結束之後。之所以在此時「燕私」，是因為「族人皆侍終日」、行禮疲勞，需要對其加以慰勞和娛樂。而且，「燕私」從儀節上看，「既醉既飽」表明盡歡而飲，行爵無算，「樂具入奏」表明燕飲的同時還伴有歌樂。這些特點不正與燕禮、射禮之無算爵、無算樂如出一轍嗎？

由此可以推知，祭祖典禮在「燕私」階段必然還進行過針對同姓族人的無算爵儀式，且有無算樂與之搭配宴樂。而《儀禮》對祭祖典禮儀式的記載止於「賓從尸，俎出廟門」（《特牲饋食禮》）、「徹室中之饌」（《有司徹》）即送尸撤俎之節，所以不載無算樂的儀節。綜上所述，無算樂不僅行於燕飲禮儀、射禮，還行於祭祀禮儀之中。

其實，從以上考論可以發現一個特點，即無算爵、無算樂與「燕賓」相互依存，舉凡有「燕賓」儀節的典禮都可能有無算爵的存在，因為後者正是為了娛樂和犒勞參加典禮的賓客、執事人員而設的。祭祖典禮、射禮之所以有無算爵、無算樂，正是因為這兩個典禮本身「內置」了「燕賓」的儀式。由此看來，諸如包括朝覲、冊命、即位等的政事禮儀，包括治兵、振旅、獻俘、慶功等的軍禮，只要這些典禮納入了「宴樂」的內容，它們就有可能進行過無算爵、無算樂的儀節。只是典籍闕如，我們無法還原其中的具體情形而已。

結　語

本文認為，與「正詩」不同，「變雅」在音樂屬性上為「散樂」，在儀節上入於儀式「正歌」之後的無算樂。這一點可以從春秋時期的「賦詩」上推知，因為「賦詩」即從西周典禮的無算樂發展而來的，其用詩方式與無算樂一脈相承；從賦詩賦「變雅」可以推知，當初無算樂就已奏過「變雅」之詩了。從禮儀方面看，無算樂繫於宴飲無算爵儀式，而根據禮書與文獻可以發現，無算爵儀式行於燕飲禮儀、射禮、祭祖典禮等儀節中。因此，「變雅」就是應用於燕禮、射禮、祭禮等禮典之中。

〔註92〕陳壽祺《尚書大傳輯校》，王先謙《皇清經解續編》第 2 冊，上海：上海書店，1988 年，第 416 頁。

第四節　諷諫樂歌的禮儀來源推測

引　言

考察《大雅·民勞》、《小雅·節南山》等「變雅」的適用禮儀，比考察「正雅」所用的典禮儀式要難得多。我們知道，「正雅」是服務於禮儀的樂歌，其與禮儀的聯繫非常緊密，詩篇本身即有迹象，禮儀其實「內在」於詩篇之中。「變雅」則與此不同，它們是詩人表達主觀情緒和意見的文本，與禮儀的聯繫都是外在的、鬆散的。本文的嘗試，只是就詩篇本身提及的一些內容作出某些推測而已。

西周晚期厲幽之間是諷諫樂歌創作的高潮時期。今本《詩經》中保留著《大雅》的《民勞》、《板》、《蕩》、《抑》、《桑柔》、《瞻卬》、《召旻》，《小雅》的《節南山》、《正樂》、《十月之交》、《雨無正》、《小旻》、《小宛》、《小弁》、《巧言》、《何人斯》、《巷伯》、《青蠅》、《菀柳》、《白華》、《苕之華》，計二十一篇的「變雅」之詩。那麼，作為諷諫樂歌，這些詩篇用於哪些禮儀呢？

首先，諷諫詩篇絕非單獨使用的徒歌，而是應用於某種儀式之中。《禮記·王制》曰「天子齋戒受諫」，所謂「齋戒」，顯然是出於行禮的需要，由此可知「受諫」就是在禮儀的場合中〔註93〕。對此，《國語·楚語上》還有一段很生動的材料：

> 昔衛武公年數九十有五矣，猶箴儆於國，曰「自卿以下至於師長士，苟在朝者，無謂我老耄而捨我，必恭恪於朝，朝夕以交戒我；聞一二之言，必誦志而納之，以訓導我。」在輿有旅賁之規，位寧有官師之典，倚几有誦訓之諫，居寢有褻御之箴，臨事有瞽史之導，宴居有師工之誦。史不失書，矇不失誦，以訓御之，於是乎作《懿》戒以自儆也。

這段文字揭示了周代諸侯國君「受諫」的詳細情況。「輿」指馬車，「旅賁」指「勇力之士」，可見「在輿」是指行軍或行道之時。「位」指「天子視朝之位」，「寧」即「天子當寧而立」的「寧」，指門屏之間，因而「位寧」當為

〔註93〕鄭玄曰「歲終，群臣奏歲事，諫王當所改為也」，孔穎達遂以為「天子以其事重，故先齋戒而後受於諫也」。此說迂曲，其實很簡單，「齋戒」本為行禮之前最重要的準備專案。阮元《十三經注疏·禮記正義》，上海：上海古籍出版社，1997年，第1345頁。

視朝之時。「几」當即《大雅・行葦》「肆筵設席，授几有緝御」、《公劉》「俾筵俾几」的「几」，筵、几並見，可見「几」當爲筵席之上供人憑依的案几〔註94〕，因而「倚几」當爲宴享之時。「居寢」是指寢室之中，即房中；「事」指祭祀，「臨事」即祭祀場合；「宴居」，指閒居之時〔註95〕。

由此我們可以得知：首先，受諫的場合包括「在輿」、「位宁」、「倚几」、「居寢」、「臨事」、「宴居」，實即涵蓋了出行、閒居、房中、祭祀、宴享、視朝六個場合。其次，進諫的人員爲「旅賁」、「官師」、「褻御」、「瞽史」、「師工」，實即包括衛士、官吏、近侍、樂官、史官等身份的人〔註96〕。再次，從進諫的方式看，有「規」、「典」、「誦訓」、「箴」、「導」、「誦」，實即包括行爲之諫（「導」與「典」）、言辭之諫（「規」）、誦訓之諫（「箴」與「誦」）。這些情況爲我們考察周人歌詩進諫的發生場景提供了方向。

顯然，材料所提及的樂工諷諫方式主要是「誦訓」，所謂「史不失書，矇不失誦」，是說史官以職掌的文獻（「書」）進諫，樂官以專掌的音律（「誦」）進諫。不過，瞽矇師工等樂官的進諫方式不僅僅只有材料中的「箴」、「誦」，應當還有加入器樂和奏唱的「歌詩」。《國語・周語上》載樂工進諫除了「瞍賦、矇誦」之外還有「瞽獻曲」，《左傳》襄公十四年也記載「瞽爲詩」，另外《小雅・何人斯》「作此好歌，以極反側」、《節南山》「家父作誦」提供了樂工歌詩諷諫的實例，這些都是有力的證據。

本文認爲，上述《楚語》的材料雖然沒有明確提及歌詩諷諫，但是，它所指出的諷諫場合實際上也適用於「以詩諷諫」。換言之，「變雅」中所保存的諷諫詩篇可能就是在上述的這些場合中使用的。再者，作爲諷諫詩篇的「變雅」入於無算樂，而後者又繫於無算爵的宴飲儀式。考察周代禮樂文獻，可知使用無算爵儀式的典禮有鄉飲酒禮、鄉射禮、燕禮、大射儀、祭祖禮等。

〔註94〕 《行葦》「授几有緝御」，鄭玄云「老者加之以几」，孔穎達云「几者，所以安身」。阮元《十三經注疏・毛詩正義》，上海：上海古籍出版社，1997年，第534頁。

〔註95〕 徐元誥《國語集解》，北京：中華書局，2002年，第501頁。王引之《經義述聞・國語下》，南京：江蘇古籍出版社，2000年，第514頁。

〔註96〕 「官師」即《吳語》下「行頭皆官師」、《禮記・祭法》「官師一廟」中的「官師」，鄭玄云「官師，中士、下士、庶士、府史之屬」，可見「官師」實爲低級官吏「褻御」即《小雅・雨無正》「曾我褻御」之「褻御」，《毛傳》云「褻御，侍御也」。阮元《十三經注疏・禮記正義》，上海：上海古籍出版社，1997年，第1587頁；阮元《十三經注疏・毛詩正義》，上海：上海古籍出版社，1997年，第447頁。

那麼，「變雅」當即曾經使用於燕禮、射禮、祭祖等禮儀中。

綜上所述，我們大致可以推知「變雅」諸詩可能應用於祭祀、視朝、宴享、閒居、房中等場合。結合詩篇的具體內容，我們將「變雅」諸詩的應用禮儀分為以下幾類加以分析：

　　一、祭祀禮儀：《蕩》《瞻卬》《召旻》

　　二、政事禮儀：即位或冊命禮儀如《民勞》；視朝禮儀如《板》《抑》《小旻》《桑柔》《節南山》《雨無正》、《巧言》《青蠅》《菀柳》

　　四、閒居宴享禮儀：《正月》《小宛》《小弁》《無將大車》《苕之華》

　　五、祝詛儀式：《何人斯》《巷伯》

　　六、房中禮儀：《白華》

以上分類只是從詩篇的內容、人稱、口吻等各種迹象來推測它們當初產生之時所依託的禮儀場景。其實，詩篇最為確定的儀式特徵是入於無算樂的儀節，而無算樂作為一個相對獨立的儀節，能夠靈活使用於各種典禮之中。從這個意義上說，「變雅」所用的禮儀不如作為儀式樂歌的「正詩」那樣確定。

一、來自祭祀禮儀場景的諷諫用詩

「變雅」中可能來自於祭祀場合的詩篇有三：《蕩》、《瞻卬》、《召旻》。從這三首詩的具體內容來看，它們可能都與祭祖典禮密切相關。

首先看《蕩》篇。對於此詩大旨，歷來學者都對《詩序》的「召穆公諫厲王」之說毫不懷疑〔註97〕。從內容上看，詩篇確實是針對周王的諷諫樂歌，詩中屢次出現的「爾」，實指周天子，因為只有周天子才有資格秉承文王、鑒戒殷商〔註98〕。然而，更值得注意的是詩篇的言說方式：每章均以「文王曰咨，咨女殷商」開頭，即「通篇託文王而歎商危」〔註99〕。本文認為，以周天子為對象、以「託文王歎商危」為言說方式，其實表明了通篇的諷諫歌詞是在祭祀文王的場合使用的。這一點可以從作為祭祀文王樂歌的《文王》中

〔註97〕阮元《十三經注疏・毛詩正義》，上海：上海古籍出版社，1997 年，第 552 頁。

〔註98〕《毛傳》以為詩篇首章的「上帝」實際上是詩人託稱周王，此說不確。周人稱「疾威上帝」者多見，確指「靡常」的天命。歐陽修曾辯之，可參歐陽修《毛詩本義》，《欽定四庫全書薈要》第 43 冊，臺北：世界書局，1985 年，第 98 頁。

〔註99〕明代鄒忠胤語。轉引自何楷《詩經世本古義》，《影印文淵閣四庫全書》第 81 冊，臺北：臺灣商務印書館，1986 年，第 437 頁。

窺知，其曰「文王在上，於昭于天」，又曰「宜鑒于殷，駿命不易」，早已確立了「上帝之名＋文王之德＋殷商之戒」的話語方式。顯然，這一話語方式正是《蕩》中詩人勸誡君上的合法性根源。

其次再看《瞻卬》、《召旻》兩篇。從詩旨看，歷來人們一致認爲它們都是怨刺周幽王致亂之詩〔註100〕。同樣，二詩的言說對象當亦指周天子，如《瞻卬》中的「女」，當即寵幸「征婦」（褒姒）的幽王，而《召旻》中指稱「昔先王受命」與今對比，可見末章所謂「維今之人」即指周王無疑。那麼，詩篇是在什麼場景中勸誡周王的呢？從《瞻卬》「無忝皇祖，式救爾後」、《召旻》「維昔之富」、「維今之疚」來看，詩人顯然是在面對皇祖、敘說昔日盛況的情境中言說的，祖宗的豐功偉績激發了詩人對當下時局日敗的不滿、憂慮與憤懣。因此，本文認爲此二詩當亦產生於祭祖典禮的場景之中。

二、來自政事禮儀場景的諷諫用詩

周人的政事禮儀包括了冊命、即位、朝覲等多種典禮。考察「變雅」諸詩，我們發現其中有一部分詩篇與政事禮儀中的冊命、視朝等場景密切相關。那些表現老臣勸誡「小子」的詩篇與冊命即位禮儀有關，那些表現朝臣「定謀猶」的詩篇則與視朝禮儀有關。以下試分而述之：

1、冊　命

「變雅」中有一些言辭是對剛剛即位或受冊命的執政大臣說的，《民勞》就是如此。對於此詩旨意，歷來認爲它是「召穆公刺厲王」之詩（《詩序》）〔註101〕。其實，此說顯然是錯誤的。詩中所勸的對象是「爾」，又曰「無棄爾勞，以爲王休」，可見「爾」絕非周王，而是周王的得力朝臣。所以，詩人希望這個「爾」能夠「無縱詭隨，以謹無良」、「柔遠能邇，以定我王」，即震懾小人，穩定政局，捍衛周王室。可見，朱熹認爲「乃同列相戒之辭耳，未必專爲刺王而發」，是正確的〔註102〕。不過，詩中的言辭並非一般的「同列相戒」，而是有著特殊的背景。

〔註100〕朱熹認爲《瞻卬》是「刺幽王嬖褒姒任奄人以致亂之詩」，《召旻》是「刺幽王任用小人以致飢饉侵削之詩」。參朱熹《詩集傳》，南京：鳳凰出版社，2007年，第 256、258 頁。
〔註101〕阮元《十三經注疏・毛詩正義》，上海：上海古籍出版社，1997 年，第 547 頁。
〔註102〕朱熹《詩集傳》，南京：鳳凰出版社，2007 年，第 233 頁。

本文認爲，此詩之勸誡發生於冊命執政大臣的典禮中。詩在告誡這個「爾」時曰「戎雖小子，而式弘大」，又曰「王欲玉女，是用大諫」，詩人稱「女」爲小子，指出後者身負重任、深受周王的器重，要「敬愼威儀，以近有德」。我們認爲這樣的言辭只能產生於「小子」接受周王重大冊命的場合之中，才是合乎情理的。清人方玉潤認爲「王欲玉女」一句「蓋述作詩之旨也，此必有所指」，又解其意曰「蓋王寶重女，則必大用女」，已經道出了周王冊命小子之意〔註 103〕。總之，從全詩的內容和言說方式來看，此詩當爲朝廷老臣冊命典禮中所用的訓告歌詞，類似於冊命銘文中「右者」對受命者的言辭〔註 104〕。

2、視　朝

這裡的「視朝」即《禮記・曾子問》「諸侯適天子，必告於祖、奠於禰、冕而出視朝」的「視朝」〔註 105〕，也即《國語・楚語下》所載衛武公所說的「位寧有官師之典」，是周天子蒞臨中庭、臨朝「聽政」的禮儀場合。本文認爲，「變雅」中那些刺周王信讒或暴虐的詩篇（包括《巧言》、《青蠅》、《菀柳》），那些以朝廷定「謀猶」爲表現對象的詩篇（包括《板》、《抑》、《小旻》），那些勸誡當朝執政大夫的詩篇（《桑柔》、《節南山》、《十月之交》《雨無正》），其實都是產生於視朝的禮儀場景。

首先是刺周王信讒的詩篇。如《巧言》，《孔子詩論》認爲其「言讒人之害」，是對詩旨最準確的概括〔註 106〕。問題是，詩篇是如何言說「讒人之害」的？《詩序》云「大夫傷於讒，故作是詩」，詩中確有「予愼無罪」、「予愼無辜」之語，表明詩人遭受讒害。但更重要的是詩人是針對「君子」來訴說自己的冤屈並控訴讒人之害的，其曰「君子信讒」、「君子信盜」等等。詩篇稱「昊天」而諫「君子」，指斥讒人，顯然，「君子」指周王無疑。所以，全詩當爲周天子聽政之時所用的諫言。《青蠅》一詩同樣如此，詩人勸誡「愷弟君子，無信讒言」，又曰「讒人罔極，交亂四國」，其言說方式與《巧言》如出

〔註103〕方玉潤《詩經原始》，北京：中華書局，2006 年，第 526 頁。

〔註104〕「右者」是冊命典禮中的儐導之人，如《頌鼎》中的宰弘。可參陳夢家《尚書通論》，北京：中華書局出版社，2005 年，第 152 頁。

〔註105〕鄭玄注云「聽國事也。」阮元《十三經注疏・禮記正義》，上海：上海古籍出版社，1997 年，第 1388 頁。

〔註106〕李學勤《〈詩論〉的編聯和復原》，《中國哲學史》，2002 年第 1 期，第 5～8 頁。

一轍〔註107〕。還有《菀柳》一篇，怨刺上帝之虐，悲歎自己始遇而不得善終，其實是「有功而獲罪之臣」的口吻；「詩雖口稱上帝，但實際上指的是周王」〔註108〕，其言說方式亦與《巧言》類似。總之，綜合詩篇內容來看，《巧言》、《青蠅》、《菀柳》當為怨刺周王之詩。

其次是表現朝廷定「謀猶」的詩篇。如《大雅·板》，全詩實為老臣規誡執政之同僚而作〔註109〕。但詩開篇明確說「出話不然，為猶不遠」，「猶之未遠，是用大諫」，可見它是針對朝堂「謀猶不遠」而進諫的，與《民勞》針對冊命「小子」不同。又曰「我雖異事，及爾同僚，我即爾謀，聽我囂囂」，然後力陳如何敬天保民、維持典章。所謂「我即爾謀」，其實道出了此詩的背景，即在群臣定「謀猶」的視朝場景中所用。又如《抑》，舊說以此詩為衛武公「自儆」之詞，其實是錯誤的。詩篇是針對執政「小子」而勸誡的，後三章兩次說「於乎小子」就是全詩的言說方式。又曰「告爾舊止，聽用我謀，庶無大悔」，實際上把自己諄諄教誨的形象描述出來了。可見，《抑》也是老臣在朝堂「定謀」的場合告誡執政者的詩篇。另外，《小雅·小旻》也是以「謀猶」為表現對象的，但其主旨是指責「謀猶」的失敗，如「謀猶回遹，何日斯沮。謀臧不從，不臧覆用。我視謀猶，亦孔之邛」。詩人不滿於採用「邪謀」，顯然把矛頭指向了定謀的周王，所以說「匪先民是程，匪大猶是經」〔註110〕。可見，此詩當亦產生於群臣獻策、周王定謀的場合。總之，我們認為《板》、《抑》、《小旻》對「謀猶」的諫言出自於周王視朝、君臣定謀的場合。

最後是進諫當朝主政大夫的詩篇。如傳為厲王朝大臣芮良夫所作的《桑柔》，其實並非「勸誡厲王」，因為詩中明言「天將喪亂，滅我立王」，可見詩作於厲王流彘之後〔註111〕。詩後三章曰「嗟爾朋友，予豈不知而作」，又曰「雖

〔註107〕「豈弟君子」的「君子」實即周王，本文第五章第一節有說，可參。

〔註108〕吳闓生《詩義會通》，北京：中華書局，1959年，第182頁。李山《詩經析讀》，海口：南海出版社公司，2003年，第333頁。

〔註109〕詩曰「我雖異事，及爾同僚。」王宗石說「一位老臣感到天心已變，而執政的晚輩仍然歡樂遊玩，……因作此詩加以勸誡。」參《詩經分類詮釋》，長沙：湖南教育出版社，1993年，第660頁。

〔註110〕朱熹認為此詩表現的是「王惑於邪謀」，最得詩旨。朱熹《詩集傳》，南京：鳳凰出版社，2007年，第160頁。

〔註111〕方玉潤云「夫詩不云乎，『天降喪亂，滅我立王』，此時國人已畔，厲王已逐。然王被逐，尚居於彘，故又曰『哀恫中國，具贅卒荒』」。參方玉潤《詩經原

曰匪予，既作爾歌」，可見詩辭是針對「朋友」而發的。所謂「朋友」當爲厲王被趕跑之後的當朝執政之臣，這一點可以從《逸周書・芮良夫解》窺知，其曰「時爲王之患，其惟國人，嗚呼！惟爾執政朋友小子，其惟洗爾心、改爾行」，其口吻正是國人暴動之後訓誡執政者〔註112〕，稱執政爲「小子」、「朋友」，可見《桑柔》中的「朋友」當即「執政小子」。詩末尾曰「既作爾歌」，已經道出了詩篇是針對執政小子的勸誡之詩。

又如《小雅・節南山》，其曰「家父作誦，以究王訩」，明言詩之作是源於家父追究給周王造成災禍的根源，可見詩篇不是針對周王而作的。所以《詩序》「家父刺幽王」之說是錯誤的，方玉潤以詩爲「家父刺師尹」之作則正確的〔註113〕。因爲詩首章即曰「赫赫師尹，民具爾瞻」，稱「師尹」爲「爾」，可見家父所追究之人就是「師尹」。第三章曰「尹氏大師，維周之氏。秉國之鈞，四方是維」，指出了「師尹」秉持國政的地位；第六章又曰「憂心如酲，誰秉國成。不自爲政，卒勞百姓」，指責秉政之人，也就是怨刺師尹。綜合全詩可見，《節南山》當係家父規諫師尹之作。

又如《十月之交》，也是針對當政卿士——皇父而言的。其曰「抑此皇父，豈曰不時？胡爲我作，不即我謀」，又曰「皇父孔聖，作都于向。擇三有事，亶侯多藏」，可見詩篇是針對皇父擅自遷都、逃死而作的。顯然，當時天災嚴重、時局敗亂，詩人的處境已經風雨飄搖，「無罪無辜，讒口囂囂」，「悠悠我里，亦孔之痗」。但是，詩人曰「我獨不敢休」、「我不敢效我友自逸」，仍然秉持職責，並告誡執政諸臣，因爲他知道「下民之孽，匪降自天」，而是來自於那些自私自利的執政大臣。總之，全詩乃怨刺逃死之皇父的言辭。鄭玄云「《節》刺師尹不平，亂靡有定，此篇譏皇父擅恣。」〔註114〕

又如《雨無正》，針對當朝的「正大夫」所作。其曰「周宗既滅」而「正大夫離居」，「三事大夫，莫肯夙夜。邦君諸侯，莫肯朝夕」，是說宗周覆滅之後，執政的群大夫、諸侯均離散懈怠。詩人正是因此告誡群大夫，其曰「凡百君子，各敬爾身」，就是告誡他們要負起責任來，維持朝綱。朱熹認爲此詩

始》，北京：中華書局，2006 年，第 544 頁。
〔註112〕黃懷信等《逸周書彙校集注》，上海：上海古籍出版社，1995 年，第 997 頁。
〔註113〕阮元《十三經注疏・毛詩正義》，上海：上海古籍出版社，1997 年，第 440 頁。方玉潤《詩經原始》，北京：中華書局，2006 年，第 388 頁。
〔註114〕李學勤《十三經注疏・毛詩正義》，北京：北京大學出版社，1999 年，第 696 頁。

是「其不去者作詩以責去者」，是「正大夫離居之後蟄御之臣所作」，其說甚確〔註115〕。綜上可知，《桑柔》、《節南山》、《十月之交》、《雨無正》是針對「朋友」、師尹、皇父、正大夫等執政大臣而作的，它們當亦產生於天子聽政視朝的禮儀場景。

綜上所述，在天子視朝、卿大夫議政的場合中產生了大量的諷諫詩篇。有的是獻給周王、指責讒佞，有的是當著周王之面、指責執政，有的則是規諫「謀猶」不遠。在西周晚期政治每況愈下的語境下，天子視朝聽政禮儀的某些合法的表達渠道（無算樂），促成了關注時局的規諫詩篇的高漲。

三、來自於閒居宴享禮儀場景的諷諫用詩

《國語‧楚語》有「宴居有師工之誦」，是說諸侯國君閒居之時有樂工誦諫之事。《左傳》記載衛獻公宴孫蒯，使太師歌《巧言》之卒章，魯宴慶豐，使工爲之誦《茅鴟》，可見諸侯卿大夫宴享禮儀之中亦有諷刺進諫之事〔註116〕。我們認爲，西周晚期卿大夫閒居宴享確實用過諷諫詩篇，「變雅」中那些表現個人困境、表達內心哀怨情緒的詩篇就是這樣的詩篇，如《正月》、《小宛》、《小弁》等篇。

先看《正月》。詩中有「赫赫宗周，褒姒滅之」之語，可見詩之作已在宗周滅亡之後，《詩序》「刺幽王」之說是錯誤的。縱觀全詩，詩人一再慨歎「我心憂傷」、「憂心京京」、「憂心愈愈」、「憂心惸惸」、「憂心慘慘」、「憂心殷殷」，又曰「念我獨兮」、「念我無祿」、「哀我人斯」，一方面是在表達內心的憂傷愁苦，另一方面則是「身世之慨」。所以，詩篇表現的是「大夫自傷獨立於昏朝」，是卿大夫「感時傷遇」之作〔註117〕。由此可以推知，第九章的「爾」當即詩人與自己對言，詩篇爲卿大夫閒居場合所用。

與此類似的是《小宛》，舊說以此詩爲「刺宣王」、「兄弟相戒」，都是不符合詩篇內容的〔註118〕。詩首章曰「我心憂傷，念昔先人」，末章又曰「惴惴

〔註115〕朱熹《詩集傳》，南京：鳳凰出版社，2007年，第158頁。
〔註116〕魏源《詩古微》，《魏源全集》，長沙：嶽麓書社，1989年，第29頁。
〔註117〕何楷《詩經世本古義》，《影印文淵閣四庫全書》第81冊，臺北：臺灣商務印書館，1986年，第66頁。方玉潤《詩經原始》，北京：中華書局，2006年，第391頁。
〔註118〕阮元《十三經注疏‧毛詩正義》，上海：上海古籍出版社，1997年，第451頁。朱熹《詩集傳》，南京：鳳凰出版社，2007年，第160頁。

小心，如臨于谷。戰戰兢兢，如履薄冰」，可見全篇是以詩人的內心感受爲主要內容的。第二章的「各敬爾儀」，第三章的「教誨爾子」，第四章的「毋忝爾所生」，是對自家子弟而言的。明代鍾惺認爲此詩是「一篇家箴」，清人方玉潤亦認爲此詩乃「賢者自箴也」，其說甚確〔註119〕。

　　還有《小弁》也是如此。《孔子詩論》以《小弁》「言讒人之害」，其實只是指詩篇第七章而言；《孟子·告子》以其爲「親親之怨」，其實也只是針對第三章而言；三家詩以其爲「伯奇之詩」，《詩序》以爲「刺幽王」，都是沒有根據的〔註120〕。從詩篇的內容來看，主要是表現詩人內心的憂傷情緒，前七章除了第三章之外，均以「心之憂矣」結章，並以無言、頭痛、失眠、流淚等來表現「憂傷」之巨。全詩就是以這一「巨大」的憂傷爲核心來結構詩篇的：首章交代了「憂傷」的緣起是無辜罹罪，中間五章則表現詩人困於憂傷之中，後二章則怨刺君子導致自己受罪。據此，我們認爲《小弁》類似於《正月》、《小宛》，也是西周晚期卿大夫在宴居場合表達自身感受的詩篇。

　　除了《正月》、《小宛》、《小弁》三篇典型的哀怨樂歌之外，《小雅》中的《無將大車》、《苕之華》也是卿大夫表達哀怨的詩篇。前者以「無思百憂」結構詩篇，是「賢者傷亂世，憂思百出」之作；後者則以表現「心之憂矣，維其傷矣」、「不如無生」的情緒，同樣也是卿大夫「遭時讒亂之作」〔註121〕。從全詩看，此二詩同樣也以表達「個人哀思」爲核心。

　　綜上所述，《正月》、《小宛》等詩均爲卿大夫表達內心的「憂傷」情緒的詩篇，它們都是詩人直面內心、宣泄情緒的產物。在這些詩篇中，詩人的言說不再針對周王、執政大臣，而是針對處於困境中的自己。從這一言說方式看，這些詩篇並非用於勸誡君上，而是用於表達哀怨，用於怨刺時局。我們認爲，它們當爲卿大夫閒居宴享的場合中所用。

四、其他儀式

　　「變雅」之詩的來源，除了上述的祭祀禮儀場景、政事禮儀場景、閒居宴享禮儀場景之外，還有其他一些儀式，簡述如下。

〔註119〕鍾惺之說轉引自陳子展《詩經直解》，上海：復旦大學出版社，1983 年，第684 頁。方玉潤《詩經原始》，北京：中華書局，2006 年，第 405 頁。
〔註120〕王先謙《詩三家義集疏》，北京：中華書局，1987 年，第 697 頁。李學勤《十三經注疏·毛詩正義》，北京：北京大學出版社，1999 年，第 747 頁。
〔註121〕姚際恒《詩經通論》，北京：中華書局，1958 年，第 226、256 頁。

1、詛咒儀式：《何人斯》、《巷伯》

「變雅」之中有兩首詩——《何人斯》、《巷伯》，我們認為是用於詛咒儀式的樂章〔註122〕。詛咒本是原始時代的一種巫術，是企圖用具有特殊力量的言辭來改變現實的法術形式。這一法術在周代民間宗教中仍廣泛存在，《大雅・蕩》曰「侯作侯祝」，《毛傳》云「作、祝，詛也」，其實，這裡的「作」即古「詛」字，「侯作侯祝」即詛、祝並用〔註123〕，《周禮・春官》有「詛祝」之官。王力先生說「祝願和詛咒本是一件事的兩面。」〔註124〕其實，詛咒與祝禱都曾經是巫術，後來沿著不同的傾向（消極性與積極性）發展：祝禱成為古代典禮儀式中事神的核心環節，詛咒則流於民間或私人場合之中。「雅頌」中有大量的祝禱樂章，也收錄了個別的詛咒歌詞。

先來看《何人斯》。對於此詩旨意，歷來糾纏於「蘇公譖暴公」之說，而此說不過是對詩中一個「暴」字的附會而已。考察詩篇的內容，詩人其實是在追問「何人」是誰，為何要為禍陷害「我」；他在反覆猜疑、假設、確認之後，表達了對那個人的痛恨之情。歐陽修以其為「朋友乖離之詩」，何楷以其為「絕友」之詩，我們認為這兩個說法是較為符合詩篇內容的〔註125〕。那麼，詩篇是在什麼場合表達「絕友」之意的呢？其曰「出此三物，以詛爾斯」，又曰「作此好歌，以極反側」。《毛傳》云「三物，豕、犬、雞也，民不相信則盟詛之」，可見，詩人為了表達對「何人」的痛恨作了這首詩，同時也用「三物」對其進行了詛咒。顯然，詩篇就是詛咒儀式的咒辭。所以才會有末章「為鬼為蜮，則不可得」這樣惡毒的詞句。總之，我們認為《何人斯》產生於詛咒儀式之中。

再看《巷伯》。舊說以為此詩乃寺人孟子遭刑傷讒所作（《毛傳》），不是很準確〔註126〕。因為詩中對讒人與其說是傷悼，不如說是斥責與痛恨〔註127〕。

〔註122〕葉舒憲已經提出此二詩為「反讒言」的咒辭。葉舒憲《詩經的文化闡釋》，西安：陝西人民出版社，2005年，第110頁。

〔註123〕阮元《十三經注疏・毛詩正義》，上海：上海古籍出版社，1997年，第552頁。

〔註124〕王力《同源字典》，北京：商務印書館，1987年，第309頁。

〔註125〕歐陽修《毛詩本義》，《欽定四庫全書薈要》第43冊，臺北：世界書局，1985年，第73頁。何楷《詩經世本古義》，《影印文淵閣四庫全書》第81冊，臺北：臺灣商務印書館，1986年，第717頁。

〔註126〕《毛傳》「寺人而曰孟子者，罪已定矣，而將踐刑，作此詩也。」李學勤《十三經注疏・毛詩正義》，北京：北京大學出版社，1999年，第766頁。

〔註127〕李山先生云「從詩歌內容看，作詩者是有切膚之痛的人。」李山《詩經析讀》，海口：南海出版社公司，2003年，第295頁。

其曰「彼譖人者，亦已大甚」，痛斥讒人的囂張氣焰；又曰「緝緝翩翩」、「捷捷幡幡」，活畫了讒人的醜惡嘴臉。詩人的態度是這樣的「取彼譖人，投畀豺虎。豺虎不食，投畀有北。有北不受，投畀有昊」，對譖人欲除之而後快，這種欲將譖人碎屍萬段、使之灰飛煙滅的痛恨之語，早已沒有了「溫柔敦厚」之旨，不是一般禮儀所能用，只能產生於詛咒儀式之中。我們認為，巷伯可能遭遇陷害，卻不知譖人是誰，所以以詛咒儀式指斥譖人，其情與《何人斯》極為相似。

綜上所述，可知《何人斯》、《巷伯》均為詩人表達對譖人痛恨之情的詩篇，它們當即產生於「以詛爾斯」的詛咒儀式之中。

2、房中樂：《白華》

《國語·楚語》云「居寢有褻御之箴」，是說諸侯國君在寢室房中仍然有近侍箴諫之事。《王風·君子陽陽》曰「君子陽陽，左執簧，右招我由房」，《毛傳》云「國君有房中之樂」〔註128〕。《儀禮·鄉飲酒禮》記載「合樂」詩篇，鄭玄注云「《周南》、《召南》，《國風》篇也，王后、國君夫人房中之樂歌也」。〔註129〕本文認為，天子諸侯可能均有房中之樂，其所用篇章既可能包括《周南》、《召南》等的「正風」之詩，也可能包括「變風」、「變雅」之詩。《國風》之部本文暫且不論，就《雅》而言，其中有一些詩篇確實可能是房中用樂之篇，如《白華》就是較為典型的一首〔註130〕。

對於此詩大旨，歷來人們都一致認為其為申后遭黜之事而作〔註131〕。從詩篇內容看，並沒有出現「申侯」、「褒姒」之名。但是，全詩的確表現的是一位婦人被疏遠、被冷落的傷感和孤獨「之子之遠，俾我獨兮」，「之子之遠，俾我疧兮」，而且正是第三者「碩人」的介入才使「之子」疏遠了「我」。這一三角關係確實恰似申后、幽王、褒姒三者的關係。詩又曰「天步艱難，之子不猶」，確實暗示了「之子」不能顧念時局的惡化，也與周幽王的情形符合。方玉潤云「申后自傷被黜也，按此詩情詞淒婉，託恨幽深，非外人所能代。」〔註132〕總之，如果此詩確實為申后所作，那麼其當用作房中樂歌無疑。

〔註128〕阮元《十三經注疏·毛詩正義》，上海：上海古籍出版社，1997年，第331頁。
〔註129〕阮元《十三經注疏·儀禮注疏》，上海：上海古籍出版社，1997年，第983頁。
〔註130〕《雅》中還有《谷風》、《采綠》也是言情之作。但我們認為這兩篇沒有言及時局之變，與「變雅」不類，似即「雅中之風」。
〔註131〕朱熹云「幽王娶申女以為后，又得褒姒而黜申后，故申后作此詩。」朱熹《詩集傳》，南京：鳳凰出版社，2007年，第200頁。
〔註132〕方玉潤《詩經原始》，北京：中華書局，2006年，第465頁。

附錄：西周用詩表

祭祀禮儀	祭天典禮	時邁、般、棫樸、旱麓、雲漢
	祭祖典禮	武、賚、桓、酌；維天之命、維清、我將、文王；天作、昊天有成命、執競、思文、大明、緜、思齊、皇矣、生民、公劉、下武；清廟、載見、雝、烈文；振鷺、有瞽、白駒、有客；靈臺、文王有聲
農事禮儀	藉禮	噫嘻、臣工
	報祭禮	豐年、載芟、良耜、楚茨、信南山、甫田、大田
	嘗新禮	潛
政事禮儀	即位典禮	閔予小子、訪落、敬之、小毖
	冊命禮	江漢、崧高、烝民、烝民、韓奕
	朝禮	采菽、庭燎、蓼蕭、菁菁者莪、裳裳者華、隰桑
燕享禮儀	燕飲禮	鹿鳴、南有嘉魚、魚麗、瓠葉；常棣、伐木、湛露、頍弁；絲衣、既醉、鳧鷖；桑扈、魚藻、南山有臺、天保、假樂、泂酌、卷阿
	饗禮	彤弓
射禮	燕射禮	行葦
	大射禮	賓之初筵
軍事禮儀	狩獵禮儀	車攻、瞻彼洛矣、吉日
	治兵儀式	采芑
	慰勞儀式	采薇、出車
	飲至儀式	六月
	振旅儀式	常武
	征役勞還儀式	杕杜、漸漸之石、何草不黃
婚禮		鴛鴦、車舝
考禮	考室、考牧	斯干、無羊

行役	燕勞儀式	四牡、皇皇者華、蓼莪、四月、北山、小明、緜蠻
諷諫用詩	祭祀場景	蕩、瞻卬、召旻
	冊命場景	民勞
	視朝場景	板、抑、桑柔、小旻;巧言、青蠅、菀柳;桑柔、節南山、十月之交、雨無正
	閒居宴享禮儀	正月、小宛、小弁、無將大車、苕之華
	祝詛儀式	何人斯、巷伯
	房中禮儀	白華

參考文獻

《詩經》類

1. 阮元《毛詩正義》〔M〕上海：上海古籍出版社，1997。
2. 李學勤《毛詩正義》〔M〕北京：北京大學出版社，1999。
3. 許維遹《韓詩外傳（校釋）》〔M〕，北京：中華書局，1980。
4. 歐陽修《詩本義》〔M〕，四部叢刊三編第 2 冊〔C〕，上海：上海書店，1985。
5. 王質《詩總聞》〔M〕，北京：中華書局，1985。
6. 蘇轍《詩集傳》〔M〕，三蘇全書第 3 冊〔C〕，北京：語文出版社，2001。
7. 鄭樵，顧頡剛（校點）《詩辨妄》〔M〕，北平：樸社，1933。
8. 朱熹《詩集傳》〔M〕，南京：鳳凰出版社，2007。
9. 朱熹《詩序辨說》〔M〕，朱子全書〔C〕，上海古籍出版社&安徽教育出版社，2002。
10. 朱熹《詩經集傳》〔M〕，四書五經〔C〕，北京：北京古籍出版社，1995。
11. 呂祖謙《呂氏家塾讀詩記》〔M〕，影印文淵閣四庫全書〔C〕，臺北：臺灣商務印書館，1986。
12. 王柏，顧頡剛（校點）《詩疑》〔M〕，北平：樸社，1930。
13. 嚴粲《詩輯》〔M〕，影印文淵閣四庫全書〔C〕，臺北：臺灣商務印書館，1986。
14. 王應麟《詩地理考》〔M〕，影印文淵閣四庫全書〔C〕，臺北：臺灣商務印書館，1986。
15. 劉瑾《詩傳通釋》〔M〕，影印文淵閣四庫全書〔C〕，臺北：臺灣商務印書館，1986。

16. 季本《詩說解頤》〔M〕，影印文淵閣四庫全書〔C〕，臺北：臺灣商務印書館，1986。

17. 何楷《詩經世本古義》〔M〕，影印文淵閣四庫全書〔C〕，臺北：臺灣商務印書館，1986。

18. 王夫之《詩廣傳》〔M〕，北京：中華書局，1964。

19. 王夫之《詩經稗疏》〔M〕，清經解續編〔C〕，上海：上海書店，1988。

20. 陳啓源《毛詩稽古編》〔M〕，清經解〔C〕，上海：上海書店，1988。

21. 戴震《毛鄭詩考正》〔M〕，廣東：廣東學海堂，清道光 9 年（1829）刻本。

22. 戴震《毛詩補注》〔M〕，清經解〔C〕，上海：上海書店，1988。

23. 段玉裁《詩經小學》〔M〕，清經解〔C〕，上海：上海書店，1988。

24. 王引之《經義述聞·毛詩》〔M〕，南京：江蘇古籍出版社，2000。

25. 俞樾《群經平議·毛詩》〔M〕，清同治 10 年刻本。

26. 姚際恒《詩經通論》〔M〕，北京：中華書局，1958。

27. 李光地《詩所》〔M〕，影印文淵閣四庫全書〔C〕，臺北：臺灣商務印書館，1986。

28. 胡承珙《毛詩後箋》〔M〕，清經解〔C〕，上海：上海書店，1988。

29. 陳奐《詩毛氏傳疏》〔M〕，北京：中國書店，1984。

30. 馬瑞辰《毛詩傳箋通釋》〔M〕，北京：中華書局，1989。

31. 崔述《讀風偶識》〔M〕，北京：中華書局，1985。

32. 牟庭《詩切》〔M〕，濟南：齊魯書社，1983。

33. 方玉潤《詩經原始》〔M〕，北京：中華書局，1986。

34. 陳喬樅《三家詩遺說考》〔M〕，清經解續編〔C〕，上海：上海書店，1988。

35. 李富孫《詩經異文釋》〔M〕，王先謙清經解續編〔C〕，上海：上海書店，1988。

36. 王先謙《詩三家義集疏》〔M〕，北京：中華書局，1987。

37. 魏源《詩古微》〔M〕，長沙：嶽麓書社，1989 年。

38. 謝无量《詩經研究》〔M〕，北京：商務印書館，1923。

39. 吳闓生《詩義會通》〔M〕，北京：中華書局，1959。

40. 林義光《詩經通解》〔M〕，1930 年版鉛印本。

41. 顧頡剛等《古史辨（第三冊）》〔M〕，上海：上海古籍出版社，1982。

42. 傅斯年《詩經講義稿》〔M〕，北京：中國人民大學出版社，200。

43. 蔣善國《三百篇演論》〔M〕，上海：上海商務印書館，1933。

44. 張西堂《詩經六論》〔M〕，上海：商務印書館，1957。

45. 聞一多《神話與詩》〔M〕，上海：上海世紀出版集團，2006。

46. 聞一多《詩經編》〔M〕，聞一多全集〔C〕，武漢：湖北人民出版社，1993。

47. 朱自清《朱自清學術論著編》〔M〕，朱自清全集》〔M〕，南京：江蘇教育出版社，1996。

48. 人民文學出版社編輯部《詩經研究論文集》〔C〕，北京：人民文學出版社，1959。

49. 孫作雲《詩經與周代社會研究》〔M〕，北京：中華書局，1966。

50. 孫作雲《詩經研究》〔M〕，孫作雲文集〔C〕，開封：河南大學出版社，2002。

51. 何定生《詩經今論》〔M〕，台北：臺灣商務印書館，1978。

52. 何定生《詩經與孔學研究》〔M〕，臺北：臺灣幼獅文化事業公司，1978。

53. 余冠英《詩經選》〔M〕，北京：人民文學出版社，1979。

54. 高亨《詩經今注》〔M〕，上海：上海古籍出版社，1980。

55. 朱東潤《詩三百篇探故》〔M〕，上海：上海古籍出版社，1981。

56. 于省吾《澤螺居詩經新證》〔M〕，北京：中華書局，1982。

57. 陳子展《詩經直解》〔M〕，上海：上海復旦大學出版社，1983。

58. 林慶彰《詩經研究論集》〔M〕，臺北：臺灣學生書局，1983。

59. 夏傳才《詩經研究史概要》〔M〕，北京：清華大學出版社，2007。

60. 夏傳才《詩經語言藝術》〔M〕，北京：語文出版社，1985。

61. 夏傳才《詩經語言藝術新編》〔M〕，北京：語文出版社，1998。

62. 駱賓基《詩經新解與古史新論》〔M〕，太原：山西人民出版社，1985。

63. 屈萬里《詩經詮釋》〔M〕，臺北：臺灣經聯出版事業有限公司，1983。

64. 張震澤《詩經新論》〔M〕，西安：陝西人民出版社，1985。

65. 趙沛霖《興的源起》〔M〕，北京：中國社會科學出版社，1987。

66. 袁寶泉，陳智賢《詩經探微》〔M〕，廣州：花城出版社，1987。

67. 向熹《詩經語言研究》〔M〕，成都：四川人民出版社，1987。

68. 韓明安《詩經研究概觀》〔M〕，哈爾濱：黑龍江教育出版社，1988。

69. 胡平生，韓自強《阜陽漢簡詩經研究》〔M〕，上海：上海古籍出版社，1988。

70. 盛廣智《詩三百精義述要》〔M〕，長春：東北師範大學出版社，1988。

71. 李中華，楊合鳴《詩經主題辯析》〔M〕，南寧：廣西教育出版社，1989。

72. 姜昆武《詩書成詞考釋》〔M〕，濟南：齊魯書社，1989。

73. 〔法國〕格拉耐著；張銘遠譯《中國古代的祭禮與歌謠》〔M〕，上海：上海文藝出版社，1989。

74. 趙沛霖《詩經研究反思》〔M〕，天津：天津教育出版社，1989。

75. 朱一清《歷代〈詩經〉研究著作目錄》〔M〕，合肥：安徽文藝出版社，1990。

76. 魏慧文《〈詩經〉主要研究書目》〔M〕，南京：河海大學出版社，1989。

77. 葉舒憲《詩經的文化闡釋》〔M〕，武漢：湖北人民出版社，1994。

78. 葉舒憲《詩經的文化闡釋》〔M〕，西安：陝西人民出版社，2005。

79. 中國詩經學會編《詩經國際學術研討會論文集〔C〕保定：河北大學出版社，1994。

80. 周蒙《〈詩經〉民俗文化論》〔M〕，哈爾濱：黑龍江教育出版社，1994。

81. 李家樹《傳統以外的詩經學》〔M〕，香港：香港大學出版社，1994。

82. 張松如《商頌研究》〔M〕，天津：南開大學出版社，1995。

83. 羅文宗《詩經釋證》〔M〕，西安：陝西人民出版社，1995。

84. 中國詩經學會編《第二屆詩經國際學術研討會論文集〔C〕，北京：語文出版社，1996。

85. 張祝平《歷代〈詩經〉研究書目》〔M〕，上海：上海古籍出版社，1996。

86. 劉毓慶《雅頌新考》〔M〕，太原：山西高校聯合出版社，1996。

87. 程俊英，蔣見元《詩經注析》〔M〕，北京：中華書局，1996。

88. 李山《詩經的文化精神》〔M〕，北京：東方出版社，1997。

89. 李山《詩經析讀》〔M〕，海口：南海出版公司，2003。

90. 廖群《詩經與中國文化》〔M〕，香港：東方紅書社，1997。

91. 陳戍國《詩經芻議》〔M〕，長沙：嶽麓書社，1997。

92. 王靖獻《鐘與鼓——〈詩經〉的套語及其創作方式》〔M〕，成都：四川人民出版社，1997。

93. 魯洪生《詩經學概論》〔M〕，瀋陽：遼海出版社，1998。

94. 雒江生《詩經通詁》〔M〕，西安：三秦出版社，1998。

95. 中國詩經學會編《第三屆詩經國際學術研討會論文集〔C〕，香港：天馬圖書公司，1998。

96. 張松如，郭傑《周族史詩研究》〔M〕，長春：長春出版社，1998。

97. 王小盾《詩六義原始》〔M〕，中國早期藝術與宗教〔C〕，上海：東方出版中心，1998。

98. 陸侃如，馮沅君《中國詩史》〔M〕，天津：百花文藝出版社，1999。

99. 陳元鋒《樂官文化與文學》〔M〕，濟南：山東教育出版社，1999。

100. 袁長江《先秦兩漢詩經研究論稿》〔M〕，北京：學苑出版社，1999。

101. 揚之水《詩經名物新證》〔M〕，北京：北京古籍出版社，2000。

102. 揚之水《詩經別裁》〔M〕，南昌：江西教育出版社，2000。

103. 夏傳才《思無邪齋詩經論稿》〔M〕，北京：學苑出版社，2000。

104. 陳桐生《史記與詩經》〔M〕，北京：人民文學出版社，2000。

105. 中國詩經學會編《第四屆詩經國際學術研討會論文集〔C〕北京：學苑出版社，2000。

106. 姚小鷗《詩經三頌與先秦禮樂文化》〔M〕，北京：北京廣播學院出版社，2000。

107. 許志剛《詩經論略》〔M〕，瀋陽：遼寧大學出版社，2000。

108. 季旭升《詩經古意新證》〔M〕，北京：學苑出版社，2001。

109. 洪湛侯《詩經學史》〔M〕，北京：中華書局，2002。

110. 雒啓坤《詩經散論》〔M〕，北京：北京印書館，2003。

111. 李春青《詩與意識形態》〔M〕，北京：北京大學出版社，2005。

112. 趙沛霖《現代學術文化思潮與詩經研究》〔M〕，北京：學苑出版社，2006。

113. 馬銀琴《兩周詩史》〔M〕，北京：社會科學文獻出版社，2006。

114. 韓高年《禮俗儀式與先秦詩歌演變》〔M〕，北京：中華書局，2006。

115. 張樹國《宗教倫理與上古祭歌形態研究》〔M〕，北京：人民出版社，2007。

116. 高亨《周頌考釋》》〔A〕，中華文史論叢第四至六輯〔C〕，北京：中華書局，1963～1965。

117. 陰法魯《〈詩經〉樂章中的「亂」》〔J〕，北京大學學報（哲學社會科學版），1964（3）：65～69。

118. 劉家和《說〈詩·大雅·公劉〉及其反映的史事》〔J〕，北京師範大學學報（社會科學版），1982（5）：32～37。

119. 晁福林《論平王東遷》〔J〕，歷史研究，1991（6）。

120. 〔美〕夏含夷《從西周禮制改革看〈詩經·周頌〉的演變》〔J〕，河北師院學報（社科版），1996（3）。

121. 李山，申少峰《周初〈大武〉樂章用詩三首考》〔J〕，河北師院學報（社會科學版），1997，（1）：88～92。

122. 李山《西周農耕政道與〈詩經〉農事詩歌》〔J〕，中國文化研究，1997（3）：55～61。

123. 李山《〈詩·大雅〉若干篇圖贊說及由此發現的〈雅〉〈頌〉間部分對應》〔J〕，文學遺產，2000（4）：24～32。

124. 李山《一段考古，兩件文物，一首美麗的詩》〔J〕，文史知識，2001（8）：

41～48。

125. 李山《〈詩〉「辟廱」考》〔J〕，河北師範大學學報（哲學社會科學版），2003（4）：70～77。

126. 李山《周初〈大武〉樂章新考》〔J〕，中州學刊，2003（5）：80～86。

127. 李山《漢儒《詩》說之演變——從〈孔子詩論〉〈周南·漢廣〉篇的本義說起》〔J〕，北京師範大學學報（社會科學版），2004（4）：49～55。

128. 李山《〈詩經〉研究的新材料：〈孔子詩論〉》〔N〕光明日報，2002 年 1 月 23 日（B2）。

129. 李山《關於「〈卷耳〉不知人」》〔N〕人民政協報，2002 年 4 月 30 日（B3）。

130. 李山《〈漢廣〉古義的重彰》〔N〕人民政協報，2002 年 5 月 14 日（B3）。

131. 過常寶《關於原史文化及文本研究的一些設想》〔J〕，湖北大學學報（哲學社會科學版），2001（6）：5～7。

132. 過常寶《周公攝政與周初政教關係初探》〔J〕，史學月刊，2002（5）：26～30。

133. 過常寶《從詩和史的淵源看「賦詩言志」的文化內涵》〔J〕，學術界，2002（2）：105～112。

134. 過常寶《「春秋筆法」與古代史官的話語權力》〔J〕，北京師範大學學報（社會科學版），2003（4）：21～28。

135. 過常寶《〈左傳〉源於史官「傳聞」制度考》〔J〕，北京師範大學學報（社會科學版），2004（4）：32～37。

136. 尚學峰《樂語傳統與漢代的興喻文學觀》〔J〕，陝西師範大學學報（哲學社會科學版），2006（1）：18～23。

137. 尚學峰《從〈關雎〉的闡釋史看先秦兩漢詩學》〔J〕，北京師範大學學報（社會科學版），2004（4）：38～43。

138. 於雪棠《〈周易〉〈詩經〉及漢賦狩獵主題作品之比較》〔J〕，中州學刊，2000（1）：102～106。

139. 李學勤《〈詩論〉簡的編聯與復原》〔J〕，中國哲學史，2002（1）：5～7。

140. 李學勤《關於〈詩論〉的討論》〔N〕北京日報，2002 年 2 月 25 日。

141. 廖名春《上海博物館藏詩論簡校釋》〔J〕，中國哲學史，2002（1）：9～19。

142. 廖名春《上博〈詩論〉簡「以禮說〈詩〉」初探》〔J〕，中國詩歌研究，2003（00）：142～151。

143. 夏傳才《〈詩經〉出土文獻與古籍整理》〔J〕，《河北師範大學學報》（哲學社會科學版），2005（1）：66～75。

144. 趙沛霖《關於〈詩經〉祭祀詩祭祀對象的兩個問題》〔J〕，學術研究，2002

（5）：111～114。

145. 劉毓慶《西周春秋間〈詩〉之文化角色的變遷》〔J〕，福建師範大學學報（哲學社會科學版），2003（4）：8～13。

146. 〔美〕宇文所安《〈詩經〉中的繁殖與再生》〔A〕它山的石頭記〔C〕，南京：江蘇人民出版社，2003。

147. 韓高年《西周開國典禮所用的頌詩考》〔A〕夏傳才《詩經研究叢刊〔C〕，北京：學苑出版社，2004。

148. 陳元鋒《詩經：樂官文化的範本》〔J〕，山東師大學報（社會科學版），1998（3）：76～81。

149. 趙敏俐《略論〈詩經〉的樂歌性質及其認識價值》〔J〕，陝西師大學報，2004（1）：55～59。

150. 李炳海《〈詩經·國風〉的篇章結構及其文化屬性和文本形態》〔J〕，中州學刊，2005（4）：188～193。

151. 李炳海《〈詩經·國風〉生成期的演唱方式》〔J〕，中州學刊，2008（1）：211～217。

152. 王小盾，馬銀琴《從〈詩論〉與〈詩序〉的關係看〈詩論〉的性質與功能》〔J〕，文藝研究，2002（2）：107～110。

153. 許廷桂《〈詩經〉結集平王初年考》〔J〕，西南師院學報，1979（4）。

154. 寇淑慧《〈詩經〉研究書目（1950—1992中國大陸部分）》〔J〕，河北師院學報（社科版），1993（2）。

其他文獻

1. 阮元《清經解》〔M〕，上海：上海書店，1988。

2. 王先謙《清經解續編》〔M〕，上海：上海書店，1988。

3. 世界書局《諸子集成》〔M〕，上海：上海書店，1986。

4. 阮元《十三經注疏》〔M〕上海：上海古籍出版社，1997。

5. 李學勤《十三經注疏》〔M〕北京：北京大學出版社，1999。

6. 楊伯峻《春秋左傳注》〔M〕，北京：中華書局，1990。

7. 徐元誥《國語集解（修訂本）》〔M〕，北京：中華書局，2002。

8. 黃懷信，張懋東，田旭東《逸周書》〔M〕，上海：上海古籍出版社，1995。

9. 胡培翬《儀禮正義》〔M〕，南京：江蘇古籍出版社，1993。

10. 孫詒讓《周禮正義》〔M〕，北京：中華書局，1987。

11. 凌廷堪《禮經釋例》〔M〕，《叢書集成初編》〔C〕，上海：商務印書館，1932。

12. 黃懷信《大戴禮記彙校集注》〔M〕，西安：三秦出版社，2005。

13. 張玉春《竹書紀年譯注》〔M〕，哈爾濱：黑龍江人民出版社，2003。

14. 楊伯峻《論語譯注》〔M〕，北京：中華書局，1980。

15. 楊伯峻《孟子譯注》〔M〕，北京：中華書局，1960。

16. 王文錦《禮記譯解》〔M〕，北京：中華書局，2000。

17. 陳壽祺《尚書大傳輯校》〔M〕，皇清經解續編〔C〕，上海：上海書店，1988。

18. 〔漢〕司馬遷《史記》〔M〕，北京：中華書局，1959。

19. 〔漢〕班固、〔唐〕顏師古《漢書》〔M〕，北京：中華書局，1962。

20. 蘇與《春秋繁露義證》〔M〕，北京：中華書局，1992。

21. 陳立《白虎通疏證》〔M〕，北京：中華書局，1994。

22. 王利器《鹽鐵論校注》〔M〕，北京：中華書局，1992。

23. 〔漢〕許慎、〔宋〕徐鉉《說文解字》〔M〕，北京：中華書局，1963。

24. 段玉裁《說文解字注》〔M〕，上海：上海古籍出版社，1988。

25. 王國維《觀堂集林（附別集)》〔M〕，北京：中華書局，1959。

26. 陳夢家《尚書通論》〔M〕，北京：中華書局，2005。

27. 宗福邦、陳世鐃、蕭海波《故訓彙纂》〔M〕，北京：商務印書館，2003。

28. 錢穆《國史大綱（修訂本)》〔M〕，北京：商務印書館，1996。

29. 胡厚宣，胡振宇《殷商史》〔M〕，上海：上海人民出版社，2003。

30. 楊寬《西周史》〔M〕，上海：上海人民出版社，2003。

31. 許倬雲《西周史》〔M〕，北京：生活·讀書·新知三聯出版社，1994。

32. 白川靜，袁林《西周史略》〔M〕，西安：三秦出版社，1992。

33. 郭沫若《中國古代社會研究》〔M〕〕，石家莊：河北教育出版社，2000。

34. 郭沫若《奴隸制時代》〔M〕，北京：人民出版社，1973。

35. 孫淼《夏商史稿》〔M〕，北京：文物出版社，1987。

36. 徐中舒《先秦史論稿》〔M〕，成都：巴蜀書社 1992。

37. 童書業《春秋史》〔M〕，上海：上海古籍出版社，2003。

38. 呂思勉《春秋史》〔M〕，上海：上海古籍出版社，1982。

39. 顧德融，朱順龍《春秋史》〔M〕，上海：上海人民出版社，2001。

40. 李學勤《東周與秦代文明》〔M〕，北京：文物出版社，1984。

41. 金景芳《中國奴隸社會史》〔M〕，上海：上海人民出版社，1983。

42. 何茲全《中國古代社會》〔M〕，鄭州：河南人民出版社，1983。

43. 趙光賢《周代社會辨析》〔M〕，北京：人民出版社，1980。

44. 趙光賢《古史考辨》〔M〕，北京：北京師範大學出版社，1987。

45. 徐旭生《中國古史的傳說時代》〔M〕，北京：科學出版社，1960。

46. 楊寬《古史新探》〔M〕，北京：中華書局，1965。

47. 金景芳《古史論集》〔M〕，濟南：齊魯書社，1981。

48. 蒙文通《古史甄微》〔M〕，上海：上海商務印書館，1933。

49. 丁山《商周史料考證》〔M〕，上海：龍門聯合書局，1961。

50. 〔日〕伊藤道治《中國古代王朝的形成》〔M〕，東京：創文社，1975。

51. 朱鳳翰《商周家族形態研究》〔M〕，天津：天津古籍，1990。

52. 常玉芝《商代周祭制度》〔M〕，北京：中國社會科學出版社，1987。

53. 張光直《中國青銅時代》〔M〕，北京：生活·讀書·新知三聯書店，1983。

54. 陳全方《周原與周文化》〔M〕，上海：上海人民出版社，1988。

55. 錢杭《周代宗法制度研究》〔M〕，北京：學林出版社，1996。

56. 宋鎮豪《夏商社會生活史》〔M〕，北京：中國社會科學出版社，1996。

57. 錢穆《中國學術思想史論叢》〔M〕，合肥：安徽教育出版社，2004。

58. 楊向奎《宗周社會與禮樂文明》〔M〕，北京：人民出版社，1997。

59. 沈文倬《宗周禮樂文明考論》〔M〕，杭州：浙江大學出版社，1999。

60. 陳戍國《中國禮制史（先秦卷)》〔M〕，長沙：湖南教育出版社，1991。

61. 張鶴泉《西周祭祀研究》〔M〕，臺北：文津出版社，1993。

62. 謝謙《中國古代宗教與禮樂文化》〔M〕，成都：四川人民出版社，1996。

63. 張光直《中國古代考古學論集》〔M〕，北京：生活·讀書·新知三聯書店，1999。

64. 詹鄞鑫《神靈與祭祀》〔M〕，南京：江蘇古籍出版社，2000。

65. 楊志剛《中國禮儀制度研究》〔M〕，上海：華東師範大學出版社，2001。

66. 勾承益《先秦禮學》〔M〕，成都：巴蜀書社，2002。

67. 劉源《商周祭祖禮研究》〔M〕，北京：商務印書館，2004。

68. 常金倉《周代禮俗研究》〔M〕，哈爾濱：黑龍江人民出版社，2005。

69. 張亮采《中國風俗史》〔M〕，上海：上海文藝出版社，1988。

70. 朱謙之《中國音樂文學史》〔M〕，北京：北京大學出版社，1989。

71. 楊萌瀏《中國古代音樂史稿》〔M〕，北京：人民音樂出版社，1980。

72. 楊華《先秦禮樂文化》〔M〕，武漢：湖北教育出版社，1991。

73. 李山《先秦文化史》〔M〕，北京：中華書局，2008。

74. 過常寶《原史文化及文獻研究》〔M〕，北京：北京大學出版社，2008。

75. 胡厚宣《甲骨學商史論叢初編》，濟南：齊魯大學國學研究所，1944。

76. 郭沫若《兩周金文辭大系圖錄考釋》〔M〕，北京：科學出版社，1957。

77. 唐蘭《西周青銅器銘文斷代史徵》〔M〕，北京：文物出版社，1988。

78. 楊樹達《積微居金文說》〔M〕，北京：中華書局，1997。

79. 于省吾《雙劍誃吉金文選》〔M〕，北京：中華書局，1998。

80. 于省吾《商周金文錄遺》〔M〕，北京：中華書局，1993。

81. 陳夢家《西周青銅器斷代》〔M〕，北京：中華書局，2004。

82. 馬承源《商周青銅器銘文選》〔M〕，北京：文物出版社，1988。

83. 白川靜《金文的世界：殷周社會史》〔M〕，臺北：聯經出版事業公司，1989。

84. 唐蘭《唐蘭先生金文論集》〔M〕，北京：紫禁城出版社，1995。

85. 張亞初《劉雨西周金文官制研究》〔M〕，北京：中華書局，1986。

86. 劉雨《西周金文中的祭祖禮》〔J〕，考古學報，1989（4）：495～522。

87. 郭寶鈞《商周青銅器群綜合研究》〔M〕，北京：文物出版社，1981。

88. 陳漢平《西周冊名製度研究》〔M〕，北京：學林出版社，1986。

89. 王宇信《西周甲骨探論》〔M〕，北京：中國社會科學出版社，1982。

90. 北大歷史系考古教研室《商周考古》〔M〕，北京：文物出版社，1979。

91. 中國社會科學院考古研究所《新中國的考古發現和研究》〔M〕，北京：文物出版社，1984。

92. 胡謙盈《周文化考古研究選集》〔M〕，成都：四川大學出版社，2000。

93. 馬成源編《上博館藏戰國楚竹書》〔M〕，上海：上海古籍出版社，2001。

94. 朱淵清，廖名春《上博館藏戰國楚竹書研究》〔M〕，上海：上海書店，2002。

95. 李學勤《〈詩論〉簡的編聯與復原》〔J〕，中國哲學史，2002（2）：5～8。

96. 廖名春《上海博物館藏詩論簡校釋》〔J〕，中國哲學史，2002（1）：9～19。

97. 李澤厚《美學三書》〔M〕，天津：天津社會科學出版社，2003。

98. 陳來《古代宗教與倫理》〔M〕，北京：讀書、生活、新知三聯書店，1996。

99. 葛兆光《中國思想史》〔M〕，上海：復旦大學出版社，2001。

100.〔德〕馬克思・韋伯著；洪天富譯《儒教與道教》〔M〕，南京：江蘇人民出版社，2003。

101.〔法〕列維・布留爾著；丁由譯《原始宗教》〔M〕，北京：商務印書館，1981。

102.〔德〕卡爾・曼海姆著；黎鳴譯《意識形態與烏托邦》〔M〕，北京：商務印書館，2000。

後　記

幽室清涼，三載時光。
文獻相看，獨鎖書窗。
學術路轉，道阻且長。
人生峰回，昊天瞻仰。
匪手攜之，匪面命之。
誨告諄諄，師恩敢忘？
……
謹此小文鳴謝過常寶、李山二位先生！

生　林志明謹識
庚寅年三月春寒猶在